普通高等教育规划教材

采 购 管 理

主 编 李圣状 乔 良 戚光远

副主编 闫铁柱 于 淼

参 编 王 阳 李 刚 艾美杰 乔 壮

机械工业出版社

本书以采购管理的流程为线索进行编写,以"理论 + 案例 + 练习"的形式展现。

本书以制造型企业的采购管理和相关工作的各个环节为研究对象,分别从采购组织与人员、供应商的选择、采购市场调查与预测、采购计划及预算管理、采购谈判、采购合同、采购绩效评估等方面系统地介绍了采购管理各个环节的基本内容、管理方法和工作流程等。对招标采购、采购管理发展的新趋势、政府采购和国际采购等内容也进行了详细介绍。

本书可以作为普通高等院校物流管理专业本、专科教材,也可以供其他相关专业的学生和从事采购业务、采购管理及运营管理工作的人员学习和参考。

图书在版编目(CIP)数据

采购管理/李圣状,乔良,戚光远主编. —北京:机械工业出版社,2019. 12
(2023. 8 重印)
普通高等教育规划教材
ISBN 978-7-111-64096-7

Ⅰ.①采… Ⅱ.①李…②乔…③戚… Ⅲ.①采购管理 – 高等学校 – 教材 Ⅳ.①F253

中国版本图书馆 CIP 数据核字(2019)第 241417 号

机械工业出版社(北京市百万庄大街 22 号 邮政编码 100037)
策划编辑:曹俊玲 责任编辑:曹俊玲 孙司宇
责任校对:张 铮 张晓蓉 封面设计:张 静
责任印制:单爱军
北京虎彩文化传播有限公司印刷
2023 年 8 月第 1 版第 5 次印刷
184mm×260mm·15.5 印张·384 千字
标准书号:ISBN 978-7-111-64096-7
定价:39.00 元

电话服务 网络服务
客服电话:010-88361066 机 工 官 网:www.cmpbook.com
　　　　　010-88379833 机 工 官 博:weibo.com/cmp1952
　　　　　010-68326294 金 书 网:www.golden-book.com
封底无防伪标均为盗版 机工教育服务网:www.cmpedu.com

前　言

采购活动是人类社会文明和经济关系发展的产物。采购行为是通过交换的方式来获取生活和生产资料的一种商业行为，在人类社会发展到社会分工和交换的阶段时就已经出现了。作为生产性组织购买生产资料的业务，采购管理也一直是企业管理的一项重要内容。随着社会分工和生产专业化程度的提高，采购在企业经营活动和社会经济系统中的作用也越来越重要。

采购的概念已经远远超越了人们意识习惯上对于简单"购买"的认识，现代的"采购管理"思想已经在企业的盈利决策中发挥了独到的作用。制造型企业对成本控制的要求不断提高，在产品的研发方面越来越需要供应商的早期介入，对内外供应系统更需要协同一致；流通企业对商品的品类管理、补货系统管理越来越向即时化方向发展；服务企业对后勤与维修物料的采购成本控制和采购方式也发生了巨大的转变；政府部门也越来越重视采购成本的控制和采购质量的提高。以上这些变化都对采购管理提出了新的要求与期望。如果组织和管理得当，那么采购管理会对企业目标和战略的实现做出巨大的贡献。如何有效地发挥采购功能的作用，对从事采购管理和采购业务工作的人员来说，都是一个挑战。

本书以采购管理的流程为线索进行编写，涵盖了采购管理的基本流程，包括采购基础知识、采购组织与人员、采购计划的制订和采购预算的编制、供应商的选择与供应商关系管理、采购市场调查与预测、采购谈判和采购合同管理、采购绩效评估等内容。本书还介绍了几种现代采购模式，包括集中采购、JIT采购、电子采购以及第三方采购。由于近年来国内外政府采购的量越来越大，政府采购受到越来越多的重视，因此本书对政府采购以及政府采购中经常运用的招标采购进行了详细介绍。随着我国企业参与国际采购的不断深入，国际采购的基础知识以及风险防范也越来越重要，本书也对国际采购的内容进行了详细介绍。另外，本书在各个章节都加入了案例阅读和分析，这部分内容的主要作用是实现理论与实际的结合，既有一般制造型企业的案例，也有零售业企业的案例及政府、事业单位的具体案例。

本书共12章，编写分工为，李圣状负责第2、9、11章的编写；乔良负责第7、12章的编写；戚光远负责第3、4、10章的编写；闫铁柱负责第1、5、8章的编写；于淼、乔良共同负责第6章的编写。王阳、李刚、艾美杰、乔壮参与了部分章节习题与思考的编写，还进行了资料搜集、文字校对等工作。

本书的编写得到了吉林建筑大学陈湘芹教授和长春工业大学陈守则教授的大力支持和帮助，在此表示衷心的感谢。

在编写过程中，我们参阅了大量国内外专家、同行的有关著作及其他相关文献，由于本书篇幅有限，不能一一列出，仅在书后列出部分主要参考文献，在此向各位作者表示衷心的感谢。

由于编者能力和学识有限，加之采购管理发展迅速，书中难免存在一定的疏忽和差错，敬请读者批评指正。

编　者

目 录

第一章

采购与采购管理概述

学习目标

1. 了解采购与采购管理的概念及重要性。
2. 了解采购的作用、特点和分类。
3. 掌握采购管理的内容。
4. 了解采购管理的目标。
5. 了解采购的流程。
6. 掌握采购与采购管理两个概念的区别。
7. 熟悉采购的分类，合理选择采购方式。

◆ 导入案例

采购管理出效益

众所周知，公司经营的根本目标是追求利润最大化，增加利润的方法之一就是增加销售额。假设某公司购进 50 000 元的原材料，加工成本为 50 000 元，若销售利润为 10 000元，需实现销售额 110 000 元。如果将销售利润提高到 15 000 元而利润率不变，那么销售额就需实现 165 000 元。这意味着公司的销售能力必须提高 50%，这是非常困难的。但有一种方法可以实现，假定加工成本不变，通过有效的采购管理使原材料只花费 45 000 元，将节余的 5000 元直接转化为利润，从而在 110 000 元销售额的基础上把利润提高到 15 000 元。

案例思考： 上面的案例说明了什么？

（资料来源：佚名. 项目采购管理. 2010-05-11. http：//www. jianshe99. com/new/66_161/2010_5_11_li45901440531115010221868. shtml）

第一节　采　购　概　述

一、采购的含义

采购是一种常见的经济行为，从百姓的日常生活到企业的运作，从民间到政府，无论是组织还是个人，要生存就要从其外部获取所需要但自身缺乏的资源。采购最基本的功能就是帮助自然人或组织从资源市场中获取他们所需要的各种资源。这些资源既包括生产资料，也包括生活资料；既包括实物的资料，如原材料、机器设备等，也包括非实物的资源，如信息、服务、高新技术等。

采购的概念有狭义和广义之分。狭义的采购是指企业在一定条件下从供应市场购买其生产、经营所必需的货物和服务的交易行为。简单来讲，狭义的采购就是企业通过支付货币的方式来换取自身所需要的货物和服务的交易行为。广义的采购是指企业在一定条件下，通过购买、租赁、交换等方式获得其生产、经营所必需的货物和服务的行为。简单来讲，企业不论以何种形式，只要是通过合法方式获取生产资源的行为，都属于采购行为。

二、采购的特点

（一）采购是从资源市场获取资源的过程

无论是生活还是生产，采购对于它们的意义在于，能解决人们生产和生活所需要但是自己又缺乏的资源问题。这些资源既包括生活资料，也包括生产资料；既包括物质资源（如原材料、设备、工具等），也包括非物质资源（如信息、软件、技术、文化用品等）。能够提供这些资源的供应商形成了一个资源市场，而从资源市场获取这些资源都是通过采购的方式来实现的。采购的基本功能就是帮助人们从资源市场获取他们所需要的各种资源。

（二）采购是商流过程和物流过程的统一

采购就是将资源从资源市场的供应者手中转移到用户手中的过程。在这个过程中，一是要实现将资源的所有权从供应者手中转移到用户手中，二是要实现将资源的物质实体从供应者手中转移到用户手中。前者是一个商流过程，主要通过商品交易、等价交换来实现商品所有权的转移。后者是一个物流过程，主要通过运输、储存、包装、装卸搬运、流通加工和配送等手段来实现商品空间位置和时间位置的转移，使商品真实地到达用户手中。采购过程实际上是商流和物流的完整结合，缺一不可。"两流"过程的实现标志着采购过程的结束。因此，采购过程实际上是商流过程与物流过程的统一。

（三）采购是一种经济活动

采购活动是企业经济活动的重要组成部分。经济活动既要遵循经济规律，又要追求经济效益。在整个采购过程中，一方面，企业通过采购获取了资源，保证了企业正常生产经营的顺利进行，这是采购效益；另一方面，在采购过程中企业也会发生各种费用，这就是采购成本。要追求采购经济效益的最大化，就要不断降低采购成本，以最少的成本获取最大的效益。科学采购是实现企业经济利益最大化的基本保障。

三、采购的分类

为了提高工作效率，有必要对采购进行分类。依据不同的标准对采购进行不同的分类，有助于企业依据每一种采购的特点，合理选择采购方式。具体分类如下：

（一）按采购的主体分类

1. 个人采购

个人采购是指个人生活用品的采购，一般是自行决策、品种单一的采购，是一种具有较大的主观性和随意性的采购。个人采购的影响范围不大，通常也只是对个人产生影响，因此即便采购失误，也不会造成太大的损失。

2. 集团采购

集团采购是指两人或两人以上公用物品的采购，一般是集体决策的多品种、大批量、多批次、大金额的采购。集团采购的影响较大，不仅关系到多人的利益，而且关乎集团的正常运作，如果采购决策失误，就会给集团造成较大的损失。典型的集团采购包括企业采购、政府采购、事业单位采购、军队采购等，其中企业采购尤为广泛和重要，受到广泛关注。

（二）按采购的时间分类

1. 长期合同采购

长期合同采购是指采购商和供应商通过合同，稳定双方的交易关系，合同期一般以一年为限。长期采购合同的优势为：有利于加强双方的信任和了解，建立稳定的供需关系；有利于降低双方用于价格洽谈的费用；有明确的法律保证，能够维护双方各自的利益。但是，这种方式也存在如下不足：价格调整困难，如市场供求关系变化，采购方要求供应方调整价格有一定难度；合同数量固定，采购数量调整有难度；采购人员形成了对供应商的依赖，缺乏创新意识，如果在合同期内，采购商有了更好的供货渠道，也将影响采购商的选择。

长期合同采购，使供需双方关系稳定，主要适合采购方需求量大且需求连续不断的情况。例如，企业的主要原材料、燃料、动力；主要设备及配套设备，如空调生产企业需长期采购压缩机、发电厂需签订供煤长期合同等。

2. 短期合同采购

短期合同采购是指采购商和供应商通过合同，实现一次交易，以满足生产经营活动的需要。短期采购双方之间关系不稳定，采购产品的数量、品种随时变化，对采购方来讲有较大的灵活性，能够依据市场的变化，调整供货量或选择供应商。但是，由于这种关系的不稳定性，也将出现价格洽谈、交易及服务等方面的不足。短期采购适用于如下情况：非经常消耗物品，如机器设备、车辆、计算机等；补缺产品，由于供求关系变化，为弥补长期合同造成的供货中断，以签订短期合同补充；价格波动大的产品采购，因为这种产品的供应商和采购商都不希望签订长期合同，以免利益受损；质量不稳定的产品，如农产品、新试制产品等一般也是一次性采购。

（三）按采购的对象分类

1. 有形采购

采购输出的结果是有形的物品，例如汽车、计算机、矿石、机床等，这样的采购称为有形采购。有形采购主要是指采购具有实物形态的物品，例如原材料、辅料、机器及设备、办公用品等。

2. 无形采购

无形采购是相对于有形采购而言的，其采购输出的结果是不具有实物形态的技术和服务等，例如服务、软件、技术、保险及工程发包等，这样的采购称为无形采购。无形采购主要包括服务采购和技术采购，或是采购设备时附带的服务。

（四）按采购的范围分类

1. 国内采购

国内采购主要是指在国内市场采购，并不是指采购的物资都一定是国内生产的，也可以从国外企业设在国内的代理商处采购所需物资，只是以本国货币支付货款，不需以外汇结

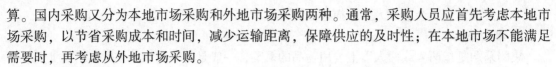

算。国内采购又分为本地市场采购和外地市场采购两种。通常，采购人员应首先考虑本地市场采购，以节省采购成本和时间，减少运输距离，保障供应的及时性；在本地市场不能满足需要时，再考虑从外地市场采购。

2. 国外采购

国外采购是指国内采购企业直接向国外厂商采购所需物资的一种行为。这种采购方式一般通过直接向国外厂方咨询，或者向国外厂方设在国内的代理商咨询采购事宜，主要采购对象为成套机器设备、生产线等。国外采购的优点主要有，质量相对有保证、价低、可以利用汇率变动获利等。但也存在一些不足，包括交易过程复杂，影响交易效率；需要较多的库存，加大了储存费用；催货、纠纷索赔困难，无法满足紧急交货等。

国外采购的对象为：国内无法生产的产品，如电脑制造商需要的CPU、汽车制造商需要的光电控制系统等；无代理商经销的产品；在价格上占据优势的国外产品，如进口汽车、农产品等。

（五）按采购的实践分类

1. 招标采购

所谓招标采购，是指政府及企业通过公开招标的方式进行物资和服务采购的一种行为。它是政府采购及企业采购的基本方式之一。在招标采购中，其最大的特征是公开性，凡是符合资质规定的供应商都有权参加投标。

2. 议价采购

所谓议价采购，是指由买卖双方直接讨价还价实现交易的一种采购行为。议价采购一般不进行公开竞标，仅向固定的供应商直接采购。议价采购分两步进行：第一步，由采购商向供应商分发询价表，邀请供应商报价；第二步，如果供应商报价基本达到预期的价格标准，即可签订采购合同，完成采购活动。议价采购主要适用于需求量大、质量稳定、定期供应的大宗物资的采购。

3. 比价采购

所谓比价采购，是指在买方市场条件下，在选定两家以上供应商的基础上，由供应商公开报价，最后选择报价最低的供应商的一种采购方式。实质上，这是一种供应商在有限条件下的招标采购。

4. 定价采购

所谓定价采购，是指企业所需购买的物料数量巨大，是几家厂商所能全部提供的，如粮食收储公司收购粮食、油料，烟草公司收购烟叶等，或当市场上某种物料困乏时，企业订立价格以现款向供应商收购该物料。

四、采购的流程

一个完整的采购过程，基本上都有一个共同的模式。以企业采购为例，一个完整的采购大体上都要经历以下过程：

（一）接受采购任务，制定采购单

这是采购工作的任务来源。通常，企业各个部门把任务报到采购部门，采购部门把所要采购的物资汇总，再分配给部门采购人员，同时下达采购任务单。也有很多是采购部门根据企业生产销售的情况，自己主动安排各种物资的采购计划，给各个采购人员下达采购任务单。

（二）制定采购计划

采购人员在接到采购任务单之后，要制定具体的采购工作计划。首先进行资源市场调查，包括对商品、价格、供应商的调查分析，选定供应商，确定采购方法、采购日程计划、运输方法及货款支付方法等。

（三）根据既定的计划联系供应商

根据供应商的情况，有的要出差去联系，有的则可以通过电话、E-mail、QQ 等方式联系。

（四）与供应商洽谈、成交，最后签订订货合同

这是采购工作的核心步骤。企业要和供应商反复进行磋商谈判、讨价还价，讨论价格、质量、送货、服务及风险赔偿等各种限制条件，最后把这些条件以订货合同的形式规定下来。签订订货合同以后，才意味着开始成交。

（五）运输进货及进货控制

订货成交以后，就要履行合同，开始运输进货。运输进货可以由供应商负责，也可以由运输公司办理，或者自己提货。采购人员要监督进货过程，确保按时到货。

（六）到货验收、入库

到货后，采购人员要督促有关人员进行验收和入库，其中包括对货物数量和质量的检验。

（七）支付货款

货物到达后，必须按合同规定支付货款。

（八）善后处理

一次采购完成以后，要进行采购总结评估，并妥善处理好一些未尽事宜。

但是，不同类型的企业，在采购时又有不同的特点，具体步骤、内容都不相同。例如，生产企业和流通企业就各有不同。

五、采购的作用

企业在生产经营过程中需要大量的物料，其中包括原材料、零部件。这些物料作为企业的生产手段或劳动对象，对企业的生产经营活动有极其重要的作用。具体来讲，采购的作用主要体现在以下几个方面：

（一）采购是保证企业生产经营正常进行的必要前提

物资供应是生产经营的前提条件，生产经营所需的原材料、零部件、设备和工具都要由采购环节来提供。没有采购，就没有生产经营条件；没有物资供应，就不可能进行正常的生产经营。

（二）采购是保证产品质量的重要环节

采购物资质量的好坏直接决定着企业产品质量的好坏。能否生产出合格的产品，取决于采购所提供的原材料、零部件以及所需的设备、工具的质量。

（三）采购是控制成本的主要手段之一

采购成本构成了生产成本的主要部分，其中包括采购费用、储运费用、资金费用以及管理费用等。高额的采购成本将大大降低生产的经济效益，甚至导致企业亏损。因此，加强采

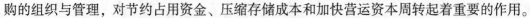

购的组织与管理，对节约占用资金、压缩存储成本和加快营运资本周转起着重要的作用。

（四）采购可以帮助企业洞察市场的变化趋势

采购人员虽然直接与资源市场打交道，但是资源市场和销售市场是交融混杂在一起的，都处在大市场之中。因此，采购人员也可以及时为企业提供各种各样的市场信息，供企业进行管理决策时参考。市场对企业生产经营的导向作用是通过采购渠道观察市场供求变化及其发展趋势来进行的，借以引导企业的投资方向，调整企业的产品结构，确定企业的经营目标、经营方向和经营策略。企业的生产经营活动以市场为导向，凭借市场这个舞台而展开。

（五）采购是科学管理的开端

企业的采购直接与生产相联系，采购模式往往会在很大程度上影响生产模式。因此，如果企业采用一种科学的采购模式，就必然会要求生产方式、物料搬运方式都做相应的改变，从而共同构成一种科学管理模式。

（六）采购决定着企业产品周转的速度

采购是企业生产过程的起点。采购人员必须解决好采购中物资的适时和适量问题。如果采购工作运行的时间、把握的量度与企业其他环节的活动达到了高度的统一，那么企业就能获得适度的利益；反之，就会造成产品积压，产品周转速度减缓，产品保管费用增加，以致动用大量人力、物力去处理积压产品，从而造成极大的浪费。

（七）采购可以合理地利用物质资源

节约和合理地利用物质资源，是开发利用资源的前提。采购工作必须贯彻节约的方针，通过采购工作合理地利用物质资源。

（1）合理的采购可以使企业防止优料劣用，长材短用。

（2）优化配置物质资源，防止优劣混用，在采购中要力求优化配置和整体效应，防止局部优化损害整体优化、部分优化损害综合优化。

（3）在采购工作中，要应用价值工程分析，力求功能与消耗相匹配。

（4）通过采购，企业可以引进新技术、新工艺，提高物质资源的利用效率。

（5）要贯彻执行有关的经济、技术政策和法律，如产业政策、综合利用等法规，防止被淘汰的产品进入流通领域，防止违反政策、法律的行为发生，做到资源的合理利用。

第二节　采购管理概述

一、采购管理的含义

作为企业不可缺少的组成部分，采购活动是一个十分重要的环节，需要动用企业一定的人力资源和资金，因此有必要对其进行科学的管理。采购管理是指为维护企业自身利益、实现经营目标而对企业的整个采购过程进行计划、组织、指挥、协调和控制的活动。

采购管理是企业管理系统的一个重要子系统，是企业战略管理的重要组成部分，一般由企业的中高层管理人员担任。要做好采购管理，需要做好事前的统筹规划、事中的执行以及事后的控制等环节，在确保质量可靠的前提下，从适当的供应商处以适当的价格、适当的时间购入适当数量的物品或服务，从而达到维持企业正常的经营活动、降低企业产销成本的目的。

二、采购管理的地位和重要性

在现代企业的经营管理中，采购管理已变得越来越重要。一般情况下，企业的产品成本构成中采购成本占较大的比例，为60%～70%，因此外购条件与原材料的采购成功与否在一定程度上影响着企业的竞争力。采购管理是企业经营管理的核心内容，是企业获取经营利润的一个重要源泉，也是企业获取竞争优势的来源之一。随着全球经济一体化和信息时代的到来，采购及采购管理的工作将会被提升到一个新的高度。

(一) 采购管理在成本控制中的地位

尽管企业的经济效益是在商品销售之后实现的，但效益高低却与物资购进的时间、地点、方式、数量、质量、品种等采购业务有着密切的关系。企业的经济效益是直接通过利润额来表示的，而采购过程中支付费用的多少与利润额成反比，因此购进物资的质量和价格对企业经营的效益有很大影响。采购工作能否做到快、准、好，对于企业能否生产适销对路的产品、增加销售收入至关重要。为了提高经济效益，企业必须重视对采购工作的计划、组织、指挥、协调和监控。

(二) 采购管理在供应中的地位

从商品生产和交换的整体供应链中可以看出，每个企业既是顾客又是供应商，最终目的都是满足顾客的需求，以获得较高的利润。企业想要获得较高的利润，可以采取的措施很多，如降低管理费用、提高员工工作效率等。但是，企业一般采取的措施是加快物料和信息的流动，因为这样可以提高生产效率，缩短交货周期，从而使企业可以在相同的时间内创造更多的利润。同时，顾客也会因为企业及时、快速地供货而信心倍增，有可能因此增加订单。这样一来，企业就必须加强采购力量，选择恰当的供应商，并充分发挥其作用。

(三) 采购管理在企业销售工作中的地位

采购作为企业销售经营业务的先导环节，只有使购进物资的品种、数量、质量符合市场需要，产品销售业务才能实现高质量、高效率、高效益，从而达到采购与销售的和谐统一；反之，则会导致购销之间产生矛盾，影响企业功能的发挥。因此，产品销售工作的质量，在很大程度上取决于采购的质量，而销售活动的拓展和创新也与采购的规模和构成有直接关联。

(四) 采购管理在企业研发工作中的地位

从某种程度上讲，没有采购支持的研发，企业的成功率会大打折扣。一种情况是研发人员经常会感觉到，因为采购不到某种物料，或者受到某种加工工艺的限制，导致设计方案难以实现；另一种情况是，设计人员费尽心思所获得的研发样品在功能上与同行业的水平相去甚远，或者即使性能一样，但在外观、体积、成本、制造方便性、销售竞争等许多方面都明显落后，这主要归结于研发人员获得信息的滞后性，对先进元器件了解甚少，表现为采购方面的支持力度不够。

(五) 采购管理在企业经营中的地位

随着现代经济的快速发展，许多企业都将供应商看作自身企业的业务延伸，并与供应商建立战略合作伙伴关系，在企业不直接投资的前提下，充分利用供应商的资源为其开发、生产产品。这样，一方面可以节省资金，降低投资风险；另一方面又可以利用供应商的专业技术优势和现有的规模生产能力，以最快的速度形成生产能力，扩大产品生产规模。现在，很多企业将与供应商的合作范围逐渐扩大，由原来的原材料和零部件扩展到半成品，甚至产成品。

（六）采购管理在项目中的地位

任何项目的执行都离不开采购活动，如果采购工作准备不足，不仅会影响项目的顺利进行，而且还会影响项目的预期效益，甚至会导致项目的解体。采购工作是项目执行的关键环节，而且是构成项目执行的重要内容。采购工作能否经济、有效地进行，不仅会影响项目成本，而且还会影响项目管理的充分发挥。一般来说，银行贷款是按照项目实施中实际发生的费用予以支付的。因此，采购延误会直接影响银行对贷款支付的进程，采购进度基本上决定了支付的快慢。从以往的项目管理经验可知，项目招标过程中贷款支付的滞后，大多数是由采购不及时造成的。同时，采购一直是银行贷款项目检查中重点讨论的核心问题。总而言之，采购越来越受到企业的重视。

三、采购管理的职能

（一）保障供应

采购管理最首要的职能就是要实现对整个企业的物资供应，保障企业生产和生活的正常进行。企业生产需要原材料、零配件、机器设备和工具，生产线一开动，这些东西必须全部到位，缺少任何一样，生产线都开动不起来。

（二）供应链管理

在市场竞争越来越激烈的当今社会，企业之间的竞争实际上就是供应链之间的竞争。企业为了有效地进行生产和销售，需要一大批供应商企业的鼎力相助和支持，相互之间要做到协调配合。一方面，只有把供应商组织起来，建立起一个供应链系统，才能够形成一个友好的、协调配合的采购环境，保证采购供应工作的高效、顺利进行；另一方面，在企业中只有采购部门具有与供应商打交道的机会，只有他们最有可能通过自己耐心、细致的工作，通过与供应商的沟通、协调和采购供应操作，建立起友好、协调的供应商关系，从而建立起供应链，并进行供应链运作和管理。

（三）资源市场信息管理

采购管理部门除了是企业和资源市场的物资输入窗口之外，同时还是企业和资源市场的信息接口。所以，采购管理除了保障物资供应、建立起友好的供应商关系之外，还要随时掌握资源市场信息，并将其反馈到企业管理层，为企业的经营决策提供及时、有力的支持。

四、采购管理的目标

采购就是实现对整个企业的物资供应，采购管理具体有以下四个基本目标：

（一）适时适量保证供应

适时适量很重要。采购不是货物进得越多、越早越好。进货量不足，当生产需要时，没有货物供应，就会影响生产；但是，进货量过多，就会占用企业大量资金，还会增加仓储和保管费用，使成本上升，造成浪费。进货延迟会造成缺货，但是提前进货增加了存储时间，相当于增加了仓储保管费用，同样增加成本。因此，要求采购适时适量，既保证供应，又使采购成本最小化。

（二）保证质量

保证质量，就是要保证采购的货物能够达到企业生产所需要的质量标准，保证企业生产出来的产品质量合格。保证质量也要做到适度：质量太低，不符合生产要求；质量太高，既浪费也会增加购买费用，经济上不合算。因此，物资采购要在保证质量的前提下尽量采购价格低廉的物品。

（三）费用最省

费用最省是贯穿采购过程的准绳。在采购的每个环节、每个方面都要发生各种各样的费用，如购买费用、进货费用、检验费用、入库费用、搬运费用、装卸费用、保管费用、银行利息等。因此，在采购的全过程中，要运用各种各样的采购策略，使总采购费用最少。

（四）协调供应商，管好供应链

采购要实现和资源市场的纽带作用，就要建立起与资源市场的良好关系，即协调供应商，管好供应链。可以说，资源市场是企业的生命线。它不但是企业的物料来源，而且是资源市场的信息来源，这些信息对企业来说是至关重要的。

五、采购管理的内容

采购管理的内容主要包括制订采购计划、组织与实施采购计划和监管与控制采购活动，如图 1-1 所示。

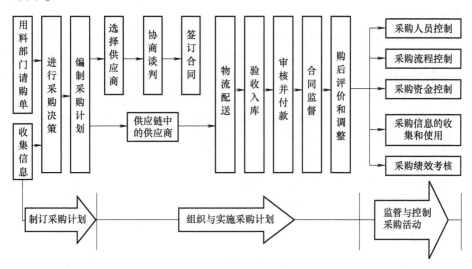

图 1-1　采购管理的内容

（一）制订采购计划

1. 接收采购请求

采购部门负责接收正式采购请求（请购单），其内容应包括：

（1）所需物料细项说明。

（2）必需物料的质量与数量。

（3）期望交货日期。

（4）采购申请人。

2. 进行采购决策

在请购单审核之后要决策以下几个方面的问题：

（1）品种决策。确定采购物品的品种、规格以及功能要求。

（2）采购量决策。确定计划期内的采购数量。

（3）采购方式决策。决定是现货采购还是远期合同采购，同种物品是选择一家企业采购还是多家企业采购，是由各部门分散采购还是由总部集中采购，是否进行网上采购或招标采购。

（4）采购批量决策。确定采购的批次和数量。

（5）采购时间决策。确定采购周期和进货时间。

3. 编制采购计划

根据采购部门收到的请购单编制采购计划，包括年度采购计划、季度采购计划和月度采购计划。

（二）组织与实施采购计划

1. 选择供应商

采购部门必须选择能够供应所需商品的供应商。如果目前供应商不能满足其条件，应立刻寻找符合条件的新供应商；选择供应商时可以参考供应商分级信息，当考虑到某供应商的未来业绩呈上升趋势时，还应更新分级信息；选择供应商的具体方法将在后面详细介绍。

2. 向供应商订货

如果订单涉及的费用很高，尤其在一次性购买设备的情况下，往往要求供应商投标，此时需要生产和设计人员来帮助采购部门与供应商进行协商，而数量大、经常使用的细项，可以使用总购货订单的方法。一般情况下，每年只需与供应商协商一次价格，其后一年内的价格都遵照它来执行。中等数量的细项可以采用总购货订单的方法，也可以采用个别订货的方法。少量购买也可以由需要某细项的企业需求部门直接与供应商联系。当然，对这种采购一定要有控制措施，否则一旦出现问题，后果不堪设想。

3. 验收入库

收货部门必须检查供应商所供货物的质量与数量，同时通知采购部门、会计部门与需要货物的生产单位。如果货物不符合接收要求，必须将其退回供应商并要求赔偿或替换，或接受进一步检验。此时，还应及时通知采购、会计与生产等部门。

4. 合同监督

对签订的合同要及时进行分类管理，建立合同台账，定期检查合同的执行情况，并将执行过程及时输入数据库，以便对供应商做出评价。采购部门要加强与供应商的联系，督促其按期交货，对出现的质量、数量、到货时间等问题要及时进行交涉。同时，要与企业内部的其他部门密切配合，为顺利执行合同做好准备。

5. 购后评价和调整

对供应商供货情况和合同执行情况进行评价，更新供应商分级评估记录，以便对下一次供货进行调整。

（三）监管与控制采购活动

采购活动是企业很重要的一项工作，采购工作的好坏必然会影响企业各项工作的正常进行。因此，必须加强采购工作的监管与控制，降低采购风险。

1. 采购监管与控制的内容

采购监管与控制是采购管理工作的一项重要内容，其主要目的是保证实现采购工作的目标和完成采购计划。采购监管与控制既是采购主管的重要职责，也是直线管理人员的重要职责，其主要依据是采购计划。因为在采购运作过程中，实际工作与采购计划往往会出现偏差，而采购监管与控制的职责就是纠正偏差，采取各种措施，把不符合要求的采购活动纳入到正常的轨道上来，使企业稳定地实现采购目标，其目的是实现适时、适质、适量、适价、适地的"5R"采购。

采购监管与控制的内容主要包括以下方面：

（1）采购人员控制。采购人员控制是指加强对采购人员的素质管理以及职业道德教育和业务知识培训，同时还要建立奖惩制度，及时对采购人员进行奖惩。

（2）采购流程控制。包括整个采购的流程，但应抓住采购流程中的关键点重点控制，以达到控制全局的目的，要点内容如下：采购计划的制订、准备；采购文件的基本内容和要求、审批、保管；向合格的供应商提交采购文件；采购合同的审批、签订；向供应商提供采购文件、反馈采购物资的质量状况；对供应商提供的产品进行验证。

（3）采购资金控制。采购预算控制是采购资金控制常用的手段。采购预算实现了采购计划的具体化，为采购资金的控制提供了明确的标准。

对于采购资金的使用要建立起一套严格的规章制度，资金的审批、领取、使用一般要规定具体的权限范围，要有审批制度和书面证据制度。

对于货款的支付，要根据对方的信用程度及具体的风险情况进行妥善的处理。

（4）采购信息的收集和使用。采购控制过程是通过采购信息的传输和反馈实现的，控制部分有信息输入到受控部分，受控部分也有反馈信息送到控制部分，从而形成闭合回路。

控制根据反馈信息来比较、纠正和调整它发出的控制信息，以此实现有效控制。

（5）采购绩效考核。对采购绩效的考核可以分为对整个采购部门的考核和对采购人员个人的考核。

对采购部门的绩效考核可以由企业高层管理者来进行，也可以由内部客户来进行；而对采购人员个人的绩效考核通常由采购主管来进行。

2. 采购监管与控制的方法

要使采购监管与控制能够顺利地进行，并行之有效，采购监管与控制的方法是至关重要的，具体包括以下方法：

（1）建立健全完善的采购规章制度。完善的采购规章制度可以规范采购人员的行为和采购作业流程，从而起到规范采购活动的作用。

（2）实施采购标准化作业。要制定标准化的采购作业流程，制定采购作业手册，明确每个步骤，对如何处理出现的每种情况做出规定，记录每个步骤，这样才能有效地对采购进行监管。

（3）建立采购评价制度。采购评价包括两部分：一是对采购人员的评价，二是对采购部门的评价。建立采购评价制度的目的是评定业绩，总结经验，纠正缺点，改进工作，这也是一种监管与控制。

（4）及时对采购人员进行奖惩。奖励与惩罚是对采购人员的行为进行监控的重要内容之一。奖惩的意义在于鼓励和肯定积极因素，抵制和否定消极因素，从而使采购队伍保持积极向上、努力工作的精神面貌。奖惩要有明确的规章制度，要公之于众，并经常对采购人员进行教育。奖惩要公平合理，要建立在采购绩效考核的基础之上，以客观事实为依据。要及时进行奖惩，以达到激励或教育的最佳效果。奖励要注意物质奖励和精神奖励相结合，惩罚要以理服人，重在说服教育。

本 章 小 结

　　采购有狭义和广义之分。狭义的采购是指企业在一定条件下从供应市场购买其生产、经营所必需的货物和服务的交易行为。简单来讲，狭义的采购就是企业通过支付货币的方式来换取自身所需要的货物和服务的交易行为。广义的采购是指企业在一定条件下，通过购买、租赁、交换等方式获得其生产、经营所必需的货物和服务的行为。简单来讲，企业不论以何种形式，只要是通过合法方式获取生产资源的行为，都属于采购行为。

　　采购管理是指为保障企业物资供应而对企业的整个采购过程进行计划、组织、指挥、协调和控制的活动。组织好企业的采购活动，不仅有助于优化企业的采购管理，而且可以有效地推动企业各项工作的开展。通过实施科学的采购管理，可以合理地选择采购方式，确定采购品种、采购批量、采购频率和采购地点，可以以有限的资金保障企业生产经营的需要，在企业降低成本、加速资金周转和提高产品质量等方面发挥重要作用。

　　采购管理的主要内容有：制定采购计划，组织与实施采购计划，监管与控制采购活动。

习题与思考

一、简答题

1. 什么是采购？有哪些种类？主要包括哪些内容？
2. 采购有哪些特点？
3. 什么是采购管理？
4. 采购管理的目标和原则有哪些？
5. 你认为企业的采购工作应把握哪几个环节？

二、填空题

1. 采购就是将资源从资源市场的（　　　）手中转移到（　　　）手中的过程。
2. （　　　）是指采购商和供应商通过合同，实现一次交易，以满足生产经营活动的需要。
3. 采购管理具体有以下四个基本目标：适时适量保证供应；（　　　）；费用最省；协调供应商，管好供应链。
4. 根据采购部门收到的请购单编制采购计划，包括（　　　）、（　　　）和（　　　）。
5. 采购监管与控制是采购管理工作的一项重要内容，其主要目的是保证（　　　）和（　　　）。

三、案例分析

解百集团如何优化采购流程

　　杭州解百集团股份有限公司（简称"解百集团"）坐落于闻名遐迩的西子湖畔，是一家有着90多年历史的中华老字号企业，也是一家具有相当规模和实力的上市公司。解百集团以深厚的历史和文化积淀著称于全国商界，又以崭新的现代百货形象呈现出勃勃生机。在提升现代百货经营品质的同时，公司十分注重提升现代企业的管理水平，在商贸服务中导入ISO国际管理标准，已获得ISO 9001质量管理体系和ISO 14001环境管理体系国际标准认证证书，成为杭州市首家获得"双认证"的商业企业。通过认证，公司上下提升了管理理念，实现了从经验管理到科学管理的跨越，特别是近年来公司加强了采购管理，通过优化采购流程取得了明显的效益。

1. 落实组织机构，规范采购流程

在采购和配送方面，解百集团制定了一套较为规范的操作流程和配套的组织机构与规章制度，把加强商品采购管理放到极其重要的位置。公司设立了专门的采购部，下设专职采购人员和三信员（质量、计量、物价管理员）。采购人员由一批综合素质较强，具有一定的经营管理意识、市场意识和公关谈判技巧的人员组成，负责新渠道开发和新产品引进；三信员负责商品质量把关，并直接参与新产品引进的资质审核，包括商品质量、计量、价格、标识、标志、合同的审核，引进的新产品必须做到证件齐全。各连锁门店专门负责销售促进，并不具有独立的进货权。新产品引进后配送到各门店，门店销售完毕后向采供部提出要货计划，采供部保证在两天内将货品配送到要货门店，实行统一进货、统一配送、统一结算。这种"进销分离"的经营模式，使各个岗位分工明确，各司其职，有利于岗位之间相互合作、相互监督，使采购员能一心一意了解市场需求和市场动态，提高业务能力，引进适销对路的商品，不断扩大经营商品的类别和品种；门店则专门研究市场营销技能，提高促销水平，扩大市场占有率。这种模式为净化进货渠道、杜绝人情货、引进货真价实的商品提供了机制上的保障。

2. 强化商品控制，完善淘汰机制

解百集团建立起一套商品控制和淘汰机制，主要措施有：

（1）引入计算机 POS 系统，利用计算机系统方便、快捷、准确的特性对商品进、销、存进行全过程动态控制，掌握商品的动销情况。

（2）质量控制，把好商品质量关。进货时坚持"六不进"原则，即假冒伪劣商品不进，无厂名、无厂址、无合格证商品不进，不符合质量标准及有关法律法规商品不进，索证不齐商品不进，进货渠道不正商品不进，来路不明、有疑问商品不进。上柜时坚持商品检查验收，各门店每月定期和不定期对商品进行抽查，并形成制度，对于不符合质量标准的坚决不予上柜。

（3）对同类商品的品种实行严格的控制，对于生活必需品，如拖鞋、扫帚、拖把等，由于顾客对此类商品的品牌要求不高，因此要控制同类商品的重复和重置；而对于那些品牌认知度较高的商品，如化妆品等，则要尽量扩大经营的品牌，细分目标顾客群，从而提高销售额。

（4）对于新引进的商品实行试销制度，新商品引进后配送到各门店，试销 3～6 个月，如门店销售不畅，该商品坚决予以清退。

（5）换季商品及时撤换，腾出场地销售当季热销商品，提高场地的利用率。

（6）随着商品市场的日益丰富，新商品层出不穷，对那些逐渐滞销的商品及时淘汰，使门店商品常换常新，保持旺盛的生命力。

3. 降低进价成本，形成规模效应

为了降低零售价格，解百集团首先降低进价成本，为此，公司采取了多种行之有效的办法，例如：

（1）对采购人员进行职业道德和业务技能培训，不断提高他们的业务水平，使他们掌握谈判技巧，竭尽全力降低进货价格。

（2）利用公司的品牌、信誉效应和现有的业务渠道，吸引大量厂家主动为公司提供物美价廉的商品。

（3）制定具体的进货原则，本地商品坚持从厂家直接进货，扩大一手货的范围；外地商品要从总代理处以最低的价格购入；减少进货环节，降低进货成本。

（4）扩大连锁范围，发展直营和加盟形式的便民超市和大型综合超市，不断扩大销售量，通过规模效应降低进价成本。

（5）加强与厂家的合作，建立良好的工商关系，通过为供货商提供良好的服务，及时反馈商品信息、及时结算或引进一些商品、为已形成系列化的厂家进店设立专柜等，使进货价格进一步降低；而厂家派往门店的促销员，也使门店省了大量的劳动力成本。

（6）掌握市场需求，扩大商品销售。为了及时把握市场动向，采购人员改变以往商家坐等厂家和供货商上门推销的被动做法，采取多种渠道开展市场调研，了解市场需求，从而确定门店经营的商品种类。门店向周围小区居民和购物顾客发放了近万张调查表，征询消费者的意见，并在此基础上对经营的商品进行调整，在加大非食品类经营力度的同时，重点增加生鲜食品、熟食卤味、腌腊制品、粮食等居民"菜篮子"工程系列商品，增加了门店的销售额。

门店发展中心还针对个性化的消费需求，走自主品牌的道路，探索品牌加工的路子，充分发挥解百集团的品牌优势，创出自己的经营特色，挖掘新的利润空间。

问题：

1. 解百集团是如何设置采购机构的？人员是如何配备的？

2. 解百集团是如何优化采购流程的？主要采取了哪些措施？

（资料来源：佚名．优化采购流程案例-解百集团．2012-4-12. http：//www.zzopemt.cn/html/6452105050.html）

第二章

采购组织与人员

学习目标

1. 了解采购在企业中的重要性。
2. 掌握采购部门在组织中地位的决定因素。
3. 熟悉采购部门的职责。
4. 了解采购组织的基本类型。
5. 了解采购部门岗位职责及其人员素质要求。

◆ 导入案例

采购组织设计不合理影响采购效率

某集团公司属于通信产品制造业，生产物料多为电子料，外协多以金属原材料机加工为主，MRO则为生产辅料、设备及包含其余一切公司用度杂项。其采购管理分两块：供应商管理组和采购执行组。

供应商管理组下设三类职位：供应商开发工程师、供应商质量工程师和成本管理员。供应商开发工程师主要负责供应开发、审批、档案管理、样品认证跟踪等工作。供应商质量工程师则负责供应商质量问题处理、跟进、质量审核及考核工作。成本管理员负责招标、份额分配、价格谈判、新物料价格核准等工作，但其往往由供应商开发人员兼任。

采购执行组由采购员组成，按物料分类，共分三个组：负责外购生产物料的一个组，负责MRO的一个组，负责外协的一个组。采购执行组的职责被简化，基本上变成了下单、跟单、对账、结算，至于供应中出现任何关于供应商的问题都将由供应商管理组负责解决，如供方涨价、货源不足、质量问题、新样品试用等。当然，一般供货送货的问题，采购员在跟单时会进行沟通解决。

在此架构下，出现了一些混乱和职责不清的状况，比如，采购执行组的人不参与供方开发，常常抱怨供应商管理组开发的供应商不好用，交货服务不及时等。而供应商管理组的人也不了解日常供货的问题及供方的表现，所以开发决策与供应商实际绩效关联不大。供应商半年考核也是供应商管理组的人坐下来召集相关部门拿一些数据来评定，往往流于形式。

　　案例思考：结合案例根据实际谈谈采购组织设计的重要性。

（资料来源：世界经理人网．［原创］【案例】采购管理的组织架构．2017-2-19．http：//www.ceconlinebbs.com/FORUM_POST_900001_900006_1116541_0.HTM）

　　采购组织与采购人员管理是采购与供应管理的重要内容之一。采购组织机构的设计是将采购组织内部部门化，也是将采购部门应该承担的功能组织起来，进行内部分工，并加以执行。

第一节　采 购 组 织

一、采购组织的含义

　　组织管理是达成组织目标的基本保证，是管理的一项职能。采购作为一项重要的企业职能，其存在的前提就是要根据企业的需要来调整采购组织。

　　采购组织是指为了完成企业的采购任务，保证企业生产经营活动顺利进行，由采购人员按照一定的规则组成的采购团队，通过科学采购降低采购成本，保证质量和时间，进而保证企业生产经营活动的正常进行。

　　采购组织的设立，其主要考虑的问题是如何与其他部门协调配合以实现企业的生产经营目标。采购作业不单要了解本身业务的特质，还需随时注意各部门间的协调配合，以便能及时获得经济有效的供应，因此一般在设计采购组织时，应特别注意协调不同业务部门来共同完成，要依据相同规范，参照实际需要，建立整体关系，并进行适当的管理，以此来发挥整体的作用。

二、采购组织的地位

　　近几十年来，大多数制造型企业的成本基础都发生了根本性改变。采购已成为企业的利润中心，因此，在关键的外部支出领域，采购决策会对组织的盈亏底线产生重大影响。现在管理者普遍认识到，采购职能可以发挥战略性作用，如在质量管理和消除浪费中发挥增值作用。对供应链条运作一致的、高质量的绩效要求，促进了采购向战略供应商关系与供应链管理方向的转变。一般而言，随着采购职能的战略重要性得到越来越广泛的认可，采购职能在组织中运作的层次及其地位、公信力和影响力都将得以提升。

　　采购的组织定位非常依赖管理层对于采购职能的看法，当管理层将采购职能仅仅看作业务活动时，采购部门在组织中的地位就比较低。在小型企业内，或者在一个实施集权化政策与程序而没有给分支机构留下创新余地的集团公司，情况很可能如此。反之，当管理层将采购职能看作一个重要的竞争因素，对组织具有战略的重要性时，采购部门在组织中的地位就比较高，组织就可能委派副总裁一类的角色来担任采购总监或者采购总经理，采购部门就有机会直接向董事会或者其他最高领导机构汇报工作。影响采购在组织中最终地位的因素按重要程度来分有以下几类：

（一）货物和服务的总价值

诸如迪尔、本田和戴姆勒—克莱斯勒公司，一般会花费 60% ~ 70% 的销售额来购买产品和服务。在计算机和通信行业，诸如北电网络（Nortel Networks）、旭电（Solectron）、IBM、思科（Cisco）、惠普（HP）和太阳公司（Sun），一般依赖供应商为其提供零部件和最新技术，这意味着采购部门起着关键性作用。一般来说，一个只需花费 10% ~ 20% 销售额来购买所需产品和服务的服务企业，与需要花费 60% 销售额的企业相比，对采购部门的态度会完全不同。

（二）公司采购的原材料在当前的市场供应情况

如果公司所采购的原材料目前供应市场处于垄断或者是寡头垄断，那么管理层对于采购方面的关注会比较多。

（三）公司的财务状况

在公司财务状况良好的情况下，管理层对于采购或者物流部门都会比较宽松；相反，当公司的财务发生严重问题时，管理层会对采购业务和与采购相关的成本提出比较高的要求。从管理层的角度来看，采购部门是一个直接花钱的部门。

（四）管理层自身的知识水平和认识水平

如果管理层自身的知识水平和认识水平比较高，把采购职能提升到战略的高度，那么采购部门也会得到比较多的关注。

采购管理具有巨大的潜在价值，相对于提高销售额的努力，对采购工作付出较少的时间和精力就能使公司获得巨大的效益。但这仅仅是一种可能性，并不一定会发生，其发生的条件就是高层管理者的重视和所有采购人员的共同努力。

如果采购供应职能被赋予的职责、地位以及人员配备与它在组织中的重要性不一致，那么它对于提高成本的有效性以及组织的竞争优势应该做出的潜在贡献就可能失去。因此，对于那些在传统上把采购供应看作是次要的或者是日常职能（例如，是生产的企业的附属服务）的企业，根据对上述问题的分析，应重新评价这一职能的作用，看看公司过去的看法是否合理，这样做非常有必要。

三、采购组织的功能

一般地，采购组织具备以下基本功能：

（一）凝聚或目标功能

采购组织凝聚力的表现就是凝聚功能。凝聚力来自目标的科学性与可行性。采购组织要发挥凝聚功能，必须具备以下三个条件：①明确采购目标及任务；②良好的人际关系与群体意识；③采购组织中领导的导向作用。

（二）协调功能

采购组织的协调功能是指正确地处理采购组织中复杂的分工协作关系。这种协作功能包括两个方面：一是组织内部的横向和纵向关系的协调，使之密切合作，和谐统一；二是组织与环境关系的协调，采购组织能够依据采购环境的变化，调整采购策略，以提高对市场环境变化的适应能力和应变能力。

（三）制约功能

采购组织是由一定的采购人员构成的，每一成员都需要履行相应的职能和义务，承担相

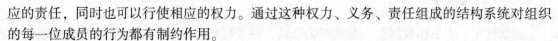

应的责任，同时也可以行使相应的权力。通过这种权力、义务、责任组成的结构系统对组织的每一位成员的行为都有制约作用。

（四）激励功能

采购组织的激励功能是指在一个有效的采购组织中应该创造一种良好的环境，充分调动每个采购人员的积极性、创造性和主动性。因而，采购组织应高度重视采购人员在采购中所发挥的作用，通过物质和精神的激励，使其潜能得到最大限度的发挥，以提高采购组织的激励功能。

四、采购组织的设计原则

为了有效地达成采购的目标，合理地设置采购管理组织就成为采购管理中的一个重要内容。采购管理部门的组织设计就是采购组织内部的部门化，也就是将采购部门所负责的各项功能组织起来，并以分工方式建立不同的工作部来加以执行。它负责完成采购及采购管理的相关活动，以此来达成低成本、高效率的采购管理总目标。合理的采购管理部门设计可以为企业完成总目标起到积极的促进作用，反之则会带来工作效率低下、采购成本居高不下等后果。

目前，许多企业组织仍沿用19世纪大批量生产的组织结构模式，类似于传统的韦伯式的官僚体系，即金字塔结构。这种模式的最高层是董事会，董事会之下是若干垂直的职能部门，员工个人的职业生涯也就是自下而上的晋升过程。这些垂直的职能部门包括财务、营销、生产运作、人力资源等部门，采购职能一般不是与这些部门平行、独立的部门，而是包含在这些部门内。到20世纪后期，这种组织模式随着专业化分工而得到加强。但随着采购业务的日益复杂，相应的组织创新也显得日益重要。

采购组织设计的目的就是通过对企业内部资源的整合来提高企业的运作效率。采购组织必须与市场的发展变化一致，所以采购组织的设计也必须不断更新。消费市场的全球化迫使企业不得不面对世界各地的竞争。因此，它们不仅要拥有核心竞争能力，同时还必须具有灵活的业务运作部门，采购组织设计的改变能直接且深刻地影响采购过程。因此，采购组织已不可能像从前那样分散在企业的不同部门。

采购组织设计时应该考虑以下基本原则：

（一）目标原则

采购与供应部门的组织设计，首先应该保证采购与供应职能目标的实现。而采购与供应的目标，应该与企业的经营战略目标一致。

（二）精简原则

在企业采购机构设计中要运用精简的原则，这个"精"指人员精干；"简"指机构简化。只有人员精干，机构才能简化；如果人员素质差且过分强调简化机构，那么会导致应该开展的工作开展不起来，应该完成的工作完成不了，这同样是不可取的。

（三）统一原则

任何一个企业的采购组织要顺利地完成采购任务，都必须上下一心、齐心协力，遵循统一的原则。统一的原则基本包括两个方面的内容：

（1）命令要统一。采购部门的多种决策、指令、命令要及时下达，一方面要防止令出多头，下级无法执行，无所适从现象的出现；另一方面也要杜绝上有政策、下有对策的散乱现象的出现。

（2）规章制度要统一。各种规章制度是行为的准则，采购部门有总体规章制度，多分支机构也应该有自己相应的规章制度，但二者之间不能自相矛盾，应形成一个相配套的体系，在制度面前人人平等。

（四）效率原则

采购与供应处于企业经营环节的前端，其效率关系到企业的整体运营效率。所以，采购与供应部门的设计应考虑采购与供应业务运行的成本效率、时间效率和资金效率等。

（五）责、权、利相结合的原则

"责"指责任，起约束作用；"权"指权力，是履行职责的保证；"利"指利益，起激励作用。责、权、利相结合，才能充分调动采购队伍的积极性，发挥其聪明才智。如果有权无责，必然会出现瞎指挥、盲目决策甚至损公肥私的现象；如果有责无权，什么事情都要请示汇报才能决策，也难以真正履行责任，还会贻误时机、影响效率。同样，没有相应的利益刺激，也难以保证采购工作的高效性、准确性。只有责、权、利有机地结合起来并发挥各自的职能，才能保证采购组织工作的有效性。

（六）环境适应性的原则

采购与供应组织应能较好地适应企业经营战略的调整和市场环境的变化。任何组织都是存在于环境之中的。面对环境的变化，组织的竞争能力在很大程度上取决于其环境适应能力。

（七）高效的原则

采购工作要高效开展，必须有一套高效运转的组织机构，这种高效的组织机构应确定合理的管理幅度与层次。横向方面，各部门、各层次、各岗位应加强沟通、各负其责、相互扶持、相互配合；纵向方面，上情下达迅速，同时领导要善于听取下级的合理化建议，解决下级之间出现的矛盾与不协调。这样，形成一个团结严谨、战斗力强的采购队伍，才能使采购工作高效地开展。

五、采购组织的权利设计

组织设计是指对组织结构、部门构成、职责权利及其相互关系等组织问题进行的系统规划。组织设计是组织机构建立和运行的基础，对组织的有效性影响很大，正所谓"设计不良，属先天缺陷，后患无穷"。组织设计具有三大任务：

（一）职务分析与设计

职务是完成工作的基本岗位，要根据组织使命提出职务数量、类型以及要求的基本素质。

（二）部门划分与设计

将相同职务或联系比较密切的职务集中在一个单元中，就形成了部门，并且还需要界定部门的属性和层次。

（三）结构分析与设计

结构分析与设计主要是规定部门之间的关系，形成有效的管理框架和组织体系。

目前常见的采购组织类型有分权型采购组织、集权型采购组织、混合型采购组织等。

（一）分权型采购组织

1. 分权型采购组织的特点

分权型采购组织指的是与采购相关的职责和工作分别由不同的部门来执行。如物料或商品需求计划可能由制造部门或者销售部门来拟定；采购工作可能由制造部门或者销售部门来掌管；库存责任则可能将成品归属销售部门，在制品归属制造部门，原材料或零部件归属物料或仓储部门。

2. 分权型采购的优缺点

（1）分权型采购的优点

1）快速反应和回应。分权型采购的一个主要优势是能够对用户和消费者的需求做出快速反应和回应。紧急采购时可争取时效，能够机动配合生产需要，及时提供最佳服务。

2）理解特殊的操作性需求。分权型采购人员应充分认识和理解当地的运营要求。这些人员要熟悉产品、流程、商业惯例和部门或工厂所拥有的客户。不断熟悉之后，将有利于采购者对本部门的需求进行预测，同时保持与当地供应商稳固的合作关系。这对于像宝洁这样在世界人口密集地都有分支的全球工厂尤为重要。

3）产品开发支持。由于大多数新产品都是在部门或业务单元进行开发，因此分权型采购将有利于早期对新产品的开发提供支持。采购部门能够以多种方式支持新产品的开发。首先，采购者可以让供应商在新产品设计早期就参与进来；其次，他们还可以评估长期物料产品需求，制定战略性计划，判断是否可以获得替代性物料，并预测产品需求。

4）企业更偏好分权型采购的一个无形原因是所有权问题。本质上，所有权是指这样的假设：当地工作人员理解并支持业务单元或部门的目标，并对具体的运营操作具有个人责任感。所有权也指同一小组的每个成员都在为同一个目标努力，并分担小组面临的共同问题。

（2）分权型采购的缺点

1）各部门之间有重叠的工作项目。例如，追踪物料供需动态，与供应商交涉送货退货，物料作业电子化等，如果没有统一指挥的单位，管理工作将更复杂，人力、设备的投资成本更高。

2）权责不清。由于整个物料管理的功能细分化，工作会显得凌乱复杂，个别部门之间的职责也变得不明确。例如交货期限的延误，原因在于采购作业效率太低，或是前一阶段的物料需求计划不当，抑或是后一阶段的催货不力，部门之间经常会争议不休且互相推诿，几乎找不到负责解决问题的部门。

3）沟通不畅、相互冲突。不同的经营单位可能会与同一供应商就同一种产品进行谈判，结果达成了不同的采购条件。当供应商的能力吃紧时，经营单位互相之间又会成为真正的竞争对手。

（3）分权型采购的适用范围。分权型采购组织对于拥有经营单位结构的跨行业企业特别有吸引力，每一个经营单位采购的产品都是唯一的，并且与其他经营单位所采购的产品有显著的不同。在这种情况下，规模经济只能提供有限的优势或方便。

（二）集权型采购组织

1. 集权型采购组织的特点

将采购相关的职责或工作集中授予一个部门执行，是为了建立综合的物料体系，因而需设立一个管理责任一元化的组织体系。这个体系被称为物料管理部门或资财部，其主要工作包括生产控制（生产计划、物料控制）、采购（包括采购事务及跟踪和催货）以及仓储（收发料、进出货、仓储、运送）等。

2. 集权型采购的优缺点

（1）集权型采购的优点

1）协调采购量。长期以来，集权型采购的一个主要优势就是由累计采购数量带来的优惠价格。现在，随着系统技术的出现，企业可以识别出不同部门或业务单元所需采购的共同产品。

企业还可以累计服务需求。例如，企业通常签订用于整个企业的运输合同，这样既能实现成本的降低，又能实现在所有区域制定统一的绩效评价标准。通用电气公司（GE）成立了一个由各部门运输部经理组成的中心执行运输委员会。该委员会作为一个中心机构就公司运输合同对承运人进行评估，与最近承运人签订运输合同，并在所有部门中制定统一的承运人绩效评价标准。通过整合所有运输量，GE 实现了整个公司的成本和服务改善。

2）减少重复性的采购工作。实行集权型采购的另一个重要原因是，它可以减少重复性工作。考虑分布在多个地区的下属公司的部门，并且采用的是完全分散式的采购体制，该公司可能会发现企业内存在着多套物料核发单、多个供应商质量评价标准、多种供应商绩效评估系统、多种采购培训手册及多种与供应商进行电子数据交换的标准。重复性工作会增加企业的运作成本但很少会出现价格一致的情况。

3）协调采购计划和战略。如今，出现了几种制定战略的趋势。第一，采购部门已不仅仅是一个制定策略的部门，更是一个战略部门。第二，企业组织正在将公司的、业务部门的、采购部门的计划联合成为整体战略性方案。这两个趋势需要集权型管理采购小组从企业的最高级别角度出发制定采购战略，如果没有这样的小组，那么企业将无法协调自己的采购战略。

4）协调和管理整个企业的采购系统。采用先进精密的采购系统，如电子数据交换系统或数据仓库系统，已经变得越来越重要。这类系统的设计和协调不应该是个别业务单元的责任。如果每个部门或单元负责制定自己的采购或部件编号系统，最终将导致系列混合的不兼容系统。

惠普曾经是一家实行分权型管理的公司，现在依赖集权型管理采购小组为其建立和管理整个公司的数据，从而使惠普能够清楚地掌握众多分支部门所需要采购的共同产品，同时也能从整个公司的角度出发来评估供应商的绩效表现。同时，该系统还能为全公司的物料预测提供支持和帮助。

5）开拓专业技能。采购人员不可能在所有采购领域都是专家，特别是随着采购部门的工作内容变得越来越复杂，工作技术含量越来越高，而采用集权型管理采购小组的另一个优势是，可以开拓专业采购知识，支持具体的采购单元。

6）配合企业的财务状况，建立广泛的供需关系。

（2）集权型采购的缺点

1）常有推诿、无法全面有效配合的现象发生。

2）请购程序非常复杂，常因审批人不在场而影响工作，遇到紧急采购情况时无法机动配合。

3）有些物料因受场地的限制而不利于集中。

4）当工厂是分散布置时，集中采购后再分运，对仓储管理造成不便。

（3）集权型采购的适用范围。这种结构适合于几个经营单位购买相同产品，同时该产品对于它们具有重要战略意义的情况。

（三）混合型采购组织

1. 混合型采购组织的特点

混合型采购组织是指在公司一级的层次上存在着采购部门（公司的采购部门），同时独立的经营单位也进行战略和具体采购活动。在这种情况下，公司的采购部门通常处理与采购程序和方针相关的问题。此外，它也会进行审计，但一般是在经营单位的管理层要求这样做的时候。

2. 混合型采购的优缺点

公司的采购部门会对战略采购品进行详细的供应市场研究，经营单位的采购部门可以通过定期发布的小册子、公告或局域网利用这些研究结果。另外，公司的采购部门还可以作为促进或解决部门或经营单位之间协调的工具，但它并不进行具体的采购活动，具体活动完全由部门或经营单位的采购组织实施。

企业在推行集中采购时，可将部分作业合理分散执行，比如进行一些小额采购、地区性采购以提高采购效率，而且还可以降低采购成本。

六、采购组织的基本类型

（一）依照企业规模的大小、采购工作的重要程度分类

依照企业规模的大小、采购工作的重要程度等，采购部门可能隶属不同的部门，从而形成不同的采购组织形式，可以有以下三种类型：

1. 采购部门隶属生产部门

采购部门隶属生产部门的组织形式如图 2-1 所示，采购工作的重点是提供足够数量的物料以满足生产上的需求，至于议价功能则退居次要地位。而生产控制、仓储工作等另归其他单位负责，并未归入采购部门的职能中。

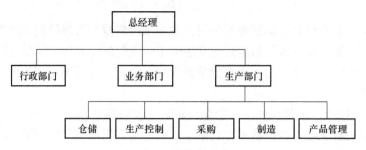

图 2-1　采购部门隶属生产部门

2. 采购部门隶属行政部门

如图 2-2 所示，采购部门隶属行政部门，采购部门的主要功能是获得较佳的价格与付款方式，以达到财务上的目标，有时采购部门为了取得较好的交易条件，难免会延误生产部门的用料时机，或购入品质不尽理想的物料，不过采购部门独立于生产部门之外，比较能发挥

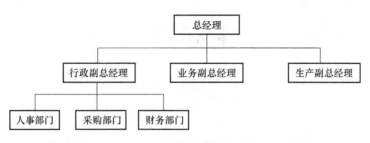

图 2-2 采购部门隶属行政部

议价的功能。该类型的采购部门适合于生产规模庞大、物料种类繁多、价格经常需要调整、采购工作必须兼顾整体企业产销利益的企业。

3. 采购部门直接隶属总经理

如图 2-3 所示，采购部门直接隶属总经理，这是提升采购部门的地位于执行能力。此时，采购部门的主要功能在于降低成本，使采购部门成为企业利润的另一种来源。该类型的采购部门，比较适合于生产规模不大但物料或产品的制造成本或销售成本所占比例较高的企业。

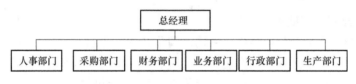

图 2-3 采购部门直接隶属总经理

（二）依照一般的企业组织模式分类

依照一般的企业组织模式，企业的采购组织结构可以有以下四种类型：

1. 直线制采购组织结构

直线制是由一个上级主管直接管理多个下级的一种组织结构形式，例如，由一个采购经理直接管理多个采购员。

直线制采购组织结构的优势在于直接指挥，可以做到：①加强管理控制和责任的力度；②实现有效交流沟通，使管理符合实际；③能够实现个性化管理。这种结构适合于小型企业的采购管理，由采购经理直接管理采购员，如图 2-4 所示。

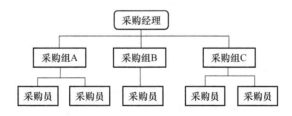

图 2-4 直线制采购组织结构

2. 直线职能制采购组织结构

直线职能制采购组织结构是在直线制采购组织结构的基础上，再加上相应的职能管理部门，承担管理的职能，如图 2-5 所示。

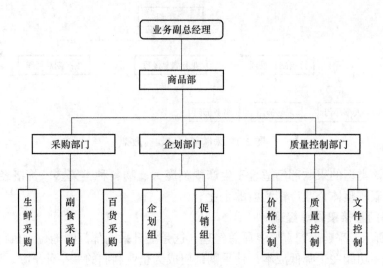

图 2-5 某公司的直线职能制采购组织结构

3. 采购事业部制组织结构

采购事业部制又称采购分权结构或采购部门化结构,由通用汽车公司副总裁斯隆研究设计。采购事业部一般按地区或产品类别分类,对公司赋予的任务负全面责任。采购事业部制组织结构适用于采购规模大及多品种、需求复杂、市场多变的企业。

这种采购组织结构是一种集权型与分权型相结合的组织结构。各事业部实行的是集权型采购,从公司的角度分析则实行的是分权型采购,即将采购权分散到各事业部,如图 2-6 所示。

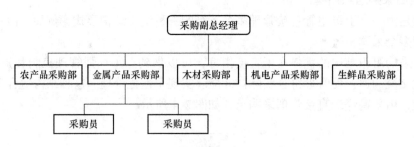

图 2-6 采购事业部制组织结构

4. 矩阵制采购组织结构

矩阵制采购组织结构是为了完成指定任务(项目)由各个方面的人员临时组成的一个组织机构。当任务完成后,人员各自回原单位工作。这种组织结构突破了一名采购人员只受一个主管领导的管理原则,而是同时接受两个部门的领导,主要适合于生产工序复杂的企业,由于新产品多,需要采购多种物料。其优点是采购的目的性强,组织柔性好,能够提高企业的采购效率,降低采购成本;缺点是双重领导容易导致职能部门之间意见的不一致,影响业务活动的正常进行。矩阵制采购组织结构如图 2-7 所示。

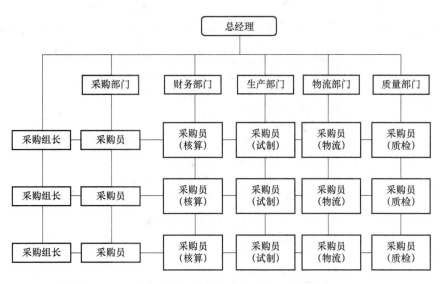

图 2-7　矩阵制采购组织结构

第二节　采 购 人 员

一、采购岗位设置及采购组织人员职责

为保证采购工作的顺利进行，在企业内部需要建立一个高效率、团结协作的采购团队，不同的团队成员要发挥不同的采购职能。

企业的采购组织一般由如下人员组成：①市场及需求分析员；②采购计划员；③进货管理员；④采购质量管理员；⑤采购统计分析员；⑥采购成本核算员等。

企业采购组织人员的主要职责如表 2-1 所示。

表 2-1　企业采购组织人员的主要职责

人　员	主　要　职　责
市场及需求分析员	1. 负责市场调研和收集客户需求，梳理业务流程和进行系统设计 2. 根据产品规划或者项目要求，开展需求调研，编写调研报告和需求规格说明书 3. 根据采购计划，进行供应市场调查，了解供应市场基本情况 4. 负责分析供应市场的规模和变化方向，为采购工作提供建议
采购计划员	1. 根据库存的需求制定物料需求滚动计划，并对订单的执行情况进行监督和跟踪 2. 每月需做物料预测，并进行物料差异分析 3. 对缺料进行有效跟踪，确保计划按时完成 4. 负责对超计划物料原因分析，并向上级提供相应的分析报告 5. 负责异常耗用查找并分析原因，以及对后续采购计划进行相应调整 6. 对库存物料进行监控，对特殊物料保证一定的库存周转天数
进货管理员	1. 负责监督采购计划的执行进度 2. 负责跟进采购业务的执行过程 3. 负责供应商谈判和供应商发货管理 4. 负责处理采购进货环节发生的相关纠纷

（续）

人　　员	主　要　职　责
采购质量管理员	1. 全面负责质量管理小组的管理工作、统筹质量管理工作 2. 按照公司间接采购质量管理办法，撰写区域外采物资验收规范 3. 对采购质量管理数据进行整理、汇总、分析 4. 对采购物资进行质量检查和管控 5. 负责采购物资质量纠纷处理工作
采购统计分析员	1. 负责采购量的定期汇总 2. 负责根据采购业务进行数据分析和处理，形成采购分析单 3. 负责统计、分析采购工作相关环节的资源使用情况 4. 负责分析组织采购工作的流程和绩效
采购成本核算员	1. 建立供应商往来明细账，做到账目清晰无误 2. 月末与供应商及时进行账务核对 3. 月末进行采购运费核算工作 4. 负责采购发票、票据等的核实和校对工作 5. 负责采购成本汇总和分析统计工作，为采购工作提供成本分析

二、采购人员的选拔标准

采购人员的选择是企业一项重要的人力资源配置。选择标准的实质是对采购人员总体素质的基本要求。当然在企业不同的部门，对不同采购岗位人员的素质要求不同，采购经理、采购主管对采购员的要求也是不同的。对采购人员的选拔标准分为如下几个方面：

（一）良好的气质

气质是指影响人的心理活动和行为的个性特征，即人们通常所说的脾气、性情。人的气质分为四种：①对人直率、热情、活泼，但易激动、脾气暴躁；②待人热情、稳重、容易理解别人，易成为具有显著效率的活动家；③对人对事态度持重、和气，交际适度，适合于有条理和持久性的工作；④对人对事谨慎，较孤僻。

采购工作是一项与人打交道的工作，因此，采购人员应待人热情、稳重，容易理解别人，对采购工作有热情、善交际，这样才能保证采购的成功。

（二）性格

性格是人在对他人或外界事物的态度和行为方式上所表现出来的特征，是个人对外界态度行为方式的习惯的表现。通常，将人的性格划分为外向型性格和内向型性格。从采购工作的要求来看，外向型性格比内向型性格更具优势。

（三）能力

能力是指人完成某种活动所必备的个性心理特征。人的能力分为一般能力和特殊能力。一般能力是人的基本能力，如观察能力、记忆能力、思维能力、想象能力等；特殊能力是指从事某种专业活动的能力，如艺术能力、运动能力等；采购人员除具备一般能力外，还应具备进行采购工作的特殊能力，如发现新客户的能力、交往洽谈的能力、协调关系的能力等。

三、采购人员的素质要求

要做好采购工作，就必须有合适的采购人员。因此，企业从一开始就要招募优秀的采购人员。那么，企业应选择什么样的人来满足采购工作岗位的要求呢？不同的商业环境中会有不同的要求，在企业内部，不同采购岗位的人员的素质要求也不同。但是，有一些指导方针是在大多数情况下都适用的。

首先，作为一名合格的采购员，必须德才兼备，才能更好地履行采购作业。其次，因为在采购工作岗位上角色是会动态变化的，有时采购人员必须和工程技术人员沟通，有时还要有处理危急型公关事务的能力，有时还要是一名法律通。因此，采购工作要求采购人员必须具备多方面的能力，以应付多变的采购工作。

（一）要具备良好的职业道德

采购是企业中较为敏感的职业，要想成为一名优秀的职业采购员，必须具备良好的职业道德。腐败大多出现在采购与销售环节，有些供应商总是想办法以金钱或其他方式来诱惑采购员，以达到其销售目的。有些在大企业中做过营销和采购的人对拿回扣的行为见怪不怪。尽管明令禁止，可在商业界依旧时不时上演经理人因个人职业发展而离职的故事，采购部门走马灯般换将。由此可见，采购员若无法把持，可能会不自觉地掉入供应商的陷阱而不能自拔，进而任由供应商摆布。

采购员要做到清正廉洁，必须自觉构筑思想防线，进行自我约束、自我规范和自我控制。一些在行业中做到顶尖的采购经理大多具备很高的道德素养以及严谨的工作态度。在工作中要做到：保持对企业的忠诚；公平正直，不偏袒，不掺杂个人的主观意愿；对供应商要做到一视同仁，不得有任何歧视性的条件和行为；从提供最佳价值的供应商处采购；坚持以诚信作为工作和行为的基础；不断提高自己在方式方法、材料以及影响采购工作的作业流程方面的知识水平；在交易中采用和坚持良好的商业准则等。

随着采购行为在企业战略中的地位越来越高，良好的职业道德素养已成为成功的采购经理的第一种必备素质。

（二）应有良好的形象

（1）第一印象。人的形象是通过容貌、神态和服饰等仪表来反映的。采购人员的服饰穿着应遵循服饰因年龄而异、因时而异、因谈判的内容而异的原则。采购人员进行采购谈判时一般穿正装，所以要特别注意正装的合理穿着与搭配。在非正式场合，可穿单件上装；在会谈、访问、较高级会议和白天举行的比较重要的活动中，应穿套装；宴会、正式会谈、正式典礼及特定的晚间社交活动场合，必须穿着以深色为主的套装。注意西装、衬衫和领带的合理搭配，注意鞋袜的穿着和搭配。一般在正式场合以黑色皮鞋为宜，但女士也可穿着与服装搭配合理的彩色皮鞋。饰品佩戴应遵从传统和习惯。

（2）商务礼仪。在商务活动中，为了体现相互尊重，需要通过一些行为准则去约束人们在商务活动中的方方面面，这其中包括仪表礼仪，言谈举止，书信来往，电话沟通等技巧，根据商务活动的场合又可以分为办公礼仪、宴会礼仪、迎宾礼仪等。在采购工作中，常用礼仪包括：

1）在正式场合或初次见面时，称谓和打招呼的方式应该正式、庄重。

2）如果是第三方负责介绍，那么要按照先将男性介绍给女性、先将年轻者介绍给年长者、先将身份较低的人介绍给身份较高的人的顺序进行。介绍到自己时要有礼貌地举手示意。

3）在采购谈判中，称谓要根据对方的年龄、性别和职业等，再结合谈判的具体情景来确定，要让对方产生亲切感。

4）在采购谈判中，要使用必要的谦语或敬语，同时，在使用谦语或敬语时还要面带微笑。

（三）要具有较强的分析和预测能力

采购是一项复杂而且要求很高的工作，对采购人员工作能力的要求也很高。采购人员必须对所在的行业市场动态有一个把握，必须了解供应商的产品和技术以及相关市场的情况，具备较高的分析能力和预测能力。

由于采购人员常常要面临许多不同策略的选择和制定，因此采购员应具备使用分析工具的技巧，并能针对分析结果制定有效的决策。

首先，采购支出是构成企业制造成本的主要部分，因此采购人员必须具有成本意识，精打细算，锱铢必争，不可"大而化之"。其次，必须具有"成本效益"观念，所谓"一分价钱一分货"，如果选择了购买品质不好或者不具有使用价值的物品，就要做好花冤枉钱的准备。随时将投入（成本）与回报（使用状况、时效、损耗率和维修次数等）加以比较。此外，对报价单的内容，应有分析技巧，不可以只进行"总价"比较，必须在相同的基础上逐项（包括原料、人工、工具、税费、利润、交货时间和付款条件等）分析判断。

在现代动态经济环境下，物料的采购价格与供应数量是经常变动的。采购人员应能依据各种产销资料判断货源是否充裕；通过与供应商的接触，从其"销售"的态度推测物料可能的供应情况；从物料价格的涨跌来推断采购成本受影响的幅度有多大。总之，采购人员必须开阔视野，具备"察言观色"的能力，对物料将来供应的趋势能预谋对策。

（四）要拥有优秀的语言表达能力

语言表达能力包括口语表达能力、文字表达能力、数字表达能力及图示表达能力。采购人员无论是用语言还是用文字与供应商沟通，都要向供应商表达采购的各种条件，例如采购物料的规格、数量及价格，应避免语意含混，滋生误解。面对忙碌的采购工作要具备"长话短说，言简意赅"的表达能力。通过"动之以情"来争取采购条件，更是采购人员必须具备的能力。

（五）要具备供应链全局观

相互协作是衡量团队精神的重要指标之一，也是在供应链制胜的时代企业立足市场争取优势地位的不二法门。实践证明，采购人员要在执行采购中最大限度地节约成本，不仅要考虑价格因素，还要了解供应链各个环节的操作，明确采购在各个环节中的不同特点、作用及意义。

随着经济的发展和国际贸易的日益频繁，我国企业的采购方式也在迅速向多元化方向发展，目前最明显的趋势就是全球化采购与本土化采购相结合。与此同时，企业对采购从业者的要求也开始提高。以零售企业目前急需的采购经理为例，零售企业要避免成品大量变成库存沉淀，减少库存占压资金，就要要求采购经理熟悉零售业采购流程，保证采购体系的有序运作。另外，采购经理除了要全面负责企业采购部门的日常管理与运作外，对采购的管理也从商品扩大到外部资源及供应商的管理范围，要针对供应链各个环节的采购工作予以合理的实施。

因此，供应链的采购全局观是采购人才必备的素质之一。

（六）要有敏锐的观察力和亲和力

亲和力是建立良好供应商关系的基础。采购人员经常与自己的组织或其他组织中的高层人员打交道。所以高效的采购人员应该具有与人交往的较高能力，具有交际的亲和力，这样容易与人沟通并让人产生信任感，有较强的部门协调能力和谈判能力。

（七）要具备宽广的知识面

采购人员需要接触很多行业和技术，必须对技术与商业因素持有平衡的观点。另外，为了更高效、保质保量地完成工作，还必须能够将其所做的业务当作一个完整的整体。显然，知识面不广的人是不可能在这样高要求的环境下有效地完成工作的。做采购工作不但要有好的形象和敏锐的观察力，还要有较高的素养、广博的知识面、积极的应变能力与良好的心理素质。一名优秀的采购人员，要具备采购、商品学、物流、市场营销、商务谈判、税务、财务及相关法律法规等方面的知识。

无论采购哪一种物料，都必须对要采购的标的物有基本的认识。跨专业的采购会使得采购人员感觉力不从心。采购人员必须不断补充各种产品的有关知识。补充的途径包括自学、参加短期培训班等。一些采购人员认为，这么做是在浪费时间，因为采购人员并不是搞研究开发的，而且采购时往往有本企业的工程技术人员及商品管理人员的协助，因此自身并不需要掌握太多的专业知识，持有这种观点的采购人员不在少数。但是这种观点持有者必须要认识到，那些可以支持自己工作的工程技术人员及管理人员并不是时时刻刻都在自己的左右，况且有时他们因为各种原因未必能帮助自己。尤其是零售企业的采购人员，对商品的了解更要比其他行业的采购人员还要深入，因为他必须担负起销售业绩的相关责任。

（八）要具有国际视野

现在的采购是多元化的跨国家、跨地区的采购，因此采购人员要有很好的外语沟通能力，随时关注供应链领域所发生的事件，如原材料价格波动、气候变化等，对于影响因素要有敏锐的感觉，能够及时做好预警及防范措施，并且还要了解国际上的最新技术及产品。从人才市场的走势分析我们也可以看出，目前最缺的是具有国际视野的管理人才，世界 500 强在中国投资的企业大多列出了这类需求。可以看出，基于国际化视野是采购人才必不可少的素质之一。

本 章 小 结

采购组织与人员是实现采购行为的主体，也是现代采购管理的重要内容。本章阐述了采购组织的含义、地位、职能、设计原则和基本类型，介绍了采购岗位设置、采购人员的选拔标准以及采购人员的素质要求等。

新时期信息技术的进步、新型的商业模式不断出现以及市场竞争的加剧，对中国企业的采购组织形成了新的挑战。正如恰当的员工、系统和绩效考核对采购成功非常关键一样，一个合适的组织设计对成功采购同样至关重要。

在采购管理中，组织模式是静态的，人员是动态的。因此，采购人员是采购管理的关键因素，合理地选择采购模式是实现有效采购管理的前提，而高素质的采购人员的配置是影响采购管理绩效的关键。

习题与思考

一、简答题

1. 采购组织的职能有哪些？
2. 简述采购部门在组织中的地位。
3. 简述采购部门的职责。
4. 常见的采购组织的类型有哪些？各自有什么优缺点？
5. 简述采购组织的设计原则。
6. 采购人员应该具备哪些基本素质？
7. 如何设计合适的采购组织？采购组织内人员的配备应该遵循哪些原则？

二、填空题

1. 采购组织具备凝聚或目标功能、协调功能、制约功能和（　　　　）基本功能。
2. 依照企业规模的大小、采购工作的重视程度等，采购部门可能隶属不同的部门，可以有采购部门隶属生产部门、（　　　　）、采购部门直接隶属总经理三种类型。
3. （　　　　）采购组织形式是一种集中化与分散化相结合的组织结构。

三、案例分析

采购人员的重要性

2011年8月，李某作为甲方项目经理参与了某省公安厅警务地理信息基础平台的建设。该项目是某省公安厅"天网计划"的重要项目，该项目共投资1000万元人民币，建设工期为1年。该系统利用空间地理信息技术，以电子地图为基础，以公安宽带网络为依托，以信息共享和综合利用为目标，来实现公安基础信息基于空间电子地图的可视化查询和分析，从而提高在指挥决策、快速反应、反恐等方面的综合能力，为治安管理、警力部署、巡逻布控、安全警卫等公安业务提供行之有效的管理手段。该项目于2012年8月通过了用户方的验收，赢得了用户的好评。

由于该项目的顺利上线涉及业务的考核，因此在该项目中，采购管理就显得尤为重要。这一点在其业务复杂、范围涉及面广、项目干系人众多等特点于一身的某省警务地理信息系统中得到了充分验证。

1. 编制采购计划

在编制采购计划前，李某组织相关行业特别是有同类型项目经验的专家，对平台项目的开发成本做了估算。一方面，一边估算平台大致成本，一边检查是否有直接预算支出；另一方面，也可以将控制项目成本作为合同的一个约束条件。经过多次商讨，定出成本估算值，并决定采用固定总价合同类型。

编制项目采购计划最忌"关起门来，自作自受"，详细、科学、合理的采购计划是以项目实际情况作为立足点的。特别是对该平台的项目，业务复杂、范围涉及面广、项目干系人众多、项目时间紧，因此，在制订采购计划前，李某及专家们多次走访各部门业务人员，并特别就业务关键岗位进行了全方位的学习和深入了解。这大大方便了李某以及专家们界定清楚项目范围，制作出初步的项目范围说明书，并以此作为基础制作了项目采购工作说明书及采购计划。

为规范项目采购管理工作，李某和专家们同客户方共同制定了"三审"制，即采购申请审批、询价申报审批和到货验收审批三个关键点的审查。采购申请审批是在项目选型经过技术论证、用户试用并确认后开展；询价申报审批是在确认供应商，并通过谈判确认最终采购价格后开展，同时需提交供应商的相关证明文件、售后保证等承诺文件；到货验收审批是依据采购合同，执行到货验收的审查工作。"三审"制对于保证采购工作合理、规范地开展，发挥了重要作用。

2. 从满足实际需求出发，合理、规范、高效地完成项目采购工作

在招标过程中，李某先在本市的政府采购中心网站登记相关招标信息，并举行了最初的供应商碰头会，

以便李某对参与投标的各个供应商有一个初步了解，也有利于供应商对李某的项目有一个清晰、共同的理解。投标之前，李某会同相关行业专家就相关竞标企业进行了摸底排查，大致对其规模和实力有了一定的了解。同时，就平台项目的实际情况知道了评标的标准及策略。在招标过程中，李某先根据本行业信息系统的要求，设置筛选系统：要求竞标企业必须拥有计算机系统集成二级或一级资质和国家涉密计算机系统集成乙级（以上）资质。然后依据前期研讨会确定的项目技术参数及验收标准，按照重要程度对每一个评价标准设置一个权重，按照供方所得项目技术标准综合得分，结合项目建设价格作为选择供方的依据。

经过几轮评选活动后，李某选择了一家规模较大和实力较强，技术综合得分及性价比都比较高的 A 公司作为该平台项目的供方。A 公司作为本行业的领先者，拥有多个类似项目的成功案例，而且之前也和本市交警局做过其他业务项目，用户口碑和行业评价都比较好。

3. 高度重视采购风险，采取有效的措施控制采购风险

应用支撑平台的采购实施是该项目的重要建设内容，决定了项目建设的效果和整体的实施进度，加之涉及采购金额较大，必须高度重视和控制采购风险。详细的采购合同是项目的"宪法"，如果合同中定义不清楚或者不定义，那么在项目建设时项目经理就无法控制各个供应商。从法律之外，也许可以通过人际关系或者公司合作关系，促成有效的合作。但李某认为，最直接有效的方式还是签订采购合同。

该产品的供应商调集了核心开发人员参与到系统导入工作中，因时间紧，采用封闭开发方式，期间克服了种种困难，在短短 3 个月内就完成系统构建，并成功实施，获得了用户的认可。基于试点试用情况，邀请了知名的专家对该产品开发及应用情况进行了评审。获得了专家的充分肯定。最终用户同意了该产品的采购。通过以上 3 个阶段，很好地控制了该产品的采购风险。在后续的实施中，主要应用系统均基于该产品进行构建，取得了较好的应用效果，达到了预期的目标。

问题： 结合案例分析采购人员的能力和素质在采购管理工作中的重要性。

（资料来源：信管网．论信息系统项目的采购管理．2015-05-03．http：//www．cnitpm．com/pm/26838．html）

第二章

供应商的选择与管理

📖 **学习目标**

1. 了解供应商的选择标准和选择过程。
2. 了解供应商审核与认证的过程。
3. 掌握供应商绩效考核的方法及步骤。
4. 掌握防止被供应商控制的方法。
5. 掌握供应商选择的原则。

◆ **导入案例**

胜利油田供应商"大洗牌"

2008 年以来，胜利油田物资供应处对新准入的 100 家供应商实施了考察，而今天，对准入供应商进行现场考察和评估，已成为胜利油田物资供应处的"鲜明特色"之一。

2010 年，胜利油田物资供应处共对 1630 家物资供应商进行了综合打分，确定了 430 家主力供应商，产品涉及 22 个大类、60 个中类、103 个小类；取消了 51 家供应商的市场准入资格，删除了 302 家供应商的 1223 项产品目录；清理了 103 家供应商，并对 460 家供应商的 4500 项产品目录进行了"瘦身"……一连串的数字，足以说明胜利油田对供应商管理的动作之大、力度之大、难度之大。

1. 重拳出击，现场考察

2009 年 5 月，胜利油田物资供应处确定了三步走的总体工作思路：第一步，实施油田重点项目供应商考察；第二步，对重点产品供应商实施全面现场考察；第三步，对所有的供应商进行全面考察和风险评估。

为了保证油田重点项用料的采购质量，物资供应处密切跟踪工程项目供应商，千方百计做好项目用料采购的风险控制。胜利油田石化总厂成品油质量升级改造和发电厂机组大修是油田的重点项目，工期要求紧，涉及的物资非常复杂，涉及供应商 46 家，分布于 11 个省市，考察难度较大，供应处组织 3 个考察小组，进行了全面现场考察，对供应商逐一考评和综合打分，形成考察报告，并提出项目采购推荐意见，为工程项目用料采购提供了第一手资料。

在对重点产品供应商方面，供应处认真分析了近年来质量问题较为突出的物资品种，确定了设备、油田化学剂、滤砂管、防冻液、备品配件、机电、建材等类物资的300多家供应商为考察重点对象，联合油田相关部门，分组分批对拟签订框架协议的供应商全面实施了现场考察。各考察小组成员采取检查资料、参观生产与检测车间、查看原材料与成品、座谈询问等方式，针对其生产经营情况，了解其质量保证体系、服务与支持能力、成本控制能力、财务状况等。考察后出具考察报告或风险评估表，作为框架协议审批时的必备附件，为框架协议招标的供应商选择提供了可靠依据。根据考察结果，物资供应处淘汰了检测设备不完备的投标商，重新界定了供应商的入网生产品种。

2. 提高准入"门槛"

胜利油田物资供应处于1996年建立了供应商年审制度，并专门开发了供应商年审信息系统，凡到期不参加年审的供应商，由系统自动停止其交易资格。近年来，在年审过程中，供应处提升了准入门槛，以这种方式来优化供应商网络，既满足了油田对优秀供应商的需求，同时也控制了新增供应商的数量。

2009年，胜利油田物资供应处发布了《中石化企业自采供应商（胜利油田）准入标准》，规范了供应商准入、增加产品目录的程序、准入标准及流程，重点对入网供应商的资质、财务状况、产品质量状况做出了明确规定，并明确了材料类、设备类、配件类、化工类供应商准入在固定资产、注册资金、销售收入等方面的最低标准。

对申请入网的供应商，通过资质初审、现场考察、评审，最终由物资资源市场管理委员会确定，同时报油田分管领导和物资装备部审批、备案并进行公示。

按照供应商会审制度，2010年供应商准入27家，做到了公开、透明、公平、公正。

3. 清理不良供应商

2010年，胜利油田物资供应处共取消了资质不全的36家供应商的市场准入资格。对出现产品质量问题、违反市场管理规定的15家供应商不予年审，并取消它们的准入资格。重点对经营业绩差、财务状况恶化、资信程度低、交货不及时、合同执行不完整的103家供应商进行了清理。

清理供应商的同时，胜利油田物资供应处还对4500项产品目录进行了"瘦身"。把两年内无业绩的供应商、注册资金50万元以下且连续两年交易额小于50万元、注册资金100万元以下且两年内无业绩的供应商产品目录作为清理的重点。2010年，胜利油田物资供应处共对302家供应商的1223项产品目录进行了删除。

除了在年审时对不良供应商进行大量的清理，胜利油田物资供应处还加强了日常追踪，主动与监督抽检部门联系，追踪有无违规现象。每月发布供应商检验、监督抽检、招标、询比价、交货期、售后服务、违规情况等信息，通报处理情况。对12家违约的网络供应商分别给予取消网络资格、暂停业务、通报批评等处理。

4. 中间商"出局"

胜利油田物资供应处在现场考察的基础上，重点开展阀门、管件、仪器仪表、井控设备、入井工具等品种流通商、代理商的专项清理整顿工作，分大类、分品种实行供应商末位淘汰。

从 2009 年开始，中间商、代理商所经营产品一律不再引入油田市场，同时只限生产商供应产品目录，涉及生产建设的重点物资一律不准中间商参与，从中间商采购的物资品种逐年减少，厂家直供率明显提高。

5. 主力供应商大受欢迎

胜利油田物资供应处不断规范供应商动态量化考评工作，制定了《物资采购供应业务监督管理实施细则》，对供应商考评中的考核指标、违规条款、处罚措施等进行了详细规定，同时编制了《物资供应商考评管理办法》和《供应商考评程序使用说明》，明确了评分项目的责任业务部门和岗位责任人，采取月度考评、季度通报和年度综合考评相结合的考评制度，并将年度综合考评分数作为主力供应商与一般供应商分类的依据，由业务部门择优推荐，经油田物资资源市场管理委员会核实后，确定主力供应商名单。

同时，物资供应处积极落实供应商业绩引导订货机制。对主力供应商，分配其明确的市场份额，实施明确的资金支付倾斜政策，并以框架协议的形式进行保障。在 2010 年螺杆钻具框架招标过程中，物资供应处将 1.5 亿元招标金额中的 9400 万元分配给排名前 4 位的主力供应商，充分发挥其在供应质量、供应及时率以及售后服务方面的优势，从而进一步降低了供应风险。

此外，物资供应处还持续强化与战略供应商的全方位合作关系，一方面，通过专题会议强化双方管理层及技术层面的联系；另一方面，探讨与战略供应商合建专业培训基地，密切双方的业务层交流。通过全方位的接触，深化对供应商的了解，使得油田与供应商建立起了新型合作关系，有效促进了合作共赢机制的建设。

6. 总结

供应商管理是质量风险防控、确保安全供应的"第一道关口"。为强化供应商动态量化考核，加强采购风险源头控制，物资供应处按照"控制总量、优化结构、扶优汰劣、动态管理"的原则，坚持狠抓供应商管理，逐步建立完善"供应商准入、现场考察、动态量化考核、主力供应商培育、清理整顿"的管理机制，实现了对供应商管理的全过程控制。

(资料来源：《石油石化物资采购》2011 年第 4 期)

第一节　供应商管理概述

企业与供应商之间的关系复杂，而且这种复杂性还在不断增强，那么对供应商进行选择的重要性便日益显现出来，它已是许多企业与机构采购商们最重要的职责之一。供应商选择的首要工作就是要了解供应商，了解资源市场，而要了解供应商的情况，就要进行供应商调查。因为在不同的阶段，供应商选择往往会有不同的要求，基本上可以分为三种：供应商初步调查，供应商深入调查和资源市场调查。

一、供应商初步调查

(一) 供应商初步调查的目的

做一些简单而又多方面的供应商初步调查，是这个阶段供应商调查的基本要求。供应商初步调查的目的，是了解供应商的一般情况，建立一个潜在的供应商资源库，充分了解供应市场。通过供应商初步调查，不仅可以为采购部门选择供应商做准备，还可以了解并掌握整个资源市场的情况。

（二）供应商初步调查的途径

当需要获取供应商的基本信息时，采购部门往往有很多途径可以拿来借鉴使用。以下是一些供应商初步调查的基本途径。

（1）现有供应商。采购部门所需要的信息很大一部分来自现有供应商。这一方法可以使采购部门不需要增加或者负担一个新的供应商，而且可以使采购部门与已经熟悉的供应商共事，削减评估新供应商能力所耗的时间和资源。

（2）销售代表。采购经理的办公室里，往往有很多有关销售及市场信息的资料，所有的采购者都是从他们的销售代表那里获取销售及市场信息的，因为他们是非常有价值的信息的来源。

（3）信息数据库。自动化数据库或数据仓库的使用，可以很快地识别潜在的合格供应商，以此来满足采购的需求。一些公司一直保持着那些有能力支持该行业或者产品的供应商的数据库，比如 NCR 公司就保存着大约 30 000 家服务于计算机行业的公司的数据库。

（4）经验。采购人员在一个行业工作多年，对供应商熟悉了，他们就可以凭借自己的经验对潜在供应商做出相应判断。

（5）贸易期刊。大多数采购企业都会密切关注贸易期刊，这些贸易期刊通常会侧重于某个企业的技术或物料、零部件、产品、流程或服务的创新发展，供应商也会利用这些期刊刊登一些产品及服务的广告。

（6）商行名录。几乎所有行业都出版有生产产品或所提供服务的企业名录。这样的名录对于那些对该行业或其他供应商不熟悉的采购方来说，是非常有价值的最初信息来源。

（7）贸易展销。参加展销会的采购方可以收集潜在供应商的信息，同时了解最新的技术发展，可以使采购方同时与众多的供应商接洽，这是一个很有效的途径。许多买卖双方的合同都是在贸易展销会上签订的。

（8）互联网搜索。随着现代社会的发展以及互联网的普及，供应商逐渐将互联网作为他们直接推销的重要组成部分，采购方可以利用互联网来对可能符合进一步评估的供应源进行定位。在收集了相关供应商的相关信息后，采购方必须随时筛选信息。从某种意义上说，采购方必须删除那些不符合要求的供应商信息。

（三）供应商初步调查的内容

供应商初步调查的内容主要有如下几点：

（1）产品的品种、规格和质量是否符合企业的需要，价格水平如何。只有产品的品种、规格、质量水平都适合于本企业，才算得上是企业的可能供应商或潜在供应商，才有必要进行下面的分析。

（2）供应商提供产品的意愿，以及供应商是否会向竞争对手提供类似的产品，导致本企业在市场中处于不利的竞争地位。

（3）企业的实力、规模如何，产品的生产能力如何，企业的技术水平和管理水平如何，企业的信用度如何。企业的信用度是企业对客户、银行等的信用度，表现为供应商对自己的承诺和义务认真履行的程度，特别是在产品质量保证、按时交货、往来账目处理等方面能够以诚相待，一丝不苟地履行自己的责任和义务。

（4）产品是竞争性产品还是垄断性产品。如果是垄断性产品，那么供应商的垄断态势如何，产品的销售情况如何，市场份额如何，产品的价格水平是否合适等。

（5）供应商相对于本企业的地理交通情况如何；用什么方式进行运输；是选择航空运输、海路运输、公路运输、铁路运输、管道运输，抑或是这几种运输方式的联合运输；运输时间如何把握；运输费用是否合理。除此之外，还需要考虑各种费用对本企业的影响。

（四）供应商初步调查的方法

供应商初步调查的基本方法，一般采用访问调查法，通过访问有关人员而获得相关的信息。例如，可以访问供应企业的市场部门的相关人员，或者访问有关用户、有关市场主管人员，或者其他的知情人士。

在初步供应商调查的基础上，要利用供应商初步调查的资料进行供应商分析。供应商分析的主要目的，是比较各个供应商的优势和劣势，选择适合于采购企业需要的供应商。

二、供应商深入调查

供应商深入调查，是指经过初步调查后，采购企业对初选供应商进行的更加深入仔细的考察活动。这种考察，是深入到供应商的生产线、各个生产工艺、质量检验环节甚至管理部门，对现有的设备工艺、生产技术、管理技术等进行考察，看看所采购的产品能否满足企业的需求。只有进行深入的供应商调查，才能发现可靠的供应商，建立起比较稳定的物资采购供需关系。

进行深入的供应商调查，需要花费较多的时间和精力，调查的成本相对来说比较高。因此，从这个意义上来说，并不是对所有供应商都必须进行深入调查，一般来说，在出现以下几种情况的时候，才需要进行深入细致的调查。

（一）准备发展成紧密关系的供应商

例如，进行应急品采购的时候，应急采购供应商的选择时间、选择范围受到限制。一般来说，采购企业首先会考虑从已有的供应商中选取符合要求的供应商。但物资生产的趋利性和供应商的自我保护性，往往使得采购企业在非常状态下面对供应商时处于被动地位。因此，通过必要的供应商管理活动，有助于采购企业与供应商建立相互信任，相互理解，长期、稳定合作的紧密关系，大大减少了解决日常问题的时间，使双方都能集中精力搞好长期性预测和计划工作，从而有效地降低应急采购的不确定性给双方带来的风险。长期稳定的合作伙伴关系还有助于变事后控制为事中控制，能较好地满足应急采购对所需物品的特别要求，保证了供应的连续性和准时性。

供应商的产品适时、适地、适量地送到采购企业手中，这时，供应商如同企业内部的一个供应部门。如果要选择这样紧密关系的供应商，就必须进行深入的供应商调查。

（二）寻找重要、关键物资的供应商

如果企业所采购的是一种重要、关键的产品，特别是那些精密度高、加工难度大、质量要求高、在企业的生产和运营中发挥重要作用的产品，那么企业在选择供应商的时候，就需要特别谨慎、小心，要进行反复认真的深入考察审核，不仅要满足企业质量技术指标的要求，还要充分满足采购保密性、时效性和特殊性的要求。只有经过深入细致的调查之后，证明其确实能够达到企业的要求时，才能最终确定发展它为企业的供应商。

除以上两种情况外，对于一般关系的供应商或者是非关键物资的供应商，可以不必进行深入的调查，只要进行简单初步的调查就可以了。

三、资源市场调查

资源市场调查对于企业制定采购策略以及产品策略、生产策略都有重要的意义。

资源市场调查的主要内容如下：

（1）资源市场的规模、容量、性质。要调查清楚资源市场究竟有多大，有多少资源量，多少需求量；是卖方市场还是买方市场；是竞争市场、垄断市场还是垄断竞争市场；是新兴成长的市场还是一个陈旧没落的市场。

（2）资源市场环境。要调查清楚资源市场的规范化程度如何，市场的经济环境、政治环境如何，市场的发展前景如何，市场的管理制度、法制建设如何。

（3）资源市场中各个供应商的情况。对众多的供应商的调查资料进行分析，就可以得出资源市场自身的基本情况，比如资源市场的生产能力、技术水平、管理水平、可供资源量、质量水平、价格水平、需求状况以及竞争性质等。

第二节　供应商的选择

供应商是企业外部影响企业生产运作系统运行的直接因素，也是保证企业产品的质量、价格、交货期和服务的关键因素。因此，现代企业已经认识到了供应商对企业采购的重要影响，并把建立和发展与供应商的关系作为整个采购管理的一项重要工作。

供应商的选择对整个采购的作用不言而明，它直接影响了企业采购的质量，从而间接影响了企业产品的质量和企业的声誉，因此，供应商的选择对企业而言是一项特别有战略意义的事件。

一、供应商选择的原则

选择供应商要遵循以下几个主要原则：

（一）质量第一原则

供应商开发的基本准则是"Q. C. D. S"原则，也就是说在质量、成本、交付与服务这四者中，质量因素是最重要的，首先要确认供应商是否建立有一套稳定有效的质量保证体系，其次要合理制定企业采购品的质量技术参数，并尽可能量化指标。

（二）策略差异原则

供应商的选择不能一概而论，供应商各自的精细程度、具体标准和发展策略都应该根据其特点进行分类，制定不同的选择策略。否则面对众多的供应商，一旦在一些无关痛痒的采购品供应商的事情上耗费了太多时间与精力，可能会导致该重视的采购品供应商的事情没管理好，精力时间又有限，使得采购部门的工作头绪混乱，采购人员手忙脚乱，效果不佳。因此，要根据不同类型的供应商及产品特性，对供应商采取差异化的选择及管理策略，制定不同的选择规则和流程。比如，核心采购品供应商需要开展供应市场分析、供应商详细背景调查、供应商日常跟踪、供应商评价与激励等；但普通的如办公用品供应商，选择时可能只需要进行简单的价格调查加上规范化的操作流程就可以了。

（三）新老结合、动态管理原则

供应商的选择要注意新老结合，降低风险，同时要对供应商进行动态评价管理。供应商是一个发展的个体，企业也是一个发展的个体，今天适合的供应商，有可能明天就不适合了，所以企业应该根据自己的发展战略和发展需要，调整供应商选择、评价和发展策略，才能够让供应商发挥最大功效。对于供应商的重要信息一定要定期复核，及时跟踪，最快地做出有利于自身的调整。建立规范的供应商考评制度，对供应商的级别要进行动态调整。

（四）集体决策原则

供应商的选择涉及企业的生产、技术、计划、财务、物流和市场等部门。对于技术要求高、重要的采购项目来说，特别需要设立多职能部门参与的供应商选择工作小组。供应商的选择绝不是采购人员个人的事，而是一个集体的决策过程。企业必须建立一个由各部门有关人员参加的小组以控制和实施供应商评价，进行讨论决定。选择小组的组员应包括研究开发部门、技术支持部门、采购部门、物流管理部门、市场和计划部门的人员，组员必须有团队合作精神，具有一定的专业技能。选择小组必须同时得到制造商企业和供应商企业最高领导层的支持。

二、供应商选择的标准和方法

（一）供应商选择的标准

1. 技术水平

对技术水平的评价主要看供应商提供的产品能否在质量上达到采购方的要求。采购物料的质量符合采购单位的要求既是采购方生产经营活动正常进行的必要条件，也是采购单位进行商品采购时首先要考虑的因素，采购方需要充分调查供应商的技术能力，以确保采购商品的质量。

采购方可以组建由采购、设计、生产制造、财务等部门人员组成的专家小组，对供应商进行调研或实地考察。除此之外，采购方也可以考虑以下几个方面的内容：

（1）考察供应商的硬件（如设备的先进性、环境配置是否完善等）和软件（如人员技术水平、工艺流程、管理制度、合作意识等）。

（2）考察供应商是否通过 ISO 9000 系列质量认证或者是其他一些企业要求的质量认证，质量控制措施如何。

（3）考察供应商为哪些企业供货，这些企业采购的物料是否与本企业相同或相近。

2. 采购成本

对供应商的报价进行成本分析，是有效选择供应商的方式之一。采购成本不仅包括采购价格，而且还包括获得物料过程中所产生的一切费用，降低采购总成本有利于企业提高竞争力和增加利润，这是选择供应商的一个主要因素，但并不是最重要的因素。采购总成本包括物料成本、采购管理成本和存储成本。物料成本包括货款、运费和通关费用等；采购管理成本包括人工成本、办公费用、差旅费用及信息费用等。采购总成本具有以下特点：与采购次数直接相关，不同企业的采购成本相差较大，确定采购成本较难等。

3. 管理水平

管理水平的高低是判断一个企业经营成功与否的重要标准之一。特别是在采购商品的金额巨大、性能复杂时，对供应商管理能力的评价就更为重要，采购方可通过分析供应商的长期营业额和利润记录，来分析潜在供应商的管理系统和管理方式，或通过企业现有人员的水平来判断供应商的管理能力。

企业要综合考虑供应商内部组织与管理关系及供应商的供货效率和服务质量。如果供应商的组织机构设置混乱，采购的效率与质量就会下降，甚至会由于供应商部门之间的相互推诿而导致供应活动不能高质量地及时完成。另外，供应商的高层主管是否将采购方视为主要客户也是影响供应质量的一个因素，如果供应商的高层没有将采购方视为主要客户，那么在面临一些突发状况时，便无法取得优先处理的机会。

除此之外，还可以从供应商机器设备的新旧程度及保养状况看出管理者对生产工具、产品质量的重视程度以及内部管理的好坏程度。另外，选择供应商时还可以参考供应商同行之间的评价及其在所属产业中的地位。客户满意程度的认知、对工厂的管理、对原材料来源地的掌握、对生产流程的控制等因素，也是评估供应商内部管理的重要指标。

4. 整体服务水平

整体服务水平是指供应商内部各个作业环节能够配合采购方的能力与态度。评价供应商整体服务水平的主要指标有以下几个方面：

（1）安装服务。例如，空调的免费安装、计算机的装机和调试等都属于供应商提供的安装服务。对于采购方来说，安装服务是一大便利。通过安装服务，采购方可以缩短设备的投产时间或者投入运行所需的时间。

（2）培训服务。对于采购方来说，会不会使用所采购的物品决定着该采购过程是否结束。如果采购方对所采购的物品不甚了解，那么供应商就有责任向采购方传授所卖产品的相关使用知识。每个新产品的问世都应该有相应的辅助活动推出，供应商对产品的培训情况也会极大地影响采购方对供应商的选择。

（3）维修服务。供应商对所售产品一般都会做出免费维修一段时间的保证。免费维修是对买方利益的保护，同时也对供应商提供的产品提出了更高的质量要求。这样供应商就会想方设法地提高产品质量，减少或避免免费维修情况的出现。

（4）升级服务。这也是一种非常常见的售后服务形式，现代信息时代的产品更需要升级服务的支持。信息时代的产品更新换代非常快，各种新产品层出不穷，功能越来越强大，价格越来越低廉，供应商提供免费或者有偿的升级服务对采购方来说有很大的吸引力，也是供应商竞争能力的体现。

（5）技术支持服务。技术支持服务是供应商寻求广泛合作的一种手段。采购方有时非常想了解在其产品系统中究竟用什么参数的器件最合适，有时浪费大量的时间和费用也不一定能够找到恰当的解决方法。这时候，如果供应商能向采购方提供相应的技术支持，那么就可以在为采购方解决难题的同时销售自己的产品。这种双赢的合作方式在现代采购工作中经常被采用。

5. 快速响应能力

在市场经济条件下，市场竞争越来越激烈，客户对企业的要求越来越高，交货期越来越短，企业要求供应商能有较好的响应能力，能及时满足企业的需要。同时，许多企业为了适应消费者多种多样的个性化需求，开始实行个性化定制和个性化生产。企业只有提高柔性生产能力，生产多样化的产品，才能适应消费者需求的个性化，才能提高企业产品的市场竞争力，而这些都是以供应商的多品种柔性生产能力及快速响应能力为基础的。

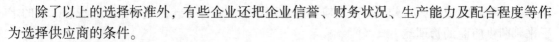

除了以上的选择标准外，有些企业还把企业信誉、财务状况、生产能力及配合程度等作为选择供应商的条件。

（二）供应商选择的方法

选择符合要求的供应商需要采用一些科学的方法，并根据具体的情况采用合适的方法。常用的方法主要有定性分析法和定量分析法。其中，定性分析法包括直观判断法、招标选择法和协商选择法。而定量分析法主要包括采购成本比较法、ABC 成本法和层次分析法。

1. 直观判断法

直观判断法是根据征询和调查所得的资料并结合专家的分析判断，对供应商进行分析、评价的一种方法。这种方法主要是倾听和采纳有经验的采购人员的意见，或者直接由采购人员凭借经验做出判断。常用于选择企业非主要原材料的供应商。

2. 招标选择法

当采购物资数量比较大、供应市场竞争相对激烈时，可以采用招标选择法来选择供应商。招标选择法是采购企业采用招标的方式，吸引多个有实力的供应商来投标竞争，然后经过投票小组的分析、评比来选择出最优供应商的方法。

3. 协商选择法

在供货方比较多、企业难以抉择的时候，可以采用协商选择的方法，即由企业先选出供应条件较为有利的几个供应商，分别进行协商，再确定适当的供应商。与招标选择法相比，协商选择法能使供需双方充分协商，在物流质量、交货日期和售后服务等方面很有保障。但是，由于选择范围有限，不一定能得到价格最合理、供应条件最有利的供应来源。当企业采购时间十分紧迫、投标单位相对较少、竞争程度比较低、订购物资规格和技术条件复杂时，协商选择法比招标选择法更为合适。

4. 采购成本比较法

对质量和交货期都能满足要求的供应商，则需要通过计算采购成本来进行比较分析。采购成本一般包括售价、采购费用、运输费用等各项支出的总和。采购成本比较法是通过计算分析各个不同供应商的采购成本，来选择采购成本较低的合作伙伴进行合作的方法。

5. ABC 成本法

ABC 成本法又称作业成本分析法，是基于活动的成本管理。ABC 成本法主要关注生产运作过程，加强运作管理，关注具体活动及相应的成本，同时强化基于活动的成本管理。它对原来的成本方法重新做了调整，使得人们能够看到成本的消耗和所从事工作之间的直接联系，这样可以分析哪些成本投入是有效的，哪些成本投入是无效的。

6. 层次分析法

层次分析法是一种定性与定量相结合的决策分析方法。它是一种将决策者对复杂系统的决策思维过程模型化、数量化的方法。应用这种方法，决策者通过将复杂问题分解为若干个层次和若干个因素，在各因素之间进行简单的比较和计算，从而得出不同方案的权重，为最佳方案的选择提供依据。

（1）层次分析法的基本原理。根据具有层次结构的目标、子目标、约束条件等因素来评价方案，采用两两比较的方法确定判断矩阵，然后把判断矩阵的最大特征值所对应的特征向量作为相应的系数，最后综合给出两个方案的权重（优先程度）和供应商各自的权重（优先程度），通过对优先程度的比较来实现对供应商的选择。

（2）层次分析法的特点。主要特点包括以下几个方面：

1）分析思路清楚，可以将系统分析人员的思维过程系统化、数学化和模型化。

2）分析时需要的定量数据不多，但要求对问题所包含的因素及其关系具体而明确。

3）适用于多准则、多目标的复杂问题的决策分析，广泛用于地区经济发展方案比较、科学技术成果评比、资源规划和分析以及企业人员素质测评等。

（3）层次分析法的具体步骤。具体步骤包括以下几个方面：明确问题、递阶层次结构的建立、建立两两比较的判断矩阵、层次单排序、层次综合排序、层次结构的建立。

7. 综合评分法

综合评分法是先分别按不同指标的评价标准对各评价指标进行评分，然后采用加权相加，求出总分。其顺序如下：

（1）确定评价项目，即哪些指标采取此法进行评价。

（2）制定出评价等级和标准。先制定出各项评价指标统一的评价等级或分值范围，然后制定出每项评价指标每个等级的标准，以便打分时掌握。这些标准，一般是定性与定量相结合，也可以是定量为主，或是定性为主，根据具体情况而定。

（3）制定评分表。评分表内容包括所有的评价指标及其等级区分和打分。

第三节　供应商审核与认证

供应商审核是供应商管理中的必要环节，是在完成市场调研分析、对潜在的供应商已做初步筛选的基础上对可能发展的供应商进行的。通过对供应商的审核，可以了解供应商的优缺点，控制供应过程，降低经营风险，保障持续供应。由于质量管理在企业管理中占据着特殊的重要地位，因此供应商认证是保障质量管理的有效途径。

一、供应商审核

供应商审核是在供应商认证前进行的，目的是确认、筛选出质量好的供应商，优化供应商结构，提高竞争优势。

（一）供应商审核的层次

供应商审核包括产品层次、工艺过程层次、质量保证体系层次和公司层次这几个方面。对于那些普通的供应商，采购商只局限于产品层次和工艺过程层次审核，但如果是挑选合作伙伴，特别是那些管理严格、技术先进的国际大公司，它们通常会采用质量保证体系层次和公司层次的审核来控制供应链体系。

1. 产品层次

产品层次的审核主要是确认、改进供应商的产品质量，可以在正式供应前，对产品或者样品进行认可检验，以及对供应过程中的来料进行质量检查。

2. 工艺过程层次

工艺过程层次的审核主要是针对那些质量对生产工艺有很强依赖性的产品。要保证供货质量的可靠性，往往必须深入到供应商的生产现场了解其工艺过程，确认其工艺水平、质量控制体系及相应的设备设施是否能够满足产品的质量要求。

3. 质量保证体系层次

质量保证体系层次的审核是对供应商整个质量体系和过程的审核，是参照 ISO 9000 标准或其他质量体系标准而进行的审核。

4. 公司层次

公司层次的审核是对供应商审核的最高层次，它不仅要考察供应商的质量体系，还要审核供应商的经营管理水平、财务与成本控制、计划制造系统、信息系统和设计工程能力等几个主要企业管理过程。

（二）供应商审核的办法

供应商审核的办法主要有主观判断法和客观判断法。主观判断法是指依据个人的印象和经验对供应商进行判断。这种判断十分笼统、模糊，缺乏科学标准。客观判断法是指依据事先制定的标准或准则对供应商进行量化的考核和审定，主要包括调查法、现场打分评比法、供应商绩效考核法、供应商综合评审、总体成本法。

1. 调查法

调查法是事先准备一些标准格式的调查表发给不同的供应商填写，之后收回再进行比较的方法。这种方法常用于招标、询价及供应情况的初步调查。

2. 现场打分评比法

现场打分评比法是预先准备一些问题并格式化，然后组织不同部门的专业人员到供应商的现场进行检查确认的方法。

3. 供应商绩效考核法

供应商绩效考核法是指对已经供货的现有供应商在供货、质量、价格等方面的表现进行跟踪、考核和评比。

4. 供应商综合评审

供应商综合评审是针对供应公司层次而组织的包括质量、工程、企划、采购等专业人员参与的全面评审，它通常将问卷调查和现场评审结合起来。

5. 总体成本法

总体成本法是一种以降低供应商的总成本，从而降低采购价格为目的的方法，它需要供应商的通力合作，由采购部门组织强有力的综合专家团队对供应商的财务及其成本进行全面、细致的分析，找出降低成本的方法，并要求供应商付诸实践与改进，改进的效果则由双方共享。

（三）供应商审核的程序

1. 市场调研，收集信息

只有对供应市场进行调研分析之后，才能对供应商进行审核。掌握了供应商的评析资料之后，才能做出公正、客观的审核。在市场调研阶段，主要从供应商的市场分布、采购物品的质量和价格、供应商的生产规模这几个方面来收集供应商的情况。

2. 确定供应商审核的指标

对于不同的供应商，审核的指标也不同，应该根据供应商的实际情况和本企业所采购物品的实际情况，对供应商进行具体的审核。

3. 成立供应商审核小组

应针对不同的采购物品成立相应的评审小组，可以由采购人员组成评审小组，也可以成立跨功能小组来评审。跨功能小组是指依据采购物品的性质，由采购部门、物料管理部门、工程及研发部门、主管或财务部门的人员共同组成的临时性的供应商审核组织，对于一些标准品及价值比较低的物品，可以采用采购人员自行决定的方式。对于非标准品及金额较大的物品，则可以成立跨功能小组来执行评审任务。

4. 综合评分

审核的最后一个环节便是对供应商进行综合评分，针对项目的重要性，给予每个项目不同的权数，这样评审小组可以依据供应商的评审内容和权重，编制出供应商的资格评分表。

（四）供应商审核的内容

由于供应商各自条件有优势和劣势，所以应当客观地审核供应商的资料。这些资料通常包括：

（1）供应商的经营状况、经营历史、负责人的资历、注册资本金额、员工人数、完工记录及绩效、主要的客户和财务状况。

（2）供应商的生产能力、供应商的生产设备、厂房的空间距离、生产作业的人力。

（3）供应商的技术能力、现有产品或试制样品、产品的开发周期、技术人员的数量及受教育程度。

（4）产品的生产流程、产出效率、物料控制、生产计划。

（5）质量管理方针与政策、质量管理制度的落实、质量保证的作业方案、年度质量检验的目标、政府机构的评鉴等级。

二、供应商认证

（一）供应商认证流程

供应商认证是供应商管理的重要内容，在进行供应商认证之前，供应商至少要满足三个条件：供应商提交的文件已经通过认证，价格及其他商务条款符合要求，供应商审核必须合格。

新供应商认证往往需要高层管理者的批准、财务部门的审查。如果是客户指定的供应商则还需要出具确认函件、供应商调查等文件。作为供应商，需要提供的信息包括工商文件、行业资质和资格证书、产品质量文件、资源说明书、客户名单、公司 SWOT 分析等。企业必要时可由资信调查公司对供应商进行财务状况、信用等级调查，也可以安排专门项目调查小组进行市场调查。

企业供应商认证流程主要由供应商自我评价、成立跨部门评价小组、评价供应商几个环节组成。

具体来说，认证流程如下：

1. 供应商自我认证

对供应进行认证之前应要求供应商先进行自我评价，一般是先发信给供应商，让供应商先对自己做出自我评价，然后再组织有关人员进行认证。

2. 成立供应商认证小组

收到供应商自我评价的资料后，应着手成立供应商认证小组。供应商认证小组主要包括质量管理、工程和生产部门人员等。认证小组成立后应确认对供应商认证采取的形式和认证的指标体系。

3. 确立相应的指标评分体系

对于供应商的认证要针对不同的供应商采取不同的评分体系。但在一般情况下，供应商认证的评分体系包括领导班子和风格、信息系统及分析、战略计划、人力资源、过程控制、商务运作、客户满意度、供应管理、销售管理、时间管理、环境管理等子系统。

4. 会同质量、工程、生产等部门进行现场调查

在对供应商的现场调查中，要了解供应商的管理机构设置情况和各个部门之间的分工及汇报流程。要考察供应商质量控制与管理体系、生产工艺、客户服务、环境体系等内容，在现场考察的同时应根据预先设置的评分体系，进行子系统的评价，给出相应的分值。

5. 各部门汇总评分

进行现场考察后，各个部门应通过现场观察情况，结合供应商的相关文件、先前的市场调查情况、与供应商的客户和供应商的会谈情况，对供应商进行综合评分，得出供应商最终认证的总成绩。各部门进行汇总评分后，组织现场调查的部门写出考察报告，呈报上级主管领导，并且将考察的资料进行备案并归档。

6. 将认证情况反馈给供应商

对供应商进行认证的最终结果应反馈给供应商，让供应商明确自己的不足之处，以便进行改进与提高。

7. 供应商认证跟踪

对供应商进行认证后，要进行跟踪。认证不仅是审查和评估的过程，还是一个反馈与跟踪的过程，要随时监测供应商的执行情况，不断督促供应商进行改进。

总之，供应商的认证是一个长期的、动态的过程，是通过评估来确认和培养供应商的过程。

(二) 供应商认证的主要内容

供应商认证的主要内容包括以下几个方面：

1. 供应商的基本情况

（1）经营环境。主要包括企业所在国家的政治、经济和法律环境的稳定性，进出口是否有限制，货币的可兑换性，近几年来的通货膨胀情况，基础设施情况，有无地理限制等内容。

（2）财务状况。主要包括各种会计报表、银行报表和企业经营报告。

（3）销售情况。包括销售量及趋势、人均销售量、本企业产品产量占行业总产量的比例。

（4）现有的紧密的、伙伴型的合作关系。

（5）地理位置。

（6）员工情况。主要包括员工的受教育程度、出勤率、流失率、工作时间、平均工资水平、生产工人与员工总数的比例等。

（7）在同行中的信誉及地位。主要包括同行对企业产品质量、交货可靠性、交货周期及灵活性、客户服务及支持、成本等各项的评价。

2. 供应商的企业管理情况

（1）管理组织框架，各组织之间的功能分配，以及组织之间的协调情况。

（2）经营战略及目标、企业的产品质量改进措施、技术革新的情况、生产率及降低成本的主要措施、员工的培训及发展情况、质量体系及通过 ISO 9000 认证的情况、对供应商的管理战略情况等。

3. 供应商的质量体系及保证情况

（1）质量管理机构的设置情况及功能。

（2）供应商的质量体系是否完整。主要包括质量保证文件的完整性与正确性、有无质量管理的目标与计划、质量的审核情况、与质量管理相关的培训工作如何等。

（3）质量改进情况。包括与顾客的质量协议、与供应商的质量协议、是否参与顾客的质量改进、是否参与供应商的质量改进、质量成本控制情况、是否接受顾客对其质量的审核等。

（4）企业产品的质量水平。包括产品质量、过程质量、供应商质量及顾客质量投诉情况等。

4. 供应商的设计、工程与工艺情况

（1）相关机构的设立与相应职责。

（2）工程技术人员的能力。主要包括工程技术人员受教育的情况、工作经验、在本企业产品开发方面的水平、在企业产品生产方面的工艺水平及人员流失情况等。

（3）开发与设计情况。主要有开发设计的试验、与客户共同开发的情况、与供应商共同开发的情况、产品开发的周期及工艺开发程序、对客户资料的保密情况等。

5. 供应商的生产情况

（1）供应商生产机构的设置情况。

（2）生产工艺过程的情况。主要包括工艺布置、设备的可靠性、生产工艺的改进情况、设备利用率、工艺的灵活性、作业指导的情况、生产能力等方面。

（3）生产人员的情况。主要有员工参与生产管理的程度、生产的现场管理情况、生产报表及信息的控制情况、外协加工控制情况、生产现场环境与清洁情况等。

6. 供应商的物流管理情况

（1）相关机构的设立情况。

（2）发货交单的情况。主要包括发货交单的可靠性、灵活性，及时供应能力，包装及运输情况，交货的准确程度等。

（3）物流管理系统的情况。主要包括物流管理、物流的可追溯性、仓储条件与管理、仓储量、MRP（物料需求计划）系统等。

（4）供应商管理情况，主要包括供应商的选择、审核情况、供应商考评的情况、供应商的分类管理情况、供应商的改进与优化情况等。

7. 供应商的环境管理情况

（1）环境管理机构的设置及其管理职能。

（2）环境管理体系。主要包括环境管理的文件体系、环境管理的方针与计划等。

（3）环境控制的情况。主要包括环境控制的运作情况、人员沟通与培训情况、应急措施、环境监测情况、环境管理体系的审核情况等。

8. 供应商对市场及客户服务支持的情况

（1）相关机构的设置情况。

（2）交货周期及条件。主要包括正常交货的周期、紧急交货的周期、交货与付款的条件、保险与承诺。

（3）价格与沟通情况，主要包括合同的审核、降低价格与成本的态度、电子邮件与联系手段、收单与发货沟通的情况。

（4）客户投诉与服务情况，主要包括客户投诉的处理程序、客户投诉处理的情况与反应时间、客户的满意程度、售后服务机构、客户数量等。

第四节　供应商关系管理

一、供应商关系的发展

传统的企业与供应商的关系是一种短期的、松散的竞争模式的关系。在这样一种基本关系之下，采购方和供应商的交易如同"0－1"对策，一方所赢则是另一方所失，与长期互惠相比，短期内的优势更受重视。采购方总是试图将价格压到最低，而供应商总是以特殊的质量要求、特殊服务和订货量的变化等为理由尽量提高价格，哪一方能取胜主要取决于哪一方在交易中占上风。例如，在采购方的购买量占供应商销售额总量的百分比很大，采购方可容易地从其他供应商那里得到所需物品，改换供应商不需要花费多少转换成本等情况下，采购方均会占上风；反之，则有可能是供应商占上风。

而另一种与供应商的关系模式，即合作模式，在当今受到了越来越多企业的重视，尤其是这种模式在日本企业中取得了很大成功并广为流传之后。在这种模式下，采购方和供应商互相视对方为"伙伴"，双方长期保持互惠的关系。供需双方之间的竞争模式与合作模式各有所长。

（一）竞争模式

1. 竞争模式的主要特征

（1）采购方以权势压人来讨价还价。采购方以招标的方式挑选供应商，报价最低的供应商被选中；而供应商为能中标，有时候会报出低于成本的价格。

（2）供应商名义上的最低报价并不能带来真正的低采购成本。供应商一旦被选中，就会以各种借口要求采购方企业调整价格，因此，最初的低报价往往是暂时的。

（3）技术、管理资源的相互保密。由于采购方和供应商之间是受市场支配的竞争关系，因而双方的技术、成本等信息都小心加以保护，不利于新技术、新管理方式的传播。

（4）双方的高库存、高成本。由于关系松散，双方都会用较高的库存来缓解出现需求波动或其他意外情况时产生的影响，而这种成本的增加，实际上最后都转嫁到了消费者身上。

（5）不完善的质量保证体系。以次品率来进行质量考核，并采取事后检查的方式，造成的结果就是，查到有问题的时候，产品已经投入市场，还有可能产生新问题，双方仍要不断地解决这些问题。

（6）采购方的供应商数目很多。每一种物料都有若干个供应商，供应商之间的竞争使采购方从中获利。

2. 竞争模式的主要缺点

竞争模式的主要缺点有：由于采购方和供应商之间的讨价还价，双方缺乏信息交流，成本难以下降，质量也不能很好地满足要求，难以快速响应市场的要求。

（二）合作模式

1. 合作模式的主要特征

（1）供应商的分层管理。采购方将供应商分层，尽可能地将完整部件的生产甚至设计交给第一层供应商，这样采购方企业的零件设计总量将会大大减少，有利于缩短新产品的开发周期。另外，这样还使采购方可以只与数目较少的第一层供应商进行联系，从而降低采购管理的费用。

（2）双方共同降低成本。采购方与供应商在一种确定的目标价格下，共同分析成本，共享利润。采购方充分利用自己在技术、管理、专业人员等方面的优势，帮助供应商降低成本。由于通过降低成本供应商也能获利，因此调动了供应商不断改进生产过程的积极性，从而有可能使价格不断下降，在市场上的竞争力不断提高。

（3）共同保证和提高质量。由于买卖双方认识到不合格产品会给双方都带来损失，因此能够共同致力于提高产品质量。一旦出现质量问题，采购方会与供应商一起通过"5W"等方法来分析原因，解决问题。由于双方建立起了一种信任关系，互相沟通产品质量情况，因此采购方甚至可以对供应物料不进行检查就直接使用。

（4）信息共享。采购方积极主动地向供应商提供自己的技术、管理等方面的信息和经验，供应商的成本控制信息也不再对采购方保密。除此之外，供应商还可以随时了解采购方的生产计划、未来的长期发展规划以及供货计划。

（5）JIT模式的交货。即只在需要的时候按需要的量供应所需的物品。由于买卖双方建立起了一种长期信任的关系，因此双方不必为每次采购谈判和讨价还价，不必对每批物料进行质量检查，而且双方都互相了解对方的生产计划，这样就有可能做到JIT模式下的交货。这种做法使双方的库存都大为降低，从而使得双方都受益。

（6）采购方只有较少数目的供应商。一般一种物料只有 1~2 个供应商，这样可以使供应商获得规模优势。当来自采购方的订货量很大，又是长期合同的时候，供应商甚至可以考虑扩大设施规模和提高设备能力，并考虑将新设备建在采购方附近，这样供应商几乎就成了采购方的一种"延伸"组织。

2. 合作模式的主要缺点

（1）如果一种材料只有 1~2 个供应商，那么供应中断的可能性或风险就有可能增大。

（2）保持长期合同关系的供应商由于缺乏竞争压力，从而有可能缺乏不断创新的动力。

（3）JIT模式的交货存在生产中断的风险。

二、供应商细分

供应商细分是指在供应市场上，采购方依据采购物品的金额、采购商品的重要性以及供应商对采购方的重视程度和信赖程度等因素，将供应商划分成若干个群体。供应商细分是供应商关系管理的先行环节，只有在供应商细分的基础上，采购方才有可能根据供应商的不同情况实行不同的供应商关系策略。

根据不同的方法，可以对供应商进行如下细分：

（一）公开竞价型供应商、网络型供应商、供应链管理型供应商

采购方将所采购的物品公开地向若干供应商提出采购计划，各个供应商根据自身的情况

进行竞价，采购方依据供应商竞价的情况，选择其中价格最低、质量最好的供应商作为该项采购计划的供应商，这类供应商就称为公开竞价型供应商。在供大于求的市场中，采购方处于有利地位，采用公开竞价方式选择供应商，对提高产品质量和控制产品价格大有好处，是企业降低成本的有效途径之一。

网络型供应商是指采购方在与供应商长期的交易中，将在价格、质量、售后服务、综合实力等方面比较优秀的供应商组成供应商网络，企业某些物品的采购只限于在供应商网络中进行。供应商网络的实质就是采购方的资源市场，采购方可以针对不同的物资组建不同的供应商网络。供应商网络的特点是采购方与供应商之间的交易是一种长期、稳定的合作关系，但在这个网络中应采取优胜劣汰的机制，以便长期共存，定期评估、筛选，适当的时候要进行淘汰，同时吸收更为优秀的供应商加入。

供应链管理型供应商是指在供应链管理中，采购方与供应商之间的关系更为密切，采购方与供应商之间通过信息共享，适时传递自己的需求信息，而供应商根据实时的信息，将采购方所需的物资按时、按质、按量地送交到其手中。

（二）重点供应商和普通供应商

根据采购的"80/20"规则，可以将供应商细分为重点供应商和普通供应商两种。这种细分方式应针对不同的采购物品采取不同的策略，同时采购工作精力分配也应该各有侧重，相应地对于不同物品的供应商也应采取不同的策略。根据"80/20"规则，可以将采购物品分为重点采购品（采购价值占80%、采购数量占20%的采购物品）和普通采购品（采购价值占20%、采购数量占80%的采购物品）。相应地，可以将供应商依据"80/20"规则进行分类，划分为重点供应商和普通供应商，即占80%采购价值的20%的供应商为重点供应商，而其他只占20%采购价值的80%的供应商为普通供应商。对于重点供应商，应投入80%的时间和精力进行管理与改进。这些供应商提供的物品为企业的战略物品或需集中采购的物品，如汽车厂需要采购的发动机和变速器，电视机厂需要采购的彩色显像管以及一些价值高但是供应保障不力的物品。而对于普通供应商只需要投入20%的时间和精力进行管理，因为这类供应商所提供的物品对企业的成本、质量和生产的影响比较小，例如办公用品、维修备件、标准件等。

在按"80/20"规则进行供应商细分时，应注意以下两方面的问题：

（1）按"80/20"规则细分的供应商并不是一成不变的，随着企业生产结构和产品线的调整，需要重新进行细分。

（2）对重点供应商和普通供应商应采取不同的策略。

（三）短期目标型供应商、长期目标型供应商、渗透型供应商、联盟型供应商、纵向集成型供应商

短期目标型供应商关系是指采购方与供应商之间的关系是交易关系，即一般的买卖关系。双方的交易仅停留在短期的交易合同上，各自所关注的是如何谈判、如何提高自己的谈判技巧以便自己不吃亏，而不是如何改善自己的工作，使双方都获利。当交易完成后，双方关系也就终止了。双方只有供销人员之间有联系。

长期目标型供应商关系是指采购方与供应商保持长期的关系，双方有可能为了共同利益对改进各自的工作感兴趣，并在此基础上建立起超越买卖关系的合作。长期目标型关系的特征是建立一种合作伙伴关系，双方工作的重点是从长远利益出发，相互配合，不断改进产品质量与服务质量，共同降低成本，提高共同的竞争力。其合作的范围遍及公司内部的多个部门。例如，由于是长期合作，因此采购方对供应商提出新的技术要求，而供应商目前还没有能力，在这种情况下，可以对供应商提供技术和资金等方面的支持。

渗透型供应商关系是在长期目标型供应商关系的基础上发展起来的。其指导思想是把对方公司看成自己的一部分，因此对对方的关心程度大大提高。为了能够参与对方的活动，有时会在产权关系上采取适当措施，如互相投资、参股等，以此来保证双方利益的共享与一致性。同时，在组织上也采取相应的措施，保证双方的员工加入到对方的有关业务活动当中。这样做的优点是可以更好地了解对方的情况，供应商可以了解自己的产品是如何起作用的，容易发现改进方向，而采购方可以知道供应商是如何制造的，也可以提出改进的要求。

联盟型供应商关系是从供应链角度提出的，其特点是在更长的纵向链条上管理成员之间的关系，双方维持关系的难度提高了，要求也更高了。由于成员的增加，往往需要一个处于供应链上核心地位的企业出面协调成员之间的关系，这个企业被称为供应链核心企业。

纵向集成型供应商关系是最复杂的关系类型，即把供应链上的成员整合起来，像一个企业一样。但各成员是完全独立的企业，决策权属于自己。在这种关系中，要求每个企业在充分了解供应链的目标、要求，以及充分掌握信息的条件下，能自觉地做出有利于供应链整体利益的决策。

（四）商业型供应商、重点商业型供应商、优先型供应商、伙伴型供应商

根据供应商分类模块法可以将供应商分为商业型、重点商业型、优先型、伙伴型四种。供应商分类模块法是依据供应商对企业的重要性和企业对供应商的重要性来进行矩阵分析，并据此对供应商进行分类的一种方法。这种方法可以由矩阵图来表示，如图3-1所示。

企业对供应商的重要性

	低　　　　　　　　　　　　　　　高	
高	重点商业型供应商	伙伴型供应商
低	商业型供应商	优先型供应商

图 3-1　供应商按模块法分类

在供应商分类的模块中，如果供应商认为企业的采购业务对于自己非常重要，供应商自身又有很强的产品开发能力，同时该采购业务对企业也很重要，那么这些采购业务对应的供应商就是伙伴型供应商；如果供应商认为企业的采购业务对于自己非常重要，但该项业务对于企业却并不是十分重要，这样的供应关系无疑有利于企业，那么对应的供应商就是企业的优先型供应商；如果供应商认为企业的采购业务对自己无关紧要，但该采购业务对企业却十分重要，那么这样的供应商就是需要注意改进提高的重点商业型供应商；那些对于供应商和企业均不是很重要的采购业务，相应的供应商可以很方便地选择更换，那么这些采购业务对应的供应商就是普通的商业型供应商。

（五）不可接受的供应商、可考虑的供应商、5级不同层次的已配套供应商

按供应商关系谱可以将供应商分为不可接受的供应商、可考虑的供应商以及5级不同层次的已配套的供应商，如表3-1所示。

第1层次的供应商为"触手可及"的关系，因采购价值低，它们对企业显得不是很重要，因而无须与供应商或供应市场靠得太紧密，只要供应商能提供合理的交易即可。处理这类供应商的关系可采取现货买进的方式。

第2层次的供应商要求企业对供应市场有一定的把握，如了解价格发展趋势等，采购的着力点是对供应市场保持持续接触，在市场竞争中买到价格最低的商品。

第3层次的供应商关系必须做到双方运作相互联系，其特征是公开、互相信赖。一旦这类供应商被选定，双方就以坦诚的态度在合作过程中改进供应、降低成本。通常这类供应商提供的零部件对企业来说属于战略品，但供应商并不是唯一的，企业有替代的供应商可选择。这类供应商可以考虑长期合作。

第4层次的供应商关系是一种共担风险的长期合作关系，其重要的特征是双方都力求强化合作，通过合同等方式将长期关系固定下来。

第5层次的供应商关系是互相配合形成的自我发展型的伙伴供应商关系。这种关系意味着双方有着共同的目标，必须协同作战，其特征是为了长期的合作，双方要不断地优化协作，最具代表性的活动就是供应商主动参与到企业的产品开发业务中来，而企业也依赖供应商在其产品领域内的优势来提高自己产品开发的竞争力。

表 3-1　供应商关系谱

	层次	类　型	特　征	适 合 范 围
5级不同层次的已配套供应商	5	自我发展型的伙伴供应商	优化协作	态度、表现好的供应商
	4	共担风险的供应商	强化合作	
	3	运作相互联系的供应商	公开、信赖	
	2	需持续接触的供应商	竞争游戏	表现好的供应商
	1	已认可的供应商	现货买进	方便、合理的供应商
		可考虑的供应商		潜在供应商
		不可接受的供应商		不合适

（六）专家型供应商、低量无规模供应商、行业领袖供应商、量小品种多供应商

根据供应商的规模和经营品种可以将供应商分为专家型供应商、低量无规模供应商、行业领袖供应商、量小品种多供应商，如图3-2所示。

图 3-2　供应商按生产规模和经营品种分类

在这种分类方法中，专家型供应商是指那些生产规模大、经验丰富、技术成熟，但经营品种相对少的供应商。这类供应商的目标是通过竞争来占领市场。低量无规模供应商是指那些经营规模小、经营品种少的供应商。这类供应商生产经营比较灵活，但增长潜力有限，其目标仅是定位于本地市场。行业领袖供应商是指那些生产规模大、经营品种也多的供应商。这类供应商财务状况比较好，其目标为立足本地市场，并且积极拓展国际市场。量小品种多供应商虽然生产规模小，但是其经营品种较多。这类供应商的财务状况一般不是很好，但是它有潜力，可培养。

三、防止供应商控制

（一）独家供应的产生

随着供应商伙伴关系的发展和供应商体系的优化，许多企业的某些零部件出现了独家供应的局面。独家供应的主要优点是采购成本低、效率高；缺点是全部依赖于某一家供应商。独家供应常发生在以下几种情况：

（1）按客户要求专门制造的高科技、小批量产品，由于产品的技术含量高，又系专门小批量配套，往往不可能要求两家以上的供应商同时供应。

（2）某些企业的产品及其零部件对工艺技术要求高，且由于保密的原因，不愿意让更多的供应商知道。

（3）工艺性外协产品，如电镀、表面处理等，因企业周围工业基础等条件所限，有可能只固定在某一家供应商。

（4）产品的开发周期很短，必须依靠伙伴型供应商的全力、密切配合。

独家供应主观方面也具有优势，主要体现在以下两个方面：

（1）节省时间和精力，有助于企业与供应商之间加强交流、发展伙伴关系。

（2）更容易实施双方在产品开发、质量控制、计划交货、降低成本等方面的改进，并取得积极成效。

同时，独家供应会造成供需双方的相互依赖，进而可能产生以下风险：

（1）供应商有了可靠的、稳定的客户，会失去竞争的动力及应变、革新的积极性。

（2）供应商可能会疏远市场，以致不能完全掌握市场的真正需求。

（3）企业本身不容易更换供应商。

（二）防止供应商控制的方法

许多企业对某些重要材料过于依赖同一家供应商，这种情况会导致供应商常常能左右采购价格，对采购方施加极大的影响。这时采购方已落入供应商垄断供货的控制之中，企业只有唯一的一家供应商；或者该供应商受到强有力的专利保护，任何其他商家都不能生产同类产品；或许采购方已被"套住"，处在进退维谷的两难境地，因为更换供应商的转换成本太高，比如计算机系统，如要更换，使用的相应软件必须更换。

这种情况下，采购方仍可以找到一些行之有效的反垄断措施：

（1）全球采购。全球采购由于为企业提供了更广阔的选择范围，因此往往可以打破供应商的垄断行为。

（2）再找一家供应商。独家供应有两种情况：一种为 Single Source，即供应商不止一家，但仅向其中一家采购；另一种为 Sole Source，即仅此一家别无其他供应商。通常 Single Source 多半是由买方造成的，比如将原来许多家供应商削减到只剩下最佳的一家；Sole Source 则是由卖方造成的，比如独占性产品的供应者或独家代理商等。在 Single Source 的情况下，只要"化整为零"，变成多家供应（Multiple Sources），造成卖方的竞争，供应商自然不会任意抬高价格了。例如，西门子公司的一项重要的采购政策就是：除非技术上不可能，否则每个产品会由两个或多个供应商供货，以规避供应风险，从而保持供应商之间的良性竞争。

在 Sole Source 的情况下，破解之道在于开发新来源，包括新的供应商或替代品。当然这并不是一蹴而就的，必须假以时日。

（3）增强相互依赖性。多给供应商一些业务，这样就提高了供应商对采购方的依赖性，增强采购方的主动意识。

（4）更好地掌握信息。要清楚地了解供应商对采购方的依赖程度。例如，有家公司所需的元件只有一家货源，但它发现自己在供应商仅有的三家客户中是采购量最大的一家，供应商离不开这家公司，结果在要求降价时供应商就做出了相当大的让步。

（5）利用供应商的垄断形象。一些供应商为自己所处的垄断地位而惴惴不安。在受到指责利用垄断地位时，它们都会极力辩白，即使一点不利宣传的暗示也会让它们坐卧不安。

（6）注意业务经营的总成本。供应商知道采购方没有其他货源，可能会咬定一个价格，但采购方可以说服供应商在其他非价格条件上做出让步。采购方应注意交易中的每个环节，全都加以利用。总成本中的每个因素都可能使采购方节约成本，而且结果往往令采购方大吃一惊。以下是一些潜在的节约成本机会：①送货：洽谈适合采购方的送货数量和次数，可以降低仓储和货运成本。②延长保修期：保修期不要从发货日期开始计算，而要从首次使用产品的时间算起。采购方始终可以持这种观点，既然产品质量不错，那么从真正使用产品的时间起计保修期又有何不可？③付款条件：只要放宽正常的付款条件，就会带来节约。立即付款则给予折扣，也是一种可行的方式。

（7）让最终客户参与。如果采购方能与最终客户合作并给予他们信息，那么摆脱垄断供应商的机会也会随之而来。例如，工程师往往只认准一个商标，因为他们不了解其他选择。如果向他们解释只有一家货源的难处，他们往往就可以让采购方采购其他的元件。

（8）一次性采购。如果采购方预计所采购产品的价格可能要上涨，就可以运用一次性大规模采购的方法。根据相关的支出和库存成本，权衡一下将来价格上涨的幅度，与营销部门紧密合作，获得准确的需求数量，进行一次性采购。

（9）协商长期合同。长期需要某种产品时，可以考虑订立长期合同。一定要保证持续供应和对价格的控制，采取措施预先确定产品的最大需求量以及需求增加的时机。

（10）与其他客户联手。与其他具有同样产品需求的客户联合采购会惠及各方。

（11）未雨绸缪，化解垄断。如果采购方的供应商在市场上享有垄断地位，仗势压人，而采购方又不具备有效的手段与其讨价还价，最终结果势必是采购方在无奈中"俯首称臣"，轻则接受对方苛刻的价格和信用条款，重则自己的竞争策略备受掣肘，错失商机。其实，明智的企业主管完全可以未雨绸缪，化解供应商的垄断力量。具体做法如下：

1）虚实相间的采购策略。可以考虑通过一些策略性的举措，向垄断的供应商传递信息，使其意识到似乎采购方可以从别的渠道获取产品。例如，采购方可以和海外厂商联系，扶植弱小的供应商使其能与垄断的供应商一争高低，或促成外商在垄断厂商的领域投资。注意，在这里重要的是使垄断厂商注意到采购方的举措，从而让其在施加垄断力量时有所顾忌。

2）多层接触，培养代言人。必须和供应商决策链的各个层次加强接触，包括其高层主管以及生产、质量管理和财务等职能部门，这样可以掌握供应商更为全面的信息；同时，由于采购方享有直达其最高层的沟通渠道，供应商的直接决策人以势压人多多少少会有所收敛。在此，重要的一点是：垄断供应商由于其独特的垄断地位，轻而易举就能在市场上呼风唤雨，所以一般在内部沟通上不会尽力。而一旦采购方握有供应商较为完备的信息，在谈判和催货时便能游刃有余。另外，通过人际关系的打通和企业形象的渗透，可以在供应商内部培养对采购方深怀好感的"代言人"，无意识中为采购方的利益游说。

3）营建一流的专业采购队伍。要想不为供应商的垄断力量所伤，必须委用富有才干的专业人士担当采购重任。

四、友好结束供应商关系

当合作伙伴关系失败而决定结束合作时，双方常常会对彼此怀有敌意。当今世界已越来越小，说不定哪天又会需要用到那个供应商，或者供应商中的一个 CEO 跳到了其他公司，而这家公司正是企业目前所依靠的。所以，企业要将转换供应商这一过程尽量做得天衣无缝，同时又不损害客户满意度、公司的利润以及名誉。这里首先要了解什么情况会导致与供应商拆伙。

（一）拆伙种类

从采购方来讲，拆伙可分为自愿拆伙与非自愿拆伙两种。自愿拆伙的原因中最多见的是对供应商的表现不满。比如，当企业连续向对方派出质量小组帮对方解决重复性出现的问题，对方却没有做出相应的改变，而退货还在持续发生时，最终只能放弃它转而去寻找一家能做出积极响应或更有能力的供应商。非自愿拆伙往往来自供应商的破产或无法预测的风险。

除了上述原因外，另一导致供应商伙伴关系破裂的普遍原因是相互失去了信任。与供应商不良的沟通，尽管双方都是无意的，但却直接损害了双方的信任。因此，为了公司的利益，为了使破坏最小化，需要尽可能地减小与供应商的敌意，这样在转换供应商的过程中才能得到它们的协作。

（二）策略

有的企业会在事先没有通知对方的前提下突然向供应商提出结束合作，或以一些含糊的指责，如"你做得不好"或"你欠了我们的"，甚至是不光彩的手法来结束与供应商的合作。所有这些都会使供应商充满敌意，同时也会使新的供应商觉得自己以后是否会被同样对待，而企业的声誉也会遭到损害。

什么是友好结束供应商关系的最佳途径呢？简单地说，企业可以在供应商的表现管理或者成本接近"危险区"时，坦率而直接地发出警告信号，而不是隐瞒不满，这样供应商就不会感到不合理。这里有三个"P"可以帮企业在与供应商拆伙时降低对方的敌对情绪。

（1）Positive Attitude（积极的态度）：与其面对延续的挫折，不如现在先结束合作，等以后双方情况改变后再寻求合作机会。

（2）Pleasant Tone（平和的语调）：不要从专业的或个人的角度去侮辱对方。

（3）Professional Justification（专业的理由）：这不是个人的问题，采购员要告诉供应商，其职责是为公司创造价值，吸引和留住客户。

（三）转换过程

应先向供应商解释这次拆伙对双方可能都有好处，然后再寻求迅速公平的转换方法以使"痛苦"降到最小；接着，采购方应清楚地列出供应商该做哪些，如对方需按指示停止相关工作、马上结束分包合约、送回属于我方的资产、了解我方有关的法律事项，以及如何以双方最低的成本处理现有库存等。

同样，企业要认可供应商对自身的要求：围绕拆伙事实的合理解释，对已发生的费用如何结算，协助处理现有库存。采购方和供应商要共同确立转换过程的合理时间表，最后拟定一份"出清存货合同清单"，正规地对所有细节加以回顾，写明双方的职责和结束日期。

对这一公平的过程所期望的结果应该是：①有秩序地退出；②对客户没有损害；③最少的浪费和开支；④清楚的、双方签字的结算记录；⑤对这次拆伙原因有清醒的认识；⑥即使情况最坏，对所有相关人员也是一次教训。这样就可以避免以后出现类似的情况。

本 章 小 结

供应商的选择是采购过程中的一个重要环节。狭义上理解，选择供应商是指企业在研究所有的建议书和报价之后，选出一个或者几个供应商的过程。广义的选择供应商则是指企业从确定需求到最终确定供应商以及评价供应商的不断循环的过程。通过本章的学习，学生应该对供应商的选择和考核有系统的了解和清晰的认识。

习题与思考

一、简答题

1. 供应商审核的内容是什么？
2. 供应商审核的程序是什么？
3. 选择供应商要遵循哪几个主要原则？
4. 选择供应商的方法有哪些？
5. 选择供应商的标准有哪些？

二、填空题

1. ABC 成本法又称（　　），是基于活动的成本管理。
2. 层次分析法是一种（　　）与（　　）相结合的决策分析方法。
3. 在供应商认证之前，供应商至少要满足三个条件，即（　　）（　　）（　　）。
4. 企业供应商认证流程主要由供应商（　　）（　　）（　　）这几个环节组成。
5. 根据供应商分类模块法，可以将供应商分为（　　）（　　）（　　）（　　）这四种。

三、判断题

1. ABC 成本法主要关注生产运作过程，加强运作管理，关注具体活动及相应的成本，同时强化基于活动的成本管理。（　　）
2. 供应商再次调查的目的，是了解供应商的一般情况，建立一个潜在的供应商资源库，充分了解供应市场。（　　）
3. 供应商深入调查，是深入到供应商的生产线、各个生产工艺、质量检验环节甚至管理部门，对现有的设备工艺、生产技术、管理技术等进行考察。（　　）
4. 质量保证体系层次的审核是对供应商的整个质量体系和过程，参照 ISO 9000 标准或其他质量体系标准而进行的审核。（　　）
5. 当采购物资数量比较大、供应市场竞争相对激烈时，可以采用招标选择法来选择供应商。（　　）

四、案例分析

供应商选择

董小姐是艾森玛克有限公司一个分公司的采购代表，她和她的伙伴们负责公司中价值 20 000 美元的原材料采购。其中，管形材料是一种标准材料，如果不符合规格会引起设备故障并造成昂贵的组装线停工。金特斯公司是艾森玛克有限公司现有的供应商，是过去10年来艾森玛克有限公司的供应商之一，对董小姐而言是一个值得信赖的供应商伙伴，因为金特斯公司在产品质量方面值得信赖，送货承诺方面也做得很好。在对于交付承诺与实际接收的历史记录中，只有一次产品退回的记录。在现代采购理念中，许多系统正在逐渐地减少库存。一般都会选择离厂房很近的供应商，以尽量短的时间间隔直接把物品交付到使用地点。供应商金特斯对采购的及时观察和反馈节省了艾森玛克有限公司相当大的一笔费用。金特斯公司实际上代替了艾森玛克有限公司执行了仓储职能。

现在，艾森玛克有限公司在采购70万美元的管形材料的新一轮订单中遇到了一些突如其来的问题。根据公司的年度报告，公司受到了市场价格下跌的诸多影响，因此采取降低成本的措施对公司来讲是至关重要的。在这期间，公司希望能够成功地降低采购成本，实施一套集中采购的订货系统。在分公司需要的某型号管形材料的供应源中，又发现了一个新的可供选择的名为飞跃公司的供应商。董小姐对该公司了解甚少，这是一个完全陌生的供应商。之前没有过任何的交易历史记录，但是飞跃公司提供的管形材料能够为采购商削减成本。面对如此现状，董小姐应该何去何从？是选择熟悉的金特斯公司还是选择承诺提供优等质量并以更低价格供应的飞跃公司呢？

采购商从质量、价格、支付和服务等方面追踪考察供应商绩效。对金特斯公司的3年跟踪，表明它是一个值得信赖的公司。董小姐认为，金特斯公司有一个良好的供应商制度，又因为其销售代表能够在拜访中就一件不相关组件的库存过低问题而建议发出订单。这样的一系列行为为金特斯公司在诸多供应商中赢得了更多的青睐。对于新的供应商飞跃公司，董小姐对其的了解仅仅限于知道它能够提供怎么样的产品和它的生产源在3个分公司的所在地，价格更优于金特斯公司。在有限的时间内，如何使采购方更了解这个"天外来客"呢？该供应商能满足采购方长期或短期的需求吗？能够积极地以采购方望的方式来满足长期或短期的需求吗？对于这一系列问题，董小姐需要了解该供应商的技术与工程能力、制造或分销能力、财务状况以及管理水平等方面的情况。

问题：请根据以上材料，为董小姐设计供应商选择方案。

第四章

采购市场调查与预测

学习目标

1. 掌握采购市场调查的目的。
2. 熟悉市场调查的步骤。
3. 掌握供应市场分析的步骤。
4. 掌握采购预测的作用。

◆ 导入案例

日本自行车进入欧美市场

我国是世界上自行车拥有量最大的国家，但出口数量却不多，进入欧美市场的则更少，而欧美地区是世界上自行车的主要消费地区。在激烈的自行车经销竞争中，日本取得了成功，其取得成功的关键是通过市场调查，全面掌握了市场的信息资料，并加以应用。例如，日本自行车制造商调查欧美人的体格特征。欧美人的手与腿比日本人长，于是日本自行车制造商特意设计出不同高度与距离的车架、坐垫和车把以适应欧美人的需要。再比如，调查欧美流行色彩。1984 年，日本自行车制造商调查到欧美人对颜色的爱好是：蓝色占 27.4%，红色占 25.9%，银灰色占 14%，黑色占 15.3%，奶白色占11%，其他占 6.4%。日本自行车制造商就根据这些数据调整自行车的色彩。再如，调查自行车在欧美的用途。在欧美市场上，自行车代步、载重等功能早已被汽车或其他交通工具所代替，在那里，自行车主要是供旅游、娱乐、运动、健身、妇女短途购物及学生上学所用的交通工具。根据这些特点，日本自行车制造商在款式、原料、工艺、包装、价格等方面做了相应的调整。通过对上述方面细致的市场调查，日本自行车成功地进入了欧美市场。

(资料来源：曹秀娟. 市场调查与预测［M］. 成都：西南财经大学出版社，2015)

第一节　采购市场调查

把握市场调查的相关内容，有助于市场调查人员正确理解市场调查的基本理论和知识，更好地掌握市场调查的各种操作方法和技巧。

一、市场调查的含义

（一）人们对市场调查的认识

人们对市场调查的认识处于不断发展之中，并存在差异，具体有以下三种：

（1）把市场调查理解为对消费者或用户的调查研究。这种认识认为，市场调查的主要内容是消费者或用户的购买行为、购买动机、满意度、需求等方面的信息；市场调查的目的是为公司等营利组织更好地满足消费者或用户的需求，提供有关消费者或用户需求方面的信息。

（2）把市场调查理解为对市场营销环境的调查研究。这种认识认为，市场调查的主要内容不仅包括消费者或用户的有关信息，还包括市场的宏观环境、微观环境及产品策略、定价策略、分析策略、促销策略等方面的信息；市场调查的目的是为营利组织实现营销目标提供有关市场方面的信息。

（3）把市场调查理解为对所有可收集的信息资料的调查研究。这种认识认为，市场调查的主要内容不仅包括公司营销活动的有关信息，还包括民意、军事等社会信息和资料；市场调查的目的是为市场调查的主体进行决策时提供科学的依据。这种认识给人们提供了一个更为广义的市场调查的概念，包括各类组织的信息收集工作。例如，学校为培养和造就人才进行的信息收集工作；医院为百姓健康提供更多优质服务进行的信息收集工作；地级政府机构为更好地满足公众的需求进行的信息收集工作等。这种认识把市场看作广义的大市场，即将一些有价值的商品或服务提供给消费者或公众的平台。

（二）市场调查的内容

市场调查具体包括以下内容：

（1）对市场竞争状况的调查。调查市场占有率、市场供求情况、竞争企业的发展状况、市场潜力等。

（2）对市场需求特征的调查。调查某个有关群体的特征，说明不同消费者群体之间在需要、态度、行为、意见等方面的差异，消费者或用户在收入、性别、年龄、教育水平等方面的特征。

（3）对产品的消费群结构的调查。调查消费者对产品的了解、喜好、满意度等。

（4）对民声、民意、民心状况的调查。调查教育、住房、食品、医疗等情况；调查经济发展状况；调查价格变化、国企改革情况、就业率、财政、金融、税收等方面的状况等；调查自然环境状况、生态环境状况等。

由此，对市场调查的含义做出如下界定，是指个人或组织应用科学的方法，系统、客观地收集、确认、分析和传播所需的信息资料，以反映或描述市场状况，探求客观事物的真相、性质和发展规律的活动过程或科学。

二、采购市场调查的定义、目的与步骤

（一）采购市场调查的定义

采购市场调查是指企业运用科学的方法，有系统、有目的地收集供应市场信息，记录、整理、分析市场情况，了解市场的现状及其发展趋势，为采购预测提供客观、正确的资料的过程。它是进行需求确定和编制采购计划的基础环节。采购作为企业经营的一个核心环节，

在企业的产品开发、质量保证、整体供应链及经营管理中都起着极其重要的作用。因此，在编制采购计划前，除了参考企业以往经营生产中的数据，还应对采购市场的变化有一个明确的认识，这就需要进行市场调查。

（二）采购市场调查的目的

不同企业、不同状态下的采购市场，其调查目的不尽相同。对于制造企业来说，采购市场调查的核心是对市场供应情况的调查与分析；而对于零售业，特别是连锁经营企业而言，由于采购与销售的一体化运营模式，使这项工作成了事实上的整体市场调查过程。通常，以采购为核心的市场调查的目的主要为以下四个方面：

1. 为编制和修订采购计划进行需求确定

采购要解决的首要问题即"买什么""买多少""何时买"。企业在生产经营过程中，受市场和供求关系变化的影响，未来销售数量有很大的不确定性，从而给需求的确定也带来变数，为此需要进行市场调查才能确定合理的采购数量，为编制和修订采购计划提供资料和依据。因此，以需求确定为核心的市场调查往往与企业的整体市场调查同步进行。

2. 确定现有供应商之间的关系，明确市场竞争情况

随着市场的发展，企业的供应商结构也会发生变化。通过市场调查明确现有供应商的供应能力、价格变化、市场垄断地位等，有助于企业调整、优化现有供应商结构。同时，通过这种调查，还可以明确企业在现有供应格局中所处的地位，为制定最适宜的采购策略打下基础。

3. 挖掘潜在市场及供应商

通过调查发现未来的主要买家和卖家，并分析它们的市场地位及变化趋势，以做出相应改变。

4. 规划企业采购与供应战略

由于市场环境的变化，企业为了生存和发展，就必须在分析环境变化所带来的机会与威胁以及挖掘自身优势与劣势的基础上，制定一套合乎企业未来发展需要的采购与供应规划。

（三）采购市场调查的步骤

采购市场调查的步骤与一般市场调查的步骤相似，分为四个阶段，即调查前的准备阶段、正式调查阶段、综合分析整理资料阶段和提出调查报告阶段。

1. 调查前的准备阶段

对企业提供的资料进行初步的分析，明确调查课题的关键和范围，以选择最主要也是最需要的调查目标，制定出市场调查的方案。采购市场调查方案主要包括：市场调查的内容、方法和步骤，调查计划的可行性，经费预算，调查时间及调查进度等。

2. 正式调查阶段

依据准备阶段确定的市场调查方案进行调查。市场调查的内容及方法因企业调查目的不同而不同。

依照上面提到的采购市场调查的目的，其内容可大致分为以下三个方面：

（1）采购需求调查。由于这项调查往往与企业的整体市场调查同步进行，因此这项调查与市场需求调查基本一致。调查的主要内容应包括：现在市场的需求量及其影响因素，特别要重点进行购买力调查、购买动机调查和潜在需求调查，其核心是确定未来市场的需求，再相应分解为各原材料的采购需求。

（2）供应商关系调查。这方面调查的内容包括供应商的供应能力、竞争能力、合作倾向、经营战略、新产品、新技术开发、价格变化及定价策略等情况，还要注意调查潜在的供应商。

（3）政策法规情况调查。政府政策的变化、法律法规的实施，都会对企业的采购行为产生重大影响，如税收政策、银行信用情况、能源交通情况、行业的限制等，这些都是采购市场调查不可缺少的部分。

市场调查的方法可分为两大类：统计分析研究法和现场直接调查法。统计分析研究法是在室内对各种资料进行研究的方法，其前提是对已有的统计资料和调查资料进行系统研究和分析。一般说来，与采购有关的生产资料市场研究较多地采用这种方法，消费资料市场则以现场直接调查法为主。现场直接调查法又可分为三种：①询问法，包括当面询问、座谈集体询问、电话询问、信函询问等；②观察法，包括销售现场观察、生产现场观察、使用现场和家庭现场观察等；③试验法，即向市场投放部分产品进行试销，以观察消费者的反应，检验产品的品种、规格、花色款式是否对路，价格是否适中等。

3. 综合分析整理资料阶段

当统计分析研究和现场直接调查完成后，市场调查人员会拥有大量一手资料。对这些资料首先要编辑，选取一切有关的、重要的，排除没有参考价值的。然后对这些资料进行编组或分类，使之成为某种可供备用的形式。最后把有关资料用适当的表格形式展示出来，以便说明问题或从中发现某种规律。

4. 提出调查报告阶段

经过对调查材料的综合分析整理，便可以根据调查目的写出一份调查报告，得出调查结论。值得注意的是，调查人员不应当把调查报告看作市场调查的结束，而应继续注意市场变化，以检验调查结果的准确程度，并发现市场新的趋势，为改进以后的调查打好基础。

采购市场调查的核心目的是对供应市场有一个明确的了解，以便对供应市场进行分析。

三、供应市场分析

供应市场分析是指为满足企业未来发展的需要，针对所采购的商品或服务进行供应商、供应价格、供应量等相关资料的调研、收集、整理和归纳，从中分析出所有相关要素以获取最大回报的过程。它包括对供应商所在国家或地区的宏观经济分析、供应行业及其市场的中观经济分析以及供应商的微观经济分析。

供应市场分析是采购的前期工作，也是供应商审核、选择与确定的基础。掌握供应市场的调研方法与过程、了解不同层次的供应市场的结构特点，是采购人员开展供应市场分析所必须具备的条件。

（一）供应市场和市场结构

1. 市场

市场是供给和需求的综合。有时它指的是实际市场，有时却是抽象的概念。

供应商和采购商之间关系的模式是由交付的商品或服务的外部结构决定的。外部结构包含几个通过市场相联系的环节，它又可以分为产业部门和产业链。产业部门是指组织之间是水平关系、相互之间是竞争关系的一系列单位（如皮革和制鞋行业、电子行业）。产业链是指一系列的企业，它们形成了一种产品生产的连续过程（包括从初级生产者到消费者）。

2. 供应市场的结构

市场结构通常可以分为卖方完全垄断市场、垄断性竞争市场、寡头垄断下的竞争市场、完全竞争市场、买方寡头垄断市场和买方垄断市场等几种形式。

（1）卖方完全垄断市场。卖方完全垄断市场是指市场上有一个供应商、多个购买者。在美国，为了保持价格的合理性，多数的垄断者（比如公共事业）都受到管制。如果没有管制，那么作为卖方的垄断者就可以随心所欲地定价。按照产生垄断的原因，完全垄断可分为自然垄断、政府垄断和控制垄断三种形式。自然垄断往往来源于显著的规模经济，如飞机发动机、供电等；政府垄断是基于政府给予的特许经营权，如铁路、邮政及其他公用设施等；控制垄断包括因拥有专利权、拥有专门的资源等而产生的垄断。

（2）垄断性竞争市场。垄断性竞争市场是指有少量卖方和许多买方的市场，新的卖方通过产品的差异性来区别于其他的卖方。一般只有少数几家公司控制市场，但是提供了大量的不同产品来其他公司竞争，并取得市场份额。这种市场结构是最具有现实意义的市场结构，其中存在若干的供应商，各供应商所提供的产品不同质，企业进入和退出市场完全自由。多数日用消费品、耐用消费品和工业产品的市场都属于此类。

（3）寡头垄断下的竞争市场。同样是少量卖方和许多买方，但这类行业存在明显的规模经济，市场准入障碍明显，价格由行业的领导者控制。一个公司给出一个价格后，行业内的其他公司通常会快速地采纳这个价格。钢铁市场和石油市场是典型的寡头垄断下的竞争市场。

（4）完全竞争市场。完全竞争市场中有许多的卖方和买方，所有的卖方和买方具有同等的重要性。大多数市场都不是完全竞争市场，但是可以像完全竞争市场那样高效地运作，价格是由分享该市场的所有采购商和供应商共同影响确定的。该市场具有高度的透明度，不同供应商的产品结构、质量与性能几乎没有差异，市场信息完备，产品的进入障碍小。这类市场主要存在于专业产品市场、期货市场等。

（5）买方寡头垄断市场。买方寡头垄断市场是指有许多卖方和少量买方的市场。在这种市场中，买方对定价有很大的影响，因为所有卖方都在为生意激烈竞争。汽车工业中半成品和部件的市场就是这样的例子。一些部门采用集团采购后也容易形成这种市场。

（6）买方垄断市场。买方垄断市场是指有几个卖方和一个买方的市场。这是和卖方完全垄断市场相反的情况，在这种市场中，买方控制价格。这种类型的市场有：美国的军事战斗机市场、铁路用的机车和车辆的采购市场等。

不同的市场结构决定了采购企业在买卖中的不同地位，因而必须采取不同的采购策略。从产品设计的角度出发，应尽量避免选择完全垄断市场中的产品，如不得已，就应该与供应商结成合作伙伴的关系。对于垄断性竞争市场，应尽可能地优化已有的供应商并发展其成为伙伴型的供应商；对于寡头垄断市场，应尽最大可能与供应商结成伙伴型的互利合作关系；在完全竞争市场下，应把供应商看作商业型的供应业务合作关系。

上面所描述的市场结构可以置于一个矩阵中，如表4-1所示。

表4-1 市场类型

卖方＼买方	一　个	很　少	很　多
一个	双边垄断	有限的卖方垄断	卖方垄断（水、电、煤气）
很少	有限的买方垄断	双边寡头垄断	卖方寡头垄断市场
很多	买方垄断	买方寡头垄断	完全竞争

（二）分析供应市场的必要性

许多大公司，像 IBM、朗讯科技和飞利浦等都已经引入了采购团队的概念，采购团队负责在全球范围内采购战略部件和材料。它们不断为所需的材料和服务寻找第一流的供应商。

采购方主动进行供应市场研究的主要原因有以下几个方面：

1. 技术的不断创新

无论是生产性企业还是非生产性企业，为保持竞争必须致力于产品的创新和质量的改善。当出现新技术时，企业或公司在制定自制或外购决策中就需要对最终的供应商选择进行大量的研究。

2. 供应市场的不断变化

国际供应市场处在不断变化之中，例如，国家间的政治协定会突然限制一些出口贸易；供应商会因为突然破产而消失，或被其竞争对手收购，价格水平和供应的持续性都会受到影响。需求也会出现同样的变化，如对某一产品的需求急剧上升，从而导致这一产品紧缺状况的发生，采购者因此必须预期某一产品供需状况可能发生变化，并由此获得对自己产品价格动态的更好理解。

3. 汇率的变动

主要币种汇率的不断变化对国际采购者带来了新的挑战。许多国家的高通货膨胀、巨额的政府预算赤字、汇率的迅速变化都要求采购者对其原材料需求的重新分配做出快速反应。

4. 产品的生命周期及其产业转移

产业转移、技术进步不仅改变了供应市场的分布格局，在整体上降低了制造成本，也给采购的战略制定、策略实施以及采购管理提出了新的要求，带来了新的变化。这主要体现在：①在自制或外购决策中，外购的份额在增加；②采购呈现出向购买组件、成品的方向发展；③采购的全球化趋势日益增强，同时采购的本地化趋势也伴随着生产本地化的要求得以加强；④供应市场及供应商的信息更加透明化；⑤技术发展使得许多企业必须完全依赖于供应商的伙伴关系。

在供应市场分析中，产业的生命周期及其产业转移是很重要的内容。总体上，传统的制造业及相关产品已由原来的发达国家转移到发展中国家，新兴产业如信息技术产业等则为发达国家所控制。这种社会变迁反映了制造业的区域化调整，说明了不同产业的发展阶段——产业的生命周期也会影响供应市场结构的改变。

（三）供应市场分析的步骤

供应市场分析可能是周期性的，也可能是以项目为基础进行的；可以是关于特定行业采购市场发展的趋势与动态的定性分析，也可以是从综合统计和其他公共资源获得大量数据的定量分析；可以是短期分析，也可以是长期分析。

每个项目都有自己的具体情况，其供应市场分析的目的也不同，所以很难提供一种标准的方法。但是一般情况下，供应市场分析主要按以下步骤进行：

1. 确定目标

确定目标即要解决什么问题、问题解决到什么程度、解决问题的时限多长、需要多少信息、信息准确到什么程度、如何获取信息、谁负责获取信息、如何处理信息等，并做简要说明。

2. 成本效益分析

通过成本效益分析确定供应市场的成本所包含的内容、进行分析所需要的时间，并分析获得的效益是否大于所付出的成本。

3. 可行性分析

可行性分析的内容包括确定公司中的哪些信息是可用的、从公开出版物和统计资料中可以得到什么信息、是否需要从国际数据库及其专业代理商处获得信息、是否需要从一些部门购买研究和分析服务甚至进行外出调研等。

4. 制订分析计划

分析计划确定获取信息需要采取的具体行动，其内容包括目标、工作内容、时间进度、负责人、所需资源等。除了平面分析之外，还要与供应商面谈，进行实地考察。平面分析是收集、分析以及解释数据，这些数据一般是他人已经收集好的，在采购中这类分析用得最多；实地考察的目的是收集、分析和解释平面分析无法得出的数据。

5. 方案的实施

在实施阶段，遵循计划是非常重要的。

6. 撰写总结报告及评估

在供应市场分析以及信息收集结束后，要对所获信息进行归纳、总结、分析，在此基础上形成总结报告，并就不同的供应商选择方案进行比较。对分析结果的评估应该包括对预期问题的解决程度，对方法和结果是否满意等。

（四）供应市场分析的层次

供应市场分析可以分为宏观经济分析、中观经济分析和微观经济分析三个层次。

1. 宏观经济分析

宏观经济分析是指分析一般经济环境以及影响未来供需平衡的因素，例如产业范围、经济增长率、产业政策及发展方向、行业设施利用率、货币汇率及利率、税收政策与税率、政府体制结构与政治环境、关税政策与进出口限制、人工成本、通货膨胀、消费价格指数、订购状况等。

2. 中观经济分析

中观经济分析集中研究特定的行业、部门。在这个层次，很多信息都可以从国家的统计部门和行业信息机构中获得。这个层次需要处理的信息主要有：供求状况、行业效率、行业增长状态、行业生产与库存量、市场供应结构、供应商的数量与分布等。

3. 微观经济分析

微观经济分析集中于评估个别产业供应和产品的优势与劣势，如供应商财务审计、组织架构、质量体系与水平、产品开发能力、工艺水平、生产能力与产量、交货周期及准时率、服务质量、成本结构与价格水平、作为供应商认证程序一部分的质量审计等。它的目标是透彻地了解供应商的特定能力和其长期的市场地位。

第二节 采购市场预测

市场调查的目的是进行科学的市场预测，作为探索市场发展趋势和变化规律的市场预测活动，绝不是一种"未卜先知"的唯心主义，也不是主观臆断，而是根据对市场已有的认识对市场未知的变化趋势或状态进行预估和推测。

一、市场预测的含义及发展

信息就是财富，利用各种渠道掌握信息，从而预见未来市场发展趋势是经营决策者必须关注的重要问题。谚语称："买卖赔和赚，行情占一半。"商场上如果能充分获取有利的信息，并对各种信息进行分析研究，对市场发展趋势做出基本判断，就能引导企业向正确的方向不断发展。商场如此，其他竞争领域也是如此，因此，只有学会利用掌握的市场信息，及时、准确地预见未来，才能在竞争中占据有利地位。

（一）市场预测的含义

市场预测是指依据市场过去和现在的表现，运用已有的知识、经验和科学方法，对市场发展的未来趋势进行判断的活动过程或科学。

市场预测的主体同市场调查的主体一样，不仅包括企业等营利组织，也包括个人、政府机构、事业单位、团体等其他组织。同时，市场预测的目的同市场调查的目的，也是为营利组织、政府机构、事业单位、团体等其他组织，以及个人提供正确的、解决问题的策略或方案。市场预测的对象可以包括经济、社会范畴的所有事物。

市场预测也是由一系列工作环节、步骤、活动和成果组成的过程，需要有科学的理论和方法指导，同时也需要进行科学的组织和管理。在掌握历史和现状信息的基础上，市场预测工作包含预计、测算、判断和传播等活动，它们互相联系、互相依存，共同组成市场预测的完整过程。

（二）市场预测的发展

在人类社会早期，人们就有了简单直观的预测意识，预测存在于人们的生活、生产实践等领域。根据《史记》记载，公元前6世纪到公元前5世纪，范蠡在辅佐勾践灭吴复国以后，即弃官经商，"十九年中三致千金"成为天下富翁，他在商场上的成功取决于他懂得市场预测。例如，"论其存余不足，则知贵贱，贵上极则反贱，贱下极则反贵"。他根据市场上商品的供求情况来预测商品的价格变化。这些预测是仅凭个人的才智、知识和经验所进行的简单的预测，但这些预测实践经验的不断积累为科学预测发展奠定了坚实的基础。

严格地说，现代意义上的市场预测是从19世纪下半时期开始的。一方面，资本主义经济中的市场变化极其复杂，为了获取利润，减少经营风险，就要把握经济周期的变化规律；另一方面，数理经济学对现象数量关系的研究已经逐步深入，各国统计资料的积累也日益丰富，适用于处理经济问题，包括市场预测的统计方法也逐步完善。学术界关于市场预测的里程碑是从奥地利经济学家兼统计学家斯帕拉特·尼曼算起的，他运用指数分析方法研究了金、银、煤、铁、咖啡、棉花的生产情况和与铁路、航运、电信、国际贸易有关的问题，以及1866—1873年的进出口价值数据。

随着科学技术和生产力的不断发展，新技术、新工艺的不断涌现，生产竞争变得日益激烈，政治的多元化和经济的全球一体化等，给人类带来了许多新问题和新事物，使人们日益认识到市场预测的重要性和必要性。与此同时，科学技术的迅速发展也为预测的研究提供了科学的分析方法和有效的预测手段，促进了预测科学的快速发展，各种定性预测方法、定量预测方法也在实践中得到不断完善。

二、市场预测的基本原理

组织只能做到某种程度的先知先觉,对其经营的益处不言而喻,但是做到完全的先知先觉是不可能的。虽然人们对未来不可完全地把握,但是人类的认识、思维的进步,使人们发现规律的重要性。古人很早就有"辩道、顺道"的说法,"道"就是规律。人们通过长期的认识,积累了丰富的历史经验和知识,逐步了解市场变化规律,能够根据市场发展的历史和现状,对市场的未来变化趋势做出逻辑判断和科学推测。

市场是可以被认识、被预测的,市场预测的基本原理主要包括以下几个方面:

(一)连贯性原理

连贯性原理也称惯性原理、连续性原理,是根据一切事物的发展变化,利用市场现象的历史和现状资料,按照其发展的惯性推衍出其未来的变化趋势。

一切事物都有它的过去、现在和未来,现在的情况由过去发展而来,是过去情况的继续;未来情况是由过去和现在发展起来的,是过去和现在情况的继续。事物的发展变化具有连贯性,这也就是所谓的事物发展的规律。同样,社会经济现象的存在和发展也具有连贯性,市场的发展在过去、现在、未来之间必然存在某种内在联系,未来总是过去和现在的延续或发展,即使是突变,也总有其一定的原因和先兆。只要在一定时间、一定条件下,社会经济的未来发展总是过去和现在的延续或发展,这也是社会经济的规律。

连贯性原理是科学预测的一个先决条件,也是大多数传统预测方法的理论基础,如回归分析预测法、时间序列预测法等,其中,时间序列预测法是通过收集与整理某种社会现象的历史资料,对这些资料所反映出来的发展过程、方向和趋势进行类推或延伸,借以预测下一段时间或以后若干年内可能达到的水平,以预测该社会现象未来的情况。例如,通过收集某一个城市2003—2018年每年参加体育锻炼的人口数,来预测2019年或以后若干年每年参加体育锻炼的人数。

运用市场预测的连贯性原理时,应注意以下两点:

(1)预测对象的历史发展数据所显示的变动趋势应具有规律性。

(2)预测对象演变规律的客观条件必须保持不变,否则该规律的作用将随条件的变化而中断,连贯性失效。

(二)类推原理

类推原理是根据市场活动中的许多现象在结构、模式、性质、发展趋势等方面客观上存在着相似性,在已知市场中某一事物发展变化过程的基础上,通过类推的方法推演出相似事物未来可能的发展变化趋势。

在现实生活中,许多客观事物之间都存在着某些类似性,具体表现在事物之间结构、模式、性质、发展趋势等方面的相似,因此,人们可以利用预测对象与其他事物的发展变化在时间上有先后,但在表现形式上有类似之处的特点,根据已知事物的某种类似的结构和发展模式,通过类推的方法对未知事物发展的前景做出预测。例如,某个县一个规模适中的乡镇,需要3台收割机,这个县有50个类似的乡镇,那么可以初步估计这个县的收割机可能的市场容量为150台。

另外,人们可以根据某些产品的生命周期预测类似产品的市场生命周期;可以根据某些产品更新换代的频率预测类似产品更新换代的频率;可以根据某些国家经济发展变化规律预测我国经济发展变化规律。例如，世界许多国家在人均国内生产总值达 1000 美元后，汽车，住宅成为人们消费的热点，根据这一经济发展规律可以预测，我国在人均国内生产总值达 1000 美元后，汽车和住宅将成为我国一定时期消费的热点。

（三）相关原理

相关原理是指许多现象或事物间是彼此关联的，关注事物之间建立的关联性，当了解到已知的某个事物发生变化时，再推知另一个事物的变化趋势。

最典型的相关有正相关和负相关。正相关是事物之间相互促进。例如，居民平均收入与每百户空调拥有量；有组织认识到"独生子女受到重视"，推知玩具、教育相关产品和服务的市场；婴儿食品的需求和婴儿的人数有很强的关联性，如果掌握了未来婴儿的出生数，就可预测婴儿食品的需求量。负相关是指事物之间相互制约，此消彼长，一种事物发展导致另一种事物受到限制，特别是替代品。例如，资源政策、环保政策出台，必然导致"一次性资源""替代品"的出现："代木代钢"发展起来的 PVC 塑钢；一次性液体打火机的出现，使火柴厂受到威胁。

相关原理体现了唯物辩证法因果联系的观点。唯物辩证法认为，客观世界的事物总是相互联系的，不存在孤立的事物，一个事物的变化总会引起另一个事物的变化，它们构成了因果关系，利用事物的因果关系，就可以进行市场预测。例如，市场预测方法的回归分析预测法就是这一原理的应用。

（四）概率原理

概率原理是指在市场的发展过程中存在必然性和偶然性，而且在偶然性中隐藏着必然性，通过对市场发展偶然性的分析，揭示其内部隐藏着的必然性，可以凭此推测未来的市场发展。

任何事物的发展都有一个被认识的过程，人们在充分认识事物之前，只知道其中有些因素是确定的，有些因素是不确定的，即存在着偶然性因素。从偶然性中发现必然性是通过概率论和数理统计的方法，求出随机事件出现各种状态的概率，然后根据概率预测对象的未来状态。例如，扑克、象棋游戏和组织博弈型决策都在不自觉地使用此原理。

三、采购预测的作用和程序

（一）采购预测的作用

采购预测是指在采购市场调查所取得的各种信息的基础上，经过分析研究，运用科学的方法和手段，对未来一定时期内采购市场的变化趋势和影响因素所做的估计和推断。

采购预测是生产社会化和商品经济的产物。在商品经济迅速发展的情况下，贸易已打破了地区界限、国家界限，竞争日趋激烈。企业迫切需要了解市场变化趋势和竞争对手的情况，以便进行采购决策。采购预测的作用主要表现在以下几个方面：

（1）采购预测是企业采购决策的前提。决策是企业采购活动的核心，没有对未来发展趋势的预测，决策只能是盲目的，只有在科学预测的基础上做出的决策，才能靠得住、行得通。

（2）采购预测是企业编制采购计划的依据。采购预测是对企业采购市场未来发展趋势的估计。有了预测，才能更好地进行计划，部署工作，使计划适应采购市场环境的变化。

（3）采购预测是企业增强竞争能力和提高经营管理水平的重要手段。

（二）采购预测的程序

采购预测是一个比较复杂的系统分析过程，为了保证预测结果的正确性、可靠性，必须采取科学的态度，遵循正确的程序。

（1）确定预测目标。预测的目标、对象、期限不同，预测所采用的分析方法、资料数据的收集也不同。因此，采购预测首先要明确规定预测的目标，即预测要达到什么要求，解决什么问题，预测的对象是什么，以及预测的范围和时间等。

（2）拟订预测计划。预测计划是预测目标的具体化，即具体规定预测的精度要求、工作日程、参加人员及其分工等。

（3）收集、分析数据资料。要广泛收集影响预测对象未来发展的企业可控与不可控的一切资料，即内部与外部环境的历史与现状的资料。对资料要加以整理、分析，剔除由于偶然因素造成的异常资料。

（4）选择预测方法，建立预测模型。预测方法不同，适应范围和预测精度也不同。因此，应根据预测的目的和范围、预测期的长短、精度要求以及数据资料的占有情况，来选择不同的预测方法。选择的原则是误差小、时间快、方法简单、费用省。

（5）估计预测误差。预测误差在所难免，其大小可用平均绝对误差（MAD）来表示。其计算公式为

$$\text{MAD} = \frac{\sum_{i=1}^{n}\left[\text{实际值}(D_i) - \text{预测值}(F_i)\right]}{\text{期数}(n)}$$

为了避免预测误差过大，要对预测值的可信度进行估计，即分析各种因素的变化可能产生的影响，并对预测值进行必要的修正。

（6）提出预测报告和策略性建议，追踪检查预测结果。通过数学模型计算而得到的预测值，不可能把影响采购市场预测的全部因素考虑进去。即使有些因素已经考虑，但各种因素影响程度的估算也会有偏差，加之预测人员的素质对预测结果也会有影响，因此预测结果仅仅是企业确定市场采购量变化的起点。若发现预测与实际不符，应立即进行修改调整，并分析产生误差的原因，修正预测模型，从而提高预测精度。

四、采购量预测

进行采购量预测，可以采用以下几种定性预测方法：

（一）类推法

类推法是指应用类推性原理，把预测目标同其他类似事物加以对比分析，从而推断预测目标未来发展变化趋势的一种预测方法。类推法可分为相关类推和对比类推两种。前者是从已知相关的各种市场因素之间的变化来推断预测目标的变动趋势；后者是把预测目标同其他类似事物加以对比分析来推断其未来发展趋势。

（二）德尔菲法

德尔菲法又名专家意见法。它是由美国兰德公司在 20 世纪 40 年代末提出来的。这种方法主要是利用有关方面专家的专业知识和对市场变化的观察力，在对过去发生的事件和历史信息资料进行综合分析的基础上得出预测结论。按照这种方法，需要请有关专家以匿名方式对预测项目做出答复，然后把这些答案综合整理，再反馈给这些专家，将所得的意见再次反

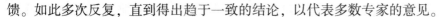

馈。如此多次反复，直到得出趋于一致的结论，以代表多数专家的意见。

（三）用户调查法

用户调查法是指调查者向采购企业进行直接调查，分析采购企业采购量的变化趋势，从而预测某种物资在未来一定时期的采购量。

（四）经验判断法

经验判断法是指依靠熟悉业务、有经验和综合分析能力的人来进行预测的方法。为了提高经验判断的准确性，往往不是依靠个人的经验判断，而是依靠一些人的集体经验对预测目标做出判断，这样可以克服个人认识的片面性。在采购预测中，常用的经验判断法有以下几种：

（1）经理人员评判法。这种方法是指把一些经理人员集中起来，座谈研究市场的前景。由于他们都主管一种业务，对市场情况和发展方向比较清楚，通过座谈，互相启发、互相补充，能做出比较切合实际的判断。

（2）采购人员意见综合法。企业召集直接从事市场采购工作的有关人员，对市场进行预测。由于他们熟悉自己负责的区域及领域，尽管只看到一个局部，但他们所做的预测对于短期的预测而言还是比较准确的，当然用于中长期预测有一定的困难。

（3）意见汇总法。这种方法是汇总企业采购所属各个部门的预测意见，然后加以分析判断，确定本企业预测结果的一种方法。

经验判断法的优点是比较简单迅速，费用较省；缺点是容易受当时的乐观或悲观气氛的影响，使预测结果出现过高或过低的偏向。

五、价格预测

价格预测是指依据市场经济规律，在价格监测的基础上，运用科学的方法对未来价格的变动趋势所进行的分析研究和判断。商品价格与采购息息相关。

（一）价格总水平预测

所谓价格总水平，是指一定时期内各种商品价格的平均水平，它反映了社会全部商品的价格状况与动态。其基本要素有：范围是社会全部商品；价格是社会全部商品价格的平均值；水平通过物价总指数体现。价格总水平状况不但是国民经济运行的总体反映，而且也关系到社会经济秩序的稳定，对采购需求确定、采购计划、采购商与采购决策等都有重要的意义。

价格总水平预测就是运用各种信息、资料，通过分析和研究对价格总水平的运动及变化趋势做出预料、判断和推测。其目的是对影响价格总水平变动的因素进行研究并找出其变化规律。

1. 国内价格总水平变动规律

价格水平是宏观经济运行状况的综合反映。国民经济周期发展规律必然会带来社会总供给与总需求矛盾的不断交替变化，并通过价格总水平的波动表现出来。所以，观察价格总水平的变动趋势，首先要观察经济周期变化。所谓经济周期，就是经济运行过程中由一个谷底，经过复苏、膨胀到峰顶，然后收缩、萧条到另一个谷底的过程。

要在经济周期循环中判断物价趋势，需要观察宏观经济的先行指标。所谓先行指标，是指在相同时间上的波动与经济波动不一致，在时间轴上向前平移的指标。先行指标主要用于判断短期经济总体的景气状况，因为其在宏观经济波动到达高峰或低谷前，先行出现高峰或低谷，因而可以利用它来判断经济运行中是否存在不安定因素，程度如何，再进行预警、监测。

美国国家经济研究局进行经济周期检测所确定的先行指标有：①制造业生产工人或非管理人员平均每周劳动小时数；②每周初次申请失业保险的平均人数；③消费品和原材料新订单；④卖主向公司推迟交货占的比例；⑤地方当局批准（而不是实际破土开工）建筑的私人住宅数；⑥敏感材料价格的变动；⑦股票价格指数；⑧货币供应量（指 M2 的货币供应量）；⑨企业及消费者未偿还信贷的变化。

通常，一国价格总水平的预测是由中央政府下的权威机构（如央行和中央政府的研究院等）进行的。在我国，中国人民银行研究局、国家统计局、国家信息中心经济预测部、国家发改委价格监测中心等机构，定期提供关于价格的经济数据（其中主要是消费者价格指数，即 CPI），并分析其变化的原因。这些权威数据可以作为采购市场分析中的基础资料和主要依据。

2. 国际市场价格总水平变化趋势

开放经济条件下，国内价格水平必然受国际市场价格变化的影响。从总体上说，联合国、国际货币基金组织、世界银行等权威机构定期发布的关于世界经济增长的预测报告是观察国际市场价格变化的权威资料。

由于机构众多、信息来源复杂，在观察国际市场价格变化时，需要全面和谨慎。我国商务部国际贸易经济合作研究院依据所拥有的 800 多种国外刊物、网站及专业的外电信息综合分析、翻译，出版有《国际市场商品价格》月刊，可作为掌握国际市场商品价格变化的参考。

（二）单项商品价格预测

单项商品价格预测的重点应是主要原材料、燃料、主要工农业产品、主要消费品和主要服务项目的价格。制约商品价格形成和变化的因素很多，主要是宏观经济环境、商品自身要素、价格与供求关系三个方面。其中，又以供求关系、商品生产成本、商品生命周期和价格弹性对商品价格的影响更为直接。

1. 供求关系预测

市场供求是影响商品市场价格的主要外部因素。供求关系预测的主要内容是：

（1）商品供求总量及构成的变化。供给大于需求，价格会下降；需求大于供给，价格会上涨；供求趋于平衡，则价格也趋于稳定。

（2）商品供求在地区间的分布及其变化趋势。当总体商品供求关系固定时，在不同地区，甚至在同一地区的不同商店其供求构成与总供求关系也有可能不一致。它受多种因素影响，与总供求状态保持分布上的差异。

（3）具体商品的供、产、销状况及其变化趋势。

2. 商品生产成本预测

生产成本是商品价格的最低经济界限。考察商品成本变化对预测价格变化趋势和制定价格规划有着重要意义。主要观察以下几个因素：

（1）企业外部因素，包括生产力布局、专业化协作、综合利用、科技进步等。

（2）企业内部因素，包括原材料使用、固定资产合理利用、劳动纪律强化、职业热情高、管理水平提高等。

（3）分配性因素，包括原材料和燃料提价、职工涨工资、贷款利率调整等。

3. 商品生命周期预测

商品生命周期是商品自投放市场销售之日起到被市场淘汰出局的整个时期，不同商品的生命周期各不相同。商品一般要经过导入、成长、成熟、衰退四个阶段，但并非所有商品都必须经过这四个阶段。而且不同商品生命周期的四个阶段在时间上又可能都不一样，有的成熟期长，也有的商品进入市场时间不长就退出市场。预测商品生命周期，应考虑商品满足需要的适应程度、消费者的收入水平、消费者的购买心理，以及政治、经济形势等影响生命周期的各种因素。

4. 价格弹性预测

价格弹性是供给或需求对商品价格变动的反应程度。对价格变化反应敏感，则供给或需求富于价格弹性；反之，则缺乏价格弹性。价格弹性有供给价格弹性和需求价格弹性两种。

需求价格弹性用来衡量一种商品需求量对其价格变动的反应程度，其弹性系数等于需求量变动百分比除以价格变动百分比。弹性系数小于1，需求缺乏弹性；弹性系数大于1，需求富有弹性；弹性系数等于1，需求为单位弹性；弹性系数等于0，需求完全无弹性。

供给价格弹性用来衡量一种商品供给量对其价格变动的反应程度，其弹性系数等于供给量变动百分比除以价格变动百分比。弹性系数小于1，供给缺乏弹性；弹性系数大于1，供给富有弹性；弹性系数等于1，供给为单位弹性；弹性系数等于0，供给完全无弹性。

衡量价格弹性对于预测商品价格有重要价值。例如，甲商品富有需求弹性，乙商品缺乏需求弹性，商品的经营者欲采取薄利多销策略扩大销售量时，就只能让甲降价，因为只有富有价格需求弹性的商品稍微降低价格才能带来需求量的较大增加。缺乏需求弹性的乙商品做不到这一点。

（三）价格体系变化趋势和国家价格政策变化

1. 价格体系变化趋势预测

价格体系指的是比价关系与差价关系所形成的有机统一体。因此，对价格体系变动的预测就是针对比价关系与差价关系的推测。比价关系说明了商品价格的关联性，如同性质商品的价格关联、同材质商品的价格关联、同功能商品的价格关联等。差价关系说明了商品价格的差异性，如质量差、地域差、流通环节差等。当某一种商品价格变动时，会引起一系列价格变动的连锁反应，特别是关键产品、通用器材、专用器材、铁路运价等，都有牵一发而动全身的作用。

预测价格体系变动趋势的目标主要是：

（1）预测每个行业（如工业、农业、建筑、交通、商业及服务业）内部主要产品比价关系的变化。以交通运输为例，要调查航空、铁路、公路、水路及管道等主要运输方式的货运（每单位货物每公里）及客运（每人每公里）历年价格的变化。

（2）预测国民经济各主要部门产品价格结构的关系。

（3）预测宏观经济状况及变动对价格结构的形成和变动的影响。宏观经济状况主要包括经济结构、产业结构、产品结构、就业结构、流动结构、消费结构及财务状况和货币流通等。

2. 国家价格政策变化

国家通过价格法律、法规和政策，对价格的形成和调整进行监督、指导和纠正，这是国家干预经济和维护经济秩序的重要手段。在市场经济体制不断健全的条件下，大部分商品的价格是经由市场渠道形成和调整的，而对于关系国计民生的重要商品，国家则会进行适度的干预。

进行价格预测必须建立在对国家价格政策及其变化总体把握的基础上。

知识拓展

1. 消费者价格指数

消费者价格指数（CPI）是对一个固定的消费品价格的衡量，主要反映消费者支付商品和劳务的价格变化情况，也是一种度量通货膨胀水平的工具，以变化百分比为表达形式。一般来说，当价格涨幅大于3%时，称为通货膨胀；而当大于5%时，称为严重的通货膨胀。

2. 生产者物价指数

生产者物价指数（PPI）用于衡量各种商品在不同生产阶段的价格变化情形。它是衡量工业企业产品出厂价格变动趋势和变动程度的指数，是反映某一时期生产领域价格变动情况的重要经济指标，也是制定有关经济政策和国民经济核算的重要依据。

3. 制造业采购经理指数

制造业采购经理指数（PMI）是一个综合指数。按照国际上通用的做法，它由五个扩散指数即新订单指数、生产指数、从业人员指数、供应商配送时间指数、主要原材料库存指数加权而成。制造业PMI指数在50%以上，反映制造业总体扩张；低于50%，通常反映制造业衰退。

PMI = 新订单指数 × 30% + 生产指数 × 25% + 从业人员指数 × 20% + 供应商配送时间指数 × 15% + 主要原材料库存指数 × 10%

本 章 小 结

"知己知彼，百战不殆。"随着社会的进步，经济的发展，市场环境的变化更加迅猛、快捷，任何组织或者企业都要确定合适的采购目标和采购决策，必须重视、研究、收集、整理、分析市场信息，深入开展采购市场的调查并对未来的采购市场做出准确的预测。因此，学会科学、高效地进行采购市场调查与预测是现代物流企业采购人员必须具备的基本技能之一。

习题与思考

一、简答题

1. 人们对市场调查的认识有哪几种？

2. 市场调查具体包括哪些内容?

3. 采购市场调查的目的是什么?

4. 采购市场调查的主要步骤有哪些?

5. 供应市场结构可分为哪几大类?

6. 采购方主动进行供应市场研究的主要因素有哪几个方面?

7. 市场预测的基本原理主要包括哪几个方面?

8. 定性预测方法和定量预测方法各有哪几种?

二、填空题

1. 采购市场调查的步骤与一般市场的调查步骤相似,分为( )、( )、( )和( )这四个阶段。

2. 市场调查的方法可分为( )和( )两大类。

3. 市场调查的方法可分为两大类,即( )和( )。

4. 供应市场分析是采购的前期工作,也是供应商( )、( )与( )的基础。

5. 供应市场分析可以分为( )、( )、( )三个层次。

6. 市场预测的主体同市场调查的主体一样,不仅包括企业等营利组织,也包括( )、( )、( )和( )等其他组织。

三、案例分析

非洲鞋子市场

甲、乙二人同到非洲某地考察鞋子市场。

甲到了非洲,举目所见都是赤脚的非洲人,后来得知当地非洲人世代以来都是赤脚的,这里的人都不穿鞋,他们没有穿鞋的习惯,也不懂得穿鞋。于是他便向总公司汇报有关情况,认为鞋子在当地没有市场,同时订购机票,打道回府。

乙到了非洲,虽然了解到的基本情况与甲相同,但他还了解到当地人不穿鞋的原因是有脚疾,同时也了解到非洲人的脚型通常很大、很肥这一特征。于是他便向总公司汇报有关情况,认为当地的鞋子市场是一个尚未打开的、有很大空间的市场,如果能量脚定制出适合非洲人所穿的鞋号肥大、改善脚疾的鞋子,肯定会有很大的利润空间。

问题:甲、乙二人面对同样的情况为什么得出了两种相反的结论?

第五章

采购计划及预算管理

学习目标

1. 了解采购需求分析的方法和采购需求的确定。
2. 了解采购计划与预算的基本概念。
3. 熟悉采购计划编制的主要环节。
4. 熟悉影响采购计划的主要因素。
5. 掌握采购预算的编制原则。
6. 掌握采购预算的编制方法和流程。

导入案例

沃尔玛的采购政策

沃尔玛的全球采购中心总部有一个部门专门负责检测国际贸易领域和全球供应商的新变化对其全球采购的影响，并据此来制定和调整公司的全球采购政策。沃尔玛的采购政策大致可以分为以下三个方面：

1. 永远不要买得太多

沃尔玛提出，减少单品的采购数量，能够方便管理，更主要的是可以节省营运成本。沃尔玛的通信卫星、GPS 以及高效的物流系统使得它可以以最快的速度更新库存，真正做到零库存管理，也使"永远不要买得太多"的策略得到有力的保证。

2. 价廉物美

"沃尔玛采购的第一个要求是价廉物美"。在沃尔玛看来，供应商应该弄清楚自己的商品跟其他同类商品有什么区别，以及自己的商品中究竟哪个是最好的。供应商最好尽可能生产出一种商品专门提供给沃尔玛。沃尔玛最希望以会员价给顾客提供尽可能多的、在其他地方买不到的商品。

3. 突出商品采购的重点

沃尔玛一直积极地在全球寻找最畅销的、新颖有创意的、令人动心并能创造"价值"的商品，营造出一种令人高兴、动心的购物效果，从而吸引更多的顾客。

分析点评：

沃尔玛商品采购的价格决策和品项政策密不可分，它以全面压价的方式从供应商那里争取利润以实现天天低价；沃尔玛还跟供应商建立起直接的伙伴关系以排斥中间商，直接向制造商订货，消除中间商的佣金，在保证商品质量的同时实现利润最大化。

案例思考：

1. 沃尔玛成为零售领导企业的魅力是什么？

2. 沃尔玛的采购策略对我国企业有什么启示？

（资料来源：考试吧．沃尔玛全球采购的案例分析．2016-06-12．http：//hd．jctrans．com/hdinfo/61903-1．html）

第一节　采购需求分析概述

一、需求分析的含义

需求分析是指根据客户的历史或者生产计划等找出需求规律，然后，根据需求规律预测客户下一个月的需求品种和需求量。掌握各个客户的需求量，就可以主动地订货，安排采购计划。需求分析的目的和内容就是通过对需求情况进行分析，找出物料需求规律，从根本上解决客户需要什么、需要多少、什么时候需要的问题。

二、采购需求分析对采购管理人员的要求

采购管理人员需要具备比较全面的知识。首先，要具备生产技术方面的知识，懂得生产产品和加工工艺方面的知识，会看图样，能够根据生产计划以及生产加工图计算物料需求量。其次，还应具备数理统计方面的知识，会进行物料性质、质量的分析，会进行统计分析。另外，采购管理人员还应具有管理方面的知识。

三、采购需求分析的方法

针对该买什么、买多少、什么时候买、花多少钱等问题，采购管理人员必须认真分析需求的变化规律，根据需求变化规律，不需客户（这里的客户是指使用所采购物资或服务的部门或个人）自己申报，采购管理部门就能知道客户什么时候需要什么商品、需要多少，进而可以主动地制订采购计划，主动地满足客户需要。

（一）采购需求表法

采购人员在进行采购前，首先要解决采购什么、采购多少、什么时候采购的问题。而要解决这些问题，就要解决采购人员所代理的全体需求者究竟需要什么、需要多少、什么时候需要的问题。

企业解决这些问题的传统做法是让企业各个单位层层上报采购需求计划表。有的企业是定期上报，这个星期报下个星期的计划、这个月报下个月的计划、今年报明年的计划。有的企业是不定期上报，部门员工什么时候想起来需要买什么东西，就填一张请购单，将其交到

采购部门。采购部门收齐了这些采购需求计划表、请购单以后,将所有需要采购的物资分类整理统计出来。这样就清楚了客户需要什么、需要多少、什么时候需要。这样的操作过程虽然可以达到解决问题的目的,但存在以下几个弊端:一是这种做法兴师动众,往往要麻烦很多人,造成人力资源的浪费;二是只要有一个都门的采购需求计划表未上交,采购部门就不能进行需求的整理统计,就不能得出统一的需求计划,往往贻误最佳采购时机;三是交上来的表往往不准确、不可靠,给采购效果带来许多不稳定因素。

(二) 统计分析法

在采购需求分析中用得最多、最普遍的就是统计分析法。统计分析的任务就是根据一些原始材料来分析客户的需求规律。在实践中,统计分析通常有以下两种方法:

1. 汇总统计采购申请单

现在,一般企业采购都是这样的一种模式:要求下面各个单位每月提交一份采购申请表,提出每个单位自己下个月的采购品种和数量。然后采购部门把这些表汇总,编制下个月总的采购任务表,再根据此表制订下个月的采购计划。

2. 统计各个单位销售日报表

对于流通企业来说,每天的销售就是客户对企业物资的需求,需求速率的大小反映了企业物资的消耗速度。因此,由每天的销售日报表就可以统计得出企业物资的消耗规律。消耗的物资需要补充,也就需要采购。因此,物资消耗规律也就是物资采购需求的规律。

(三) ABC 分析法

一个企业除了采购生产所需要的原材料外,还涉及办公用品、生活用品等的采购。因此,需要采购的物资品种是很多的,但是这些物资的重要程度是不一样的。有些特别重要,一点都不能缺货,一旦缺货将造成不可估量的损失;有些物资则相对不那么重要,就算缺货,也不会造成多大的损失。

面对这样的情况,企业在进行采购管理时应该怎么处理呢?这时候最有效的方法,就是采用 ABC 分析法,将企业所面对的成千上万的物资品种进行 ABC 分类,并且按类别实行重点管理,利用有限的人力、物力、财力为企业创造最大的效益。

企业在实际运用 ABC 分析法的过程中,通常可以参照以下步骤进行:

(1) 为确定 ABC 分类,首先进行统计分析,选定一个合适的统计期。在选定统计期时应遵循几个基本原则:比较靠近计划期,运行比较正常,通常情况取过去一个月或几个月的数值。

(2) 分别统计出各种物资在该统计期中的销售量 (或者采购量)、单价和销售额,并对各种物资制作一张 ABC 分析卡,填上品名、销售量、销售额。

(3) 将 ABC 分析卡按销售额由大到小的顺序排列,并按此顺序号给各种物资编号。

(4) 把所有 ABC 分析卡依次填写到 ABC 分析表中,并进行累计统计。

(四) 物资消耗定额管理法

物资消耗定额管理也是一种需求分析的好方法。通过物资消耗定额,企业就可以根据产品的结构零部件清单或工作量得出所需要的原材料的品种和数量。所谓物资消耗定额,是指在一定的生产技术组织条件下,生产单位产品或完成单位工作量所必须消耗的物资的标准量。物资消耗定额通常用绝对数表示,如制造一台机床或一个零件会消耗多少钢材、生铁;有的也可用相对数表示,如冶金、化工等企业里,用配料比、成品率、生产率等表示。

在实际操作中，物资消耗定额管理通常有以下三种方法：

1. 技术分析法

技术分析法具有科学、精确等特点，但在操作过程中，通常需要经过精确计算，工作量比较大。在实际应用时通常可参照以下步骤：

（1）根据产品装配图分析产品的所有零部件。

（2）根据每个零部件的加工工艺流程得出每个零部件的加工工艺。

（3）对于每个零件，考虑从下料切削开始一直到所有各道加工完成切削形成零件净尺寸 C 为止的所有切削的尺寸留量 C_i。

（4）每个零件的净尺寸 C 加上所有各道切削尺寸留量 C_i 之和，就是这个零件的物料消耗定额 T。其计算公式为

$$T = C + \sum_{i=1}^{n} C_i$$

2. 统计分析法

统计分析法是根据以往生产中物资消耗的统计资料，经过分析研究并考虑计划期内生产技术组织条件的变化等因素而制定定额的方法。采用统计分析法，企业应以大量详细可靠的统计资料为基础。例如，某企业要制定某种产品的物料消耗定额，可以根据过去一段时间仓库的领料记录和同期间内产品的产出记录进行统计分析，就可以得出每个产品的材料平均消耗量。这个平均消耗量就可以看作该产品的物料消耗定额。

3. 经验估计法

经验估计法是根据技术人员、工人的实际生产经验，参考有关的技术文件和考虑到企业在计划期内生产条件的变化等因素制定定额的方法。这种方法简单易行，但不够科学，因而通常精确度不高。

（五）推导分析法

推导分析就是根据企业主生产计划来进行需求分析，得出各种原材料、零部件的需求计划的过程。推导分析不能够凭空想象，也不能靠估计，一定要进行严格的推算。推算所依据的主要资料和步骤如下：

1. 制订主产品生产计划

主产品是指企业提供给社会的主要产成品。这个计划主要是根据社会对主产品的订货计划以及社会维修机构所提出的零部件的订货计划生成的。

2. 制定产品的结构文件

这一步骤是要推导分析装配主产品需要哪些零件、部件、原材料，哪些要自制，哪些要外购，自制件在制造过程中又要采购什么零件、部件、原材料等。通过这样的逐层分析得出主产品的结构层次。每一个层次的每一个零部件都要标出需要数量，是自制还是外购，还要标出生产提前期或采购提前期。所有自制件都要分解到最后的原材料层次，这些原材料层次一般是最底层，都需要对外采购。

由这个主产品结构文件可以统计得出完整的资料，即为了在某个时间生产出一个主产品需要分别提前多长时间，采购一些什么样的部件、零件和原材料，需要采购多少。企业应把这些资料汇总成一个表，即主产品零部件生产采购一览表。

3. 编制库存文件

采购人员应到仓库保管员处调查了解主产品零部件生产采购一览表中所有部件、零件、原材料的现有库存量以及消耗速率，从而得到主产品零部件库存一览表。

四、采购需求的确定

生产计划、用料清单和存量管制卡是决定采购数量的主要依据。采购数量可以通过下式求得：

本期应购数量 = 本期生产需用量 + 本期末预订库存量 – 前期已购未入库量

采购数量只表示某一物料在某一时期应予订购的总量，至于某一物料在某一时期应如何订购，下面做进一步的说明。

（一）定期订购法

对于进口的物料以及少数价值很高的国内采购物料，可以每季、每月或每周订购一次，这称为定期订购法。这种方法在使用上必须要对物料未来的需求数量做出正确的估计，以避免存货过多，造成资金积压。

（二）定量订购法

对于价格低廉、临时性需求及非直接生产用途的物料，比较适合采用定量订购法，也就是按照订购点来决定采购点。例如，复仓制的采购计划，即此类物料首次入库时将其分为两部分，当其中一部分使用完毕时，必须先开出请购单，才准许使用所剩余的另一部分物料，反复交替进行。此类物料数量的控制，通常由仓储人员负责。

（三）最适当采购数量的确定

采购量的大小取决于生产与销售的顺畅与资金的调度。物料采购量过大，会造成过高的存货储备成本与资金积压；物料采购量过小，则采购成本提高。因此确定适当的采购量是非常必要的。确定适当的采购数量的方法有以下两种：

（1）经济订货批量（Economic Ordering Quantity，EOQ）法是固定订货批量模型的一种。当企业按照经济订货批量来订货时，可实现订货成本和储存成本之和最小化。其基本公式为

$$EOQ = \sqrt{\frac{2RS}{IC}}$$

式中，R 为年需求量；S 为一次订货费用；I 为年保管费用占平均库存值的百分比；C 为物料单价。

例如，已知相关数据：$S = 100$ 元，$C = 50$ 元/件，$I = 0.24$，$R = 200$ 件，将这些数据代入公式得

$$EOQ = \sqrt{\frac{2RS}{IC}} = \sqrt{\frac{2 \times 200 \times 100}{0.24 \times 50}} 件 = 58 \ 件$$

（2）固定数量（Fixed Ordering Quantity，FOQ）法。固定数量法举例见表5-1。

表 5-1　固定数量法　　　　　　　　　　　　　（单位：件）

周	1	2	3	4	5	6	7	8	9	10	11	12	合计
净需求量		10	10		14		7	12	30	7	15	5	110
计划订购		40					40		40				120

固定数量法具有以下特点：

1）每次发出的数量都相同。

2）订购数量的决定是凭过去的经验或直觉。

3）也可能考虑某些设备产能、模具寿命、包装或运输方面以及储存空间的限制等。

4）不考虑订购成本和储存成本这两项因素。

（3）批对批（Lot For Lot，LFL）法。批对批法举例见表5-2。

表5-2　批对批法　　　　　　　　（单位：件）

周	1	2	3	4	5	6	7	8	9	10	11	12	合计
净需求量		10	10		14		7	12	30	7	15	5	110
计划订购		10	10		14		7	12	30	7	15	5	110

批对批法具有以下特点：

1）发出的订购数量与每一期净需求量的数量相同。

2）每一期均不留库存数。

3）如果订购成本不高，此法最实用。

（4）固定期间（Fixed Period Requirement，FPR）法。固定期间法举例见表5-3。

表5-3　固定期间法　　　　　　　　（单位：件）

周	1	2	3	4	5	6	7	8	9	10	11	12	合计
净需求量		10	10		14		7	12	30	7	15	5	110
计划订购	25	23			14		7	12	30	7			118

固定期间法具有以下特点：

1）每次订单涵盖的期间固定（每个月的第一周下订单），但是订购数量变动。

2）基于订购成本较高的考虑。

3）期间长短的选择是凭过去的经验或主观判断。

4）采用此法，每期会有些剩余。

（5）物料需求计划（Material Requirement Planning，MRP）法。物料需求计划法的公式为

主生产计划 × 用料表 = 个别项目的毛需求量

个别项目的毛需求量 – 可用库存(即库存数 + 预计到货数) = 个别项目的净需求量

<h1 align="center">第二节　采　购　计　划</h1>

在采购领域，计划是指企业管理人员在了解市场供求情况、认识企业生产经营活动过程和掌握物料消耗规律的基础上，对计划期内物资采购管理活动的预先安排和部署。采购计划如同企业在市场风浪里航行的基本路线图，指引着企业向正确的方向航行，合理、完善的采购计划是企业成功的关键因素之一。

一、采购计划的含义

采购计划是为了维持正常的产销活动，对在某一特定的期间内，应在何时、购入何量和

何种材料的一种预先安排。正确地编制企业物资采购计划，对于加强物资管理、保证生产所需、促进物资节约、降低产品成本、加速资金周转，都有着重要的作用。

二、采购计划的目的

一般来说，采购计划应达到以下目的：

（1）预估材料的需用数量与时间，防止供应中断影响产销活动。

（2）避免因材料储存过多而积压资金和占用存储空间。

（3）配合企业的生产计划与资金调度。

（4）使采购部门事先有所准备，选择有利的时机购入材料。

（5）确立材料用量标准，以便管理材料的购入数量和成本。

三、采购计划的类型

按照不同的分类标准，采购计划可划分为以下类型：

（一）按计划期长短划分

按计划期长短划分，可以把采购计划分为年度物料采购计划、季度物料采购计划、月度物料采购计划等。年度物料采购计划反映大类或类别商品的订购总量，用来与企业内部进、销、存能力进行平衡，以及与企业的计划任务量、资金、费用、盈利等指标进行平衡。季度或月度采购物料计划是按具体规格、型号编制的，是组织采购的依据。

（二）按物料的使用方向划分

按物料的使用方向划分，可以把采购计划分为生产产品用物料采购计划、维修用物料采购计划、基本建设用物料采购计划、技术改造措施用物料采购计划、科研用物料采购计划、企业管理用物料采购计划等。

（三）按自然属性划分

按自然属性划分，可以把采购计划分为金属物料采购计划、机电产品物料采购计划、非金属物料采购计划等。

四、采购计划编制的基础资料

（一）销售计划

销售计划是指规定企业在计划期内（年度）销售产品的品种、质量、数量和交货期以及销售收入、销售利润等。它是以企业与客户签订的供货合同和对市场需求的预测为主要依据编制的。

（二）生产计划

生产计划是指规定企业在计划期内（年度）所生产产品的品种、质量、数量和生产进度以及生产能力的利用程度的计划。它是以销售计划为主要依据，加上企业管理人员的定量分析和判断编制的。生产计划用来确定企业在计划期内生产产品的实际数量及其具体的分布情况。生产计划依据销售数量加上预期的期末存货减去期初存货来拟订，其计算公式为

$$预计生产量 = 预计销售量 + 预计期末存货量 - 预计期初存货量$$

生产计划决定采购计划，采购计划又对生产计划的实现起物料供应保证作用。因此，企业采购部门应积极参与企业生产计划的制订，提供各种物料的资源情况，以便企业领导和计

划部门制订生产计划时参考。企业制订的生产计划要相对稳定，以免出现物料供应不上或物料超储积压现象的发生。

（三）物料需用清单

生产计划一般只列出产品的数量，而不能反映某一产品需用哪些物料及所需数量，因此必须借助于用料清单。用料清单是由研发部门或产品设计部门制定的，根据用料清单可以精确地计算出制造每一种产品的物料需求数量（Material Requirement）。将用料清单上所列示的耗用量（即标准用量）与实际用量相比，即可作为来料管理的依据。

（四）存量卡

如果产成品有存货，那么生产数量不一定等于销售数量。同理，若材料有库存，则材料采购数量也不一定等于材料需用量。因此，必须建立物料的存量卡（Stock Card），以表明某一物料目前的库存状况；再依据需求量，并考虑购料的时间和安全库存量，算出正确的采购数量，然后开具请购单，再进行采购。

（五）设备维修计划和技术改造计划

设备维修计划是规定企业在计划期内（年度）需要进行修理设备的数量、修理的时间和进度等。技术改造计划是规定企业在计划期内（年度）要进行的各项技术改造项目的进度、预期的经济效果，以及实现技术改造所需要的人力、物资、费用和负责执行的单位。这两个计划提出的物料需求品种、规格、数量和需要时间，是编制物料采购计划的依据，采购计划要为这两个计划的实现提供物料保证。

（六）基本建设计划和科研计划

基本建设计划是规定企业在计划期内（年度）的建设项目、投资额、实物工程量、开竣工日期、建设进度以及采用的有关经济技术定额，这些都是编制采购计划的依据。科研计划规定企业在计划期内（年度）进行的科研项目。科研项目提出的各种物料需求是编制物料采购计划的依据。科研项目需要的物料具有"新""少""急""难"的特点。

五、采购计划编制的影响因素

（一）采购环境

采购活动发生在一个具有许多变化因素的环境中，这些因素包括外界的不可控因素，如国内外经济发展状况、人口增长、政治体制、文化及社会环境、法律法规、技术发展、竞争状况等；也包括内部的不可控制因素，如财务状况、技术水准、厂房设备、原料零件供应情况、人力资源及企业声誉等。这些因素的变化都会对企业的采购计划产生一定的影响。

（二）年度销售计划

企业经营计划多以销售计划为起点，而销售计划的拟订又受到销售预测的影响。影响销售预测的因素也包括外界的不可控制因素和内部的不可控制因素。

（三）商品标准成本的设定

在编制采购计划时，因为将来拟购商品的价格不易预测，所以大多使用标准成本来替代。若标准成本的设定缺乏过去的采购资料为依据，则标准成本的设定就有一定的困难。因此，标准成本与实际购入价格的差额就会影响采购计划的准确性。

（四）销售效率

销售效率的高低将使预计的商品需求量与实际的商品需求量产生误差。销售效率降低，易导致商品积压，过低的销售效率也会导致企业经常进行业务更改，使商品库存超出正常水平。当销售效率升高时，采购计划必须将这部分额外的销售率计算进去，才不会发生商品短缺的现象。

（五）预期价格

在编制采购计划时，经常需要对商品价格的涨跌幅度、市场景气与否、汇率变动等因素加以预测。因此，个人主观判断与事实的变化常有差距，这可能会造成采购计划的偏差。此外，季节性的供应状况、最低订购量等因素，可能会使采购数量超过正常的需求数量，而且企业财务状况的好坏也将影响采购数量的多少及采购计划的准确性。

由于影响采购计划的因素很多，故采购计划拟订之后必须与产、销部门经常保持联系，针对现实的状况做出必要的调整与修订，只有这样才能达成维持正常产销活动的目标，并协助财务部门妥善规划资金的来源。

六、采购计划编制的流程

采购计划编制的流程，主要包括两个方面的内容，即编制采购认证计划和编制采购订单计划。

（一）编制采购认证计划

1. 准备认证计划

准备认证计划是编制采购计划的第一步，也是非常重要的一步。其主要内容包括四个方面：接收开发批量需求、接收余量需求、准备认证环境资料和编制认证计划说明书。

（1）接收开发批量需求。要想制订比较准确的认证计划，首先要做的就是熟悉开发批量需求。目前，开发批量需求通常有两种情形：一种是在以前或者是目前的采购环境中，就能够挖掘到的物料供应。例如，若是以前所接触的供应商的供应范围比较大，就可以从这些供应商的供应范围中，找到企业需要的批量物料需求。另一种情形就是企业需要采购的是新物料，在原来形成的采购环境中不能提供，需要企业的采购部门寻找新物料的供应商。

（2）接收余量需求。一种是随着企业规模的扩大，市场需求也会变得越来越大，旧的采购环境容量不足以支持企业的物料需求；另一种是因为采购环境有了下降的趋势，从而导致物料的采购环境容量逐渐缩小，无法满足采购的需求。以上两种情况都会产生余量需求，这就需要对采购环境进行扩容。采购环境容量的信息，一般由认证人员和订单人员来提供。

（3）准备认证环境资料。通常来讲，采购环境包括认证环境和订单环境两种。有些供应商的认证容量比较大，但是其订单容量比较小；有些供应商的情况恰恰相反，其认证容量比较小，但是订单容量比较大。产生这些情况的原因是，认证过程是对供应商样件的小批量试制过程，需要强有力的技术支持，有时甚至需要企业与供应商一起开发；但是订单过程是供应商规模化的生产过程，其突出表现就是自动化机器流水作业及稳定的生产，技术工艺已经固化在生产流程之中，所以其技术支持难度比认证容量的技术支持难度要小得多。因此可以看出，认证容量和订单容量是两个完全不同的概念，企业对认证环境进行分析的时候一定要分清这两个概念。

（4）编制认证计划说明书。编制认证计划说明书也就是把认证计划所需要的材料准备好，认证计划说明书的主要内容包括物料项目名称、需求数量、认证周期等，同时需附有开发需求计划、余量需求计划、认证环境资料等。

2. 评估认证需求

评估认证需求是编制采购计划的第二个步骤，其主要内容包括三个方面：分析开发批量需求、分析余量需求、确定认证需求。

（1）分析开发批量需求。要做好开发批量需求的分析，不仅需要分析量上的需求，而且要掌握物料的技术特征等信息。开发批量需求的方式是各种各样的。按照需求环节不同，可以分为研发物料开发认证需求和生产批量物料认证需求；按照采购环境不同，可以分为环境内物料需求和环境外物料需求；按照供应情况划分，可以分为可直接供应物料需求和需要定做物料需求；按照国界划分，可分为国内供应物料需求和国外供应物料需求等。对于如此复杂的情况，认证计划人员应该对开发物料需求做详细的分析，必要时还应与开发人员、认证人员一起研究开发物料的技术特征，将其按照已有的采购环境及认证计划经验进行分类。由此可以看出，认证计划人员需要有计划、开发、认证等方面的知识，并具有从战略高度分析问题的能力。

（2）分析余量需求。分析余量需求时首先要对余量需求进行分类，前面已经说明了余量需求的产生来源：一种情况是市场销售需求的扩大，另一种情况是采购环境订单容量的萎缩。这两种情况都会导致目前采购环境的订单容量难以满足客户的需求，因此需要增加采购环境容量。对于因市场需求原因造成的余量需求，可以通过市场及生产需求计划，得到各种物料的需求量及需要时间；对于因供应商萎缩造成的余量需求，可以通过分析现实采购环境的总体订单容量与原订单容量之间的差别而得到。将这两种情况的余量相加，即可得到总的需求容量。

（3）确定认证需求。认证需求是指通过认证手段，获得具有一定订单容量的采购环境。认证需求可以根据开发批量需求及余量需求的分析结果来确定。

3. 计算认证容量

计算认证容量是编制采购计划的第三个步骤，主要包括四方面的内容：分析项目认证资料、计算总体认证容量、计算承接认证容量、确定剩余认证容量。

（1）分析项目认证资料。分析项目认证资料是计划人员的一项重要事务，不同的认证项目，其认证过程及周期也是千差万别的。作为从事某行业认证的实体来说，需要认证的物料项目可能是上千种物料中的某几种，熟练分析几种物料的认证资料是相对容易的，但是对于规模比较大的企业，如机械、电子、软件、设备、生活日用品等物料项目，则需要分析上千种甚至上万种物料，其难度要大得多。

（2）计算总体认证容量。在采购环境中，供应商订单容量与认证容量是两个不同的概念，有时可以互相借用，但绝不是等同的。一般在认证供应商时，要求供应商提供一定的资源用于支持认证操作，也有一些供应商只做认证项目。总之，在供应商认证合同中，应说明认证容量与订单容量的比例，防止供应商只做批量订单，而不愿意做样件认证。计算采购环境的总体认证容量的方法，是把采购环境中所有供应商的认证容量叠加，但对有些供应商的认证容量需要乘以适当的系数。

（3）计算承接认证容量。供应商的承接认证容量，等于当前供应商正在履行认证的合同量。认证容量的计算是一个相当复杂的过程，不同物料项目的认证周期也是不一样的，一般是要求计算某一时间段的承接认证容量。最恰当、最及时的处理方法是，借助电子信息系统，模拟显示供应商已承接的认证容量，以便供认证计划决策时使用。

（4）确定剩余认证容量。某一物料所有供应商群体的剩余认证容量的总和，称为该物料的"认证容量"，可以用下面的公式简单地进行说明：

物料认证容量 = 物料供应商群体总体认证容量 – 承接认证量

这种计算过程可以被电子化，但是一般 MRP 系统不支持这种算法，因此可以单独创建系统。认证容量是一个近似值，仅作为参考，认证计划人员对此不可过高估计，但它能指导认证过程的操作。采购环境中的认证容量，不仅是采购环境的指标，而且也是企业不断创新、持续发展的动力。源源不断的新产品问世，是基于认证容量价值的体现，也由此能生产出各种各样的产品新部件。

4. 制订认证计划

制订认证计划是编制采购计划的第四个步骤，主要内容为：对比需求与容量，综合平衡，确定余量认证计划，确定认证物料数量及开始认证时间、完成整个认证的时间。

（1）对比需求与容量。认证需求与供应商对应的认证容量之间一般都会存在差异。如果认证需求小于认证容量，则没有必要进行综合平衡，直接按照认证需求制订认证计划即可；如果认证需求大大超出供应商容量，就要进行认证综合平衡，对于剩余认证需求需要制订采购环境之外的认证计划。

（2）综合平衡。综合平衡是指从全局出发，综合考虑生产、认证容量、物料生命周期等要素，判断认证需求的可行性，通过调节认证计划来尽可能地满足认证需求，并计算认证容量不能满足的剩余认证需求，这部分剩余认证需求需要到企业采购环境之外的社会供应群体之中寻找容量。

（3）确定余量认证计划。确定余量认证计划是指对于采购环境不能满足的剩余认证需求，应提交采购认证人员分析并提出对策，与之一起确认采购环境之外的供应商认证计划。采购环境之外的社会供应群体如果没有与企业签订合同，那么制订认证计划时要特别小心，并由具有丰富经验的认证计划人员和认证人员联合操作。

（4）确定认证物料数量及开始认证时间、完成整个认证的时间。这是制订认证计划的主要目的。只有制订好认证计划，才能做好订单计划。下面给出认证物料数量及开始认证时间的确定方法。

认证物料数量 = 开发样件需求数量 + 检验测试需求数量 + 样品数量 + 机动数量

开始认证时间 = 要求认证结束时间 – 认证周期 – 缓冲时间

（二）编制采购订单计划

编制采购订单计划分为以下四个步骤：准备订单计划、评估订单需求、计算订单容量和制订订单计划。

1. 准备订单计划

准备订单计划主要包括以下四个方面的内容：

（1）了解市场需求。市场需求是启动生产供应程序的基础，要想制订比较准确的订单计划，首先必须掌握市场需求或者市场销售计划。对市场需求的进一步分解，便可得到生产需求计划。企业的年度销售计划一般在上一年度的年末制订，并报送各个相关部门，同时下发到销售部门、计划部门、采购部门，以便指导全年的企业运作；根据年度计划，再制订出季度、月度的市场销售计划。

（2）了解生产需求。生产需求在采购中也可以称为生产物料需求。生产物料需求的时间是根据生产计划而确定的，通常，生产物料需求计划是订单计划的主要来源。为了便于理解生产物料需求，采购人员需要深入分析生产计划及工艺常识。在 MRP 系统中，物料需求计划是主生产计划的细化，它来源于主生产计划、独立需求的预测、物料清单、库存信息。编制物料需求计划的主要步骤包括：①决定毛需求量；②决定净需求量；③对订单下达日期及订单数量进行计划。

（3）准备订单背景资料。准备订单背景资料是非常重要的一项内容。订单背景是在订单物料的认证完毕之后形成的。订单背景资料主要包括：①订单物料的供应商信息；②订单比例信息（对多家供应商的物料来说，每一个供应商分摊的下单比例称为订单比例，该比例由供应商管理人员规划并给予维护）；③最小包装信息；④订单周期。订单周期是指从下单到交货的时间间隔，一般是以天为单位计算的。订单背景资料一般使用信息系统管理，订单人员根据生产需求的物料项目，从信息系统中查询、了解该物料的采购参数。

（4）编制订单计划说明书。编制订单计划说明书也就是准备好订单计划所需的资料，其主要内容包括：①订单计划说明书，包含物料名称、需求数量、到货日期等；②附件，如市场需求计划、生产需求计划、订单背景计划资料等。

2. 评估订单需求

评估订单需求是编制采购计划中非常重要的一个环节。只有准确地评估订单需求，才能为计算订单容量提供依据，以便制订出好的订单计划。它主要包括以下三个方面的内容：

（1）分析市场需求。订单计划不仅仅来源于生产计划，市场需求和生产需求也是评估订单需求的两个重要方面。一方面，订单计划首先要考虑的是企业的生产需求，生产需求的大小直接决定了订单需求的大小；另一方面，制订订单计划还得兼顾企业的市场战略及潜在的市场需求等。此外，制订订单计划还需要分析市场资料的可信度。因此，必须仔细分析签订合同的数量及尚未签订合同的数量（包括没有及时交货的合同）等一系列数据，同时要研究其变化趋势，全面考虑订单计划的规范性和严谨性。只有这样，才能对市场需求有一个全面的了解，从而制订出一个使企业远期发展与近期实际需求相结合的订单计划。

（2）分析生产需求。分析生产需求，首先需要研究市场需求的产生过程，其次要分析生产需求和要货时间。例如，企业根据生产计划，对零部件的清单进行检查。每周都有不同的毛需求量和入库量，于是就产生了不同的生产需求，企业要对不同时期产生的不同生产需求进行分析。

（3）确定订单需求。根据对市场需求和生产需求的分析结果，即可确定订单需求。通常来讲，订单需求的内容是：通过订单管理，在未来指定的时间内，将指定数量的合格物料采购入库。

3. 计算订单容量

计算订单容量是编制采购计划的重要环节。只有准确地计划好订单容量，才能对比需求和容量，经过综合平衡，最后制订出正确的订单计划。计算订单容量主要包括以下四个方面的内容：

（1）分析供应资料。对于采购工作来讲，所要采购物料的供应商的信息是非常重要的信息资料。如果没有供应商供应物料，那么无论是生产需求还是紧急的市场需求，都无从谈起。举一个简单的例子，某企业想设计一家歌厅的隔声系统，隔声玻璃棉是完成该系统的关键材料，通过考察发现，这种材料被垄断在少数供应商的手中。企业的计划人员就应充分考虑这些情况，以便在制订订单计划时做到有的放矢。

（2）计算总体订单容量。总体订单容量是多方面内容的组合，其中主要的两个方面为：可供给物料的数量及可供给物料的交货时间。举一个例子来说明这两个方面的情况：A 供应商在 12 月 31 日之前可供应 5 万个特种按钮（Ⅰ型 3 万个，Ⅱ型 2 万个），B 供应商在 12 月 31 日之前可供应 8 万个特种按钮（Ⅰ型 4 万个，Ⅱ型 4 万个），那么 12 月 31 日之前Ⅰ和Ⅱ两种按钮的总体订单容量为 13 万个，其中Ⅰ型按钮的总体订单容量为 7 万个，Ⅱ型按钮的总体订单容量为 6 万个。

（3）计算承接订单容量。承接订单是指某供应商在指定的时间内已经签下的订单。仍以上例来说明：A 供应商在 12 月 31 日之前可以供给 5 万个特种按钮（Ⅰ型 3 万个，Ⅱ型 2 万个），若是已经承接Ⅰ型特种按钮 2 万个、Ⅱ型 2 万个，那么对Ⅰ型和Ⅱ型物料已承接的订单量就比较清楚了（2 万个 +2 万个 =4 万个）。

（4）确定剩余订单容量。剩余订单容量是指某物料所有供应商群体的剩余的可供物料的总量，可以用下面的公式表示：

物料剩余订单容量 = 物料供应商群体总体订单容量 – 已承接订单量

4. 制订订单计划

制订订单计划是编制采购计划的最后一个环节，也是最重要的环节。它主要包括以下四个方面的内容：

（1）对比需求与容量。对比需求与容量是制订订单计划的首要环节，只有比较出需求与容量的关系才能科学地制订订单计划。如果经过对比发现需求小于容量，即无论需求多大，容量都能满足需求，则企业要根据物料需求来制订订单计划；如果供应商的容量小于企业的物料需求，则企业要根据容量制订合适的物料需求计划。这样就产生了剩余物料需求，需要对剩余物料需求重新制订计划。

（2）综合平衡。综合平衡是指综合考虑市场、生产、订单容量等要素，分析物料订单需求的可行性，必要时调整订单计划，计算容量不能满足的剩余订单需求。

（3）确定余量计划。对比需求与容量时，如果容量小于需求就会产生剩余需求，对于剩余需求，要提交给计划制订者处理，并确定能否按照物料需求规定的时间及数量交货。

（4）确定下单数量和下单时间。一份订单包含的内容有下单数量和下单时间两个方面，其计算公式为

下单数量 = 生产需求量 – 计划入库量 – 现有库存量 + 安全库存量

下单时间 = 要求到货时间 – 认证周期 – 订单周期 – 缓冲时间

制订订单计划是编制采购计划的最后一个环节，订单计划做好之后就可以按照计划进行采购了。

第三节　采购预算

一、采购预算的概念

所谓采购预算，就是一种用采购数量来表示的计划，是将企业在未来一定时期内的采购决策目标通过有关数据系统地反映出来，是采购决策具体化、数量化的表现。

传统采购预算的编制是将本期应采购数量（订购数量）乘以各项物料的购入单价，或者按照物料需求计划（MRP）的请购数量乘以标准成本，即可获得采购金额（预算）。为了使预算对实际的资金调度具有意义，采购预算应以现金为基础来编制。也就是说，采购预算应以付款的金额来编制，而不以采购的金额来编制。预算的时间范围要与企业的计划期保持一致，绝对不能过长或过短。长于计划期的预算没有实际意义，浪费人力、财力和物力，而过短的预算又不能保证计划的顺利执行。企业所能获得的可分配的资源和资金在一定程度上是有限的，受到客观条件的限制，企业的管理者必须通过有效地分配有限的资源来提高销售率以获得最大的收益。一个运行良好的企业不仅要赚取合理的利润，还要保证有良好的资金流动。好的预算既要注重实际又要强调财务业绩。

为了使预算更具灵活性和适应性，以应对意料之外可能发生的不可控事件，企业在预算过程中应当尽量做到：①采取合理的预算形式；②建立趋势模型；③利用滚动预算的方法来减少预算的失误以及由此带来的损失。

二、采购预算的类型

采购中涉及的预算主要包括以下四个方面：

（一）原料预算

原料预算的主要目的是确定用于生产既定数量的成品或者提供既定水平的服务的原料的数量和成本。原料预算的时间通常是一年或更短。但是原料的预算往往会偏离实际情况，因为预算的资金数是基于生产或销售的预期水平及来年原料的估计价格来确定的。这样在很多企业中详细的年度原料预算并不算是很切合实际。因此，很多企业采用灵活的预算来调整实际的生产和实际的价格。通常灵活的预算要反映条件的变化，比如产出的增加或减少。灵活的预算的优点是能对变化做出快速的反应。

尽管原料预算通常是基于估计的价格和计划的时间进度做出的，但是原料预算还是可以发挥如下作用的：

（1）有助于采购部门设立采购计划，准备充分的采购预算可以使得采购部门能够制订采购计划以确保原料需要时能够及时得到。

（2）用以确定随时备用的原料和成品部件的最大价值和最小价值。

（3）建立一个财务部门确定与评估采购支出需求的基础。

（4）为供应商提供产量计划信息和消耗速度计划信息。

（5）为生产和材料补充的速度制订恰当的计划。

（6）削减运输成本。

（7）帮助提前购买。

（8）可以提前通知供应商一个估计的需求数量和进度，从而改进采购谈判。

（二）维护、修理和运作供应预算

维护、修理和运作（Maintenance，Repair，Operations，MRO）供应预算包含在生产运作过程中，但它们并没有成为生产运作中的一部分。MRO 项目主要有办公用品、润滑油、机器修理和门卫。MRO 项目的数目可能很大，对每一项都做出预算并不可行。MRO 预算通常由以往的比例来确定，然后根据库存和一般价格水平中的预期变化来调整。

(三) 固定资产预算

固定资产的采购通常是支出较大的部分。好的采购活动和谈判能为企业节省很多资金。通过研究可能的来源及与关键供应商建立密切的关系，可以做出既能对需求做出积极响应又能刚好满足所需要花费的预算。固定资产采购的评估不仅要根据初始成本，还要根据包括维护、能源消耗及备用部件成本等的生命周期总成本。由于这些支出的长期性质，通常用净现值算法进行预算和做出决策。

(四) 采购运作预算

采购运作预算包括采购职能业务中发生的所有花费。通常，这项预算根据预期的业务和行政的工作量来制定，这些花费包括工资、福利费用、办公费、设备费、取暖费、房租、招待费、通信费、教育培训费等。采购职能的业务预算应该反映企业的目标和目的，例如，如果企业的目的是减少间接费用，那么业务预算中的间接费用预算就应该反映这一点。合理的采购运作费用有利于采购工作的顺利进行，制定采购预算时必须把此项支出考虑在内。

三、采购预算的编制原则

(一) 实事求是原则

编制采购预算应本着实事求是的原则。采购规模的测算必须运用科学、合理的方法，力求数据的真实、准确，购买支出要与企业的经营目标相一致，不能随意虚增支出。各项购买支出要符合部门实际情况，测算时要有真实、可靠的依据，不能凭主观印象或人为提高购买标准。企业在安排采购预算项目时，要精打细算，不哄抬目标值，先确定销售预算，再确定生产计划，然后再确定采购计划。不要为了贪图低价，盲目扩大采购量，以免造成库存积压。同时，采购物资质量不能盲目超前，应在满足工作需要的前提下，适当"超前"，也要避免不考虑发展而导致产品刚投入市场就被淘汰，造成浪费。

(二) 积极稳妥、留有余地原则

采购预算的编制要做到稳妥、可靠、量入为出、收支平衡。积极稳妥是指不要盲目提高预算指标，也不要消极压低预算指标。既要保证采购预算指标的先进性，又要保证预算指标的可操作性，充分发挥采购预算指标的指导和控制作用。另外，企业的采购预算和企业的财务预算一样，一经批准，便要严格执行。因此，一个企业在编制采购预算时，既要把根据事业发展需要应该采购的项目考虑好，还应该注意采购资金来源是否可靠、有无保证，不能预留缺口。这样制定出来的采购预算才能适应市场的千变万化，才能满足企业的生产要求，具有一定的发展空间，以免发生意外时处于被动，影响企业的生产经营。

(三) 比质比价原则

企业在编制采购预算时，应广泛收集采购物料的质量、价格等市场信息。掌握主要采购物料信息的变化，要根据市场信息比质比价确定采购物料。除仅有唯一供货单位或企业生产经营有特殊要求外，企业主要物料的采购应当选择两个以上的供货单位，从质量、价格、信誉等方面择优安排采购。企业主要物料采购及有特殊要求的物料采购，应当审查供应商资格；对已确定的供应商，应当及时掌握其质量、价格、信誉的变化情况。企业大宗原材料的采购，基建或技术改造项目主要物料及其他金额较大的物资的采购等，具备招标采购条件的，应尽量安排招标采购。

四、采购预算的编制方法

编制采购预算的方法多种多样，各种方法的编制原理不一样，因而各有不同的特点。

（一）概率预算

在编制预算过程中，涉及的变量较多，如业务量、价格、成本等。企业管理者不可能在编制预算时就十分精确地预见到这些因素在将来会发生何种变化，以及变化到何种程度，而只能大概估计出它们发生变化的可能性（概率），从而近似地判断出各种因素的变化趋势、范围和结果，然后对各种变量进行调整，计算其可能值的大小。这种利用概率（可能性的大小）来编制的预算，即概率预算。概率预算必须根据不同的情况来编制，可以分为以下两种情况：①销售量的变动与成本的变动没有直接联系。这时，只要利用各自的概率分别计算销售收入、变动成本、固定成本的期望值，即可直接计算利润的期望值。②销售量的变动与成本的变动有直接联系。这时，需要用计算联合概率的方法来计算利润的期望值。

（二）零基预算

零基预算是指在编制预算时，对于所有的预算项目均不考虑以往的情况，一切以零为起点，从实际出发研究、分析未来一定期间生产经营活动的需要和每项业务的轻重缓急，如实确定每项预算是否有支出的必要和支出数额大小的一种预算编制方法。

传统的调整预算编制的方法，是在上期预算执行结果的基础上，根据预算与实际的差异，分析产生差异的各种原因和考虑计划期的实际情况，加以适当调整，确定出计划期内有关项目的预算数。这种预算方法比较简单，但往往会使原来不合理的费用开支继续存在下去，造成预算的浪费或是预算的不足。零基预算的编制方法与传统的预算编制方法截然不同。它在确定任何一项预算时，完全不考虑前期的实际水平，只考虑该项目本身在计划期内的轻重缓急，以零为起点确定预算支出的具体数字。零基预算的编制方法大致可以分为以下几个步骤：

1. 组织员工拟订预算目标

在编制零基预算时，要动员全体员工投入到拟订预算的工作中去，要求所有员工根据本企业的目标和本部门的具体任务，对可能发生的费用项目逐一考证其支出的必要性和需要额，编写各项费用项目方案。

2. 对费用项目进行成本-效益分析

组成由企业的主要负责人、总会计师等人员参加的预算委员会，负责对各部门提出的费用项目进行成本-效益分析。这里所说的成本-效益分析，主要是指对所提出的每一个预算项目所需要的经费和所能获得的收益进行计算、对比，以其计算对比的结果来衡量和评价各预算项目的经济效益，然后权衡其轻重缓急，分层次排出先后顺序。

3. 分配资金、实施预算

将预算期可运用的资金在各费用项目之间进行分配。分配资金应首先满足那些必须支出的费用项目，然后再将剩余资金在可以增减费用额的费用项目之间按成本效益率进行分配，实施预算方案。

（三）弹性预算

弹性预算是在编制预算时，考虑到计划期间的各种可能变动因素的影响，编制出一套能适应多种业务量的预算。由于这种预算需要随着业务量的变化而做相应调整，具有伸缩性，因此称为弹性预算，又称变动预算。

编制弹性预算，首先要确定在计划期内业务量的可能变化范围。首先，在具体编制工作中，对于一般企业，其变化范围可以确定在企业正常生产能力的 70% ~ 110%，其间隔取为 5% 或 10%，也可取计划期内预计的最低业务量和最高业务量为其下限和上限；其次，要根据成本性质，将计划期内的费用划分为变动费用和固定费用。在编制弹性预算时，固定费用在相关范围内不随业务量的变动而变动，因而不需要按业务量的变动来进行调整；而对变动费用，则要按不同的业务量水平分别进行计算。

弹性预算一般用于编制弹性成本预算和弹性利润预算。弹性利润预算是对计划期内各种可能的销售收入所能实现的利润所做的预算，它以弹性成本预算为基础，采购管理者只需要了解一下即可，无须深入。

（四）滚动预算

滚动预算又称连续预算，其主要特点是预算期随着时间的推移而自行延伸，始终保持一定的期限（通常为 1 年）。当年度预算中某一季度（或月份）预算执行完毕后，就根据预算与实际情况的对比、客观条件的变化、经营方针的调整等调整和修订后几个季度（或月份）的预算。如此往复，不断滚动，使年度预算一直含有 4 个季度（或 12 个月份）的预算，如图 5-1 所示。

图 5-1　滚动预算示意图

滚动预算的优点具体包括以下几个方面：

（1）能保持预算的完整性和连续性，可从动态预算中把握企业的未来。

（2）在执行过程中可以结合客观情况对预算不断进行调整与修订，使预算与实际情况能更好地适应，有利于充分发挥预算的指导与控制作用。

（3）预算期始终保持 4 个季度或 12 个月，使得企业经营管理人员能经常保持一种整体的、全盘的经营思想，保证企业的各项工作有条不紊地进行。

五、采购预算的编制依据

采购预算是采购计划顺利实施的保证，制定采购预算的依据包括以下两个方面：

（一）物料标准成本

在制定采购预算时，由于难以准确预测计划采购物料的价格，一般以标准成本代替计划采购物料的价格。标准成本是指在正常和高效率的运转情况下制造产品的成本，而不是指实际发生的成本。标准成本可以根据过去的采购资料来设定，或者由工程人员根据生产流程严密精确地计算。企业可以用标准成本来对实际成本加以控制。

（二）价格预期

虽然对预购物料的价格进行预测难度很大，但企业还是要从影响价格变动的因素来入手，尽可能准确地对物料价格进行预测。影响价格变动的因素有很多，包括生产物料所用的投入品的价格、该物料的市场供求状况、国家的经济形势、汇率变化等因素。采购人员要认真分析，力求把握准确的价格预期。如果对价格预期的判断不准确，则会造成采购预算的偏差。

采购预算的制定还要考虑生产率的变动对材料需求的影响。如果生产率低下，所耗用的原材料就会超过预算的数量，导致采购预算的数量不能满足生产需要；如果次品率增加同样会使材料耗用增加。故生产计划应考虑这一因素，采购预算才能满足生产的需要。

六、采购预算的编制流程

采购预算的编制流程如图 5-2 所示。

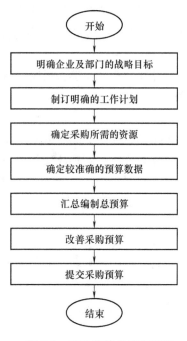

图 5-2 采购预算的编制流程

（一）明确企业及部门的战略目标

采购部门作为企业的一个部门，在编制采购预算时要从企业总体的战略规划出发，审查本部门和企业的目标，确保二者协调一致。

（二）制订明确的工作计划

采购主管必须了解本部门及相关部门（如生产部门等）的业务活动，明确采购的责任和范围，制订出详细的工作计划。

（三）确定采购所需的资源

按照详细的工作计划，采购主管要对采购支出做出切合实际的估计，预测为实现目标所需要的人力、物力和财力等资源。

（四）确定较准确的预算数据

预算数据是企业编制预算的难点之一。有经验的预算人员常常以自己的经验做出准确判断。目前企业普遍的做法是将目标与历史数据相结合来确定预算数，即对过去历史数据和未来目标逐项分析，使收入和成本费用等各项预算切实、合理和可行。对过去的历史数据可采用比例趋势法、线性规划、回归分析等方法，找出适合本企业的数学模型来预测。

（五）汇总编制总预算

财务部门对各部门的预算草案进行审核、归集、调整，汇总编制总预算。

（六）改善采购预算

1. 确定预算偏差范围

由于预算总是或多或少地与实际有所差异，因此企业必须根据实际情况选定一个偏差范围。偏差范围可以根据行业平均水平或企业的经验数据确定。

2. 计算偏差值

为了控制和确保采购业务的顺利开展，采购主管应该定期比较采购实际支出和采购预算支出的差距，计算预算偏差值（采购实际支出金额减去采购预算支出金额）。

3. 调整不当预算

如果预算偏差值达到或超过了容许的范围，那么采购主管需要分析原因，对具体的预算提出修改建议，进行必要的改善。

（七）提交采购预算

采购预算通常是由采购部门会同其他部门共同编制的，采购预算编制后要提交给企业财务部门及相关管理部门，为企业的资金筹集和管理决策提供支持。

本 章 小 结

本章介绍了采购业务实施流程中采购需求的确定、采购计划及预算的编制等内容。编制采购计划主要包括采购计划的制订和采购订单计划的制订两个方面的内容，重点介绍了采购认证计划和订单计划的制订方法以及确定采购数量的计算方法。编制采购预算是实施采购作业前的一项重要工作，主要阐述了采购预算的概念、编制原则及采购预算的编制方法。

习题与思考

一、简答题

1. 采购计划编制的基础资料有哪些？

2. 影响采购计划的因素主要有哪些？

3. 简述采购计划的编制程序。

4. 采购预算编制的方法有哪几种？

5. 简述采购预算的编制步骤。

二、填空题

1. 通过（　　　　），企业就可以根据产品的结构零部件清单或工作量得出所需要的原材料的品种和数量。

2. 按计划期长短划分，可以把采购计划分为年度物料采购计划、季度物料采购计划、（　　　　）等。

3. 制订认证计划是编制采购计划的第四个步骤，主要内容为：对比需求与容量、（　　　　）、确定余量认证计划、（　　　　）。

4. 编制采购预算的方法多种多样，各种方法的编制原理不一样，主要包括（　　　　）、零基预算、弹性预算和（　　　　）等几种方法。

5. 采购预算编制的流程为：明确企业及部门的战略目标、（　　　　）、确定采购所需的资源、（　　　　）、汇总编制总预算、（　　　　）、提交采购预算。

三、案例分析

艾默生 IT 战略采购计划

"曾有个客户强硬地要求艾默生公司（Emerson）立刻发货，同时要求打折。艾默生通过一种新兴的技术工具——价格管理软件，借助里面的分析工具审查交易，发现艾默生在当地是唯一能供货的公司。既然我们是唯一的供货商，我们为什么还要给这个客户打折呢？"美国艾默生电气公司高级副总裁查理·A.彼得斯（Charlie A. Peters）说。

1. 全球第二大市场

成立于 1890 年的艾默生公司，旗下拥有 60 多家子公司，在 150 个国家和地区设有 245 家生产设施，是全球最大的机电、仪表等设备的生产及销售集团之一。艾默生在 20 世纪 70 年代的时候就来到中国，在上海建立了第一家工厂，此后艾默生在华建立了 30 多家独资与合资企业，投资总额超过了 10 亿美元。

艾默生数十年来都把中国视为一个生产基地，同时也视为一个人才基地，工程师队伍从 1200 人扩大到 2000 人，通过空运和海运，每年将价值 5 亿美元的产品运到美国。在中国，艾默生通常采取投资或者并购的战略来开拓业务。艾默生在中国迄今为止最大的成就就是在 2001 年 10 月以 7.5 亿美元买下了华为下属的安圣电气。通过多年的投资和并购，艾默生的业务发展迅速，在中国市场规模做到接近 100 亿元人民币，艾默生每年在中国采购 10 亿美元产品，中国已成为艾默生的全球第二大市场。

2. 40 年信息化的经验教训

艾默生高级副总裁查理·A.彼得斯在"2005 年美国《信息周刊》中文版秋季大会暨 2005 年中国商业科技 100 强发布大会"上透露，艾默生中国战略不仅重视一级市场，而且将进入白热化竞争的二级和三级市场。然而，对艾默生来说，快速发展的中国业务背后，也面临着巨大挑战。彼得斯说，从全球化角度来看，无论是生产、采购还是产品工程方面，都需要将中国区带来的价值增值数字化，从而把中国的工作和全球其他与中国相关的业务联系并整合在一起；从中国国内业务发展角度来看，无论是提高生产运营效率、降低成本，还是从采购到客户服务的全套供应链，都必须以建立部署完备的信息系统为前提。

在过去长达 40 年的时间里，艾默生不断地更换软件供应商，这样做的结果是搞得艾默生的 ERP 系统乱得一团糟，艾默生在全球 45 个不同的品牌使用了超过 100 个 ERP 软件。全球化过程中出现的信息系统混乱问题，使艾默生认识到，在全球化过程中，只能使用一家公司提供的软件，才可以在全球搭建一个统一的信息平台以有效地管理全球业务。"软件业需要规模经济"，这是艾默生 40 年全球化过程中，信息化战略的经验教训总结。

3. 明智的选择

2001 年前后，美国艾默生开始了统一信息化平台的艰苦历程。艾默生首先在全球范围内比较可供选择的 ERP 系统。最终，把眼光停留在了 SAP 和甲骨文两家公司身上。有趣的是，由于艾默生不同的业务部门使用了很多不同的管理软件，虽然很乱，但也给艾默生提供了有效评价这些信息系统表现的机会。2004 年，艾默生信息系统的经理们对公司 50 个部门里使用的 ERP 和电子商务软件进行了排名，采用的标准是这些软件中使用的工具深度和它们的成熟度。结果显示，表现最好的 1/4 是甲骨文公司的软件，这些软件

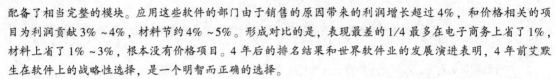

配备了相当完整的模块。应用这些软件的部门由于销售的原因带来的利润增长超过4%，和价格相关的项目为利润贡献3%～4%，材料节约4%～5%。形成对比的是，表现最差的1/4最多在电子商务上省了1%，材料上省了1%～3%，根本没有价格项目。4年后的排名结果和世界软件业的发展演进表明，4年前艾默生在软件上的战略性选择，是一个明智而正确的选择。

4. 适应中国国情的折中

负责艾默生公司电子商务及直接负责中国IT业务的高级副总裁查理·A. 彼得斯指出，艾默生在中国遇到的问题主要是：很少考虑中国的本地化需求。实施全球应用软件的开发商还没发展起来。在中国实施软件的费用是美国或者印度的2～4倍，这对艾默生短期和长期的软件系统决策都带来了影响。为了在全球统一软件平台，一方面艾默生必须与世界一流的软件商合作，以节约软件平台成本；另一方面又需要适应中国特殊的国情，控制项目成本，缩短实施周期，同时还不能以损失所需要的功能为代价。

艾默生采取了一种折中的办法：艾默生在中国区找到了一个很好的解决方案，叫"Oracleina Box"。一方面，在采用甲骨文标准版软件的同时，要求甲骨文在系统中提供了一些灵活性，可以让艾默生根据不同部门的需要定制这些流程以适应业务流程、业务方向和不同运营功能的需要；另一方面，要求业务部门稍微折中一下，更改它们的业务流程以适应该系统。这样折中的结果是：甲骨文提供的软件预制的"最佳实践"模式比原来的一些流程更好，艾默生在流程得到改善的同时，也使整个软件在应用期里成本更低、花钱更少、做事更快。

5. 神奇的"价格管理系统"

有一段时间，艾默生发现自己和客户打交道的方式有些落后，采购成本偏高。为此，艾默生公司花了8年的时间，建立了一个完整的原材料信息系统。2003年起，艾默生又推广了一个软件，叫作Vendavo，这是一个价格管理软件。这个软件建立了一个数据库，记录下每笔交易的情况，包括报价、订货和销售活动，并且提供了强大的工具从更广的范围去查看和分析价格。另外，它还提供了一个工具包，支持报价流程。这样，每个承担价格决策的人，包括那些定价和批转报价的人，都可以随时进入该数据库以支持他们的价格决策。

价格管理系统不仅帮助艾默生的经理解决像"艾默生是当地唯一的供应商，买家却要求立刻发货并打折"的无理要求，而且每笔交易都进行细化的方法，可以更好地将服务每个客户的成本和艾默生的收费配比起来，分析服务哪些客户是盈利的，服务哪些客户可能收入不足以支付成本。另外，通过建立所有潜在交易的数据库，艾默生可以让报价更有竞争力。同时，可以防止折扣打得过低。艾默生实施的上述系统，使其在采购过程中作为一个买家变得更"咄咄逼人"。

问题：

1. 40年前艾默生在软件采购上犯了哪些错误？

2. 艾默生统一信息化平台的艰苦历程对中国中小企业实施ERP系统有哪些启示？

3. 为什么说艾默生在采购过程中作为一个买家变得更"咄咄逼人"？

（资料来源：周建华. 艾默生IT战略采购计划，神奇的"价格管理系统". 2006-03-13. http://biz.163.com/06/0313/09/2C38T1R800020QDM. html）

第六章

采 购 谈 判

学习目标

1. 了解采购谈判的重要性。
2. 掌握采购谈判的步骤及注意事项。
3. 了解采购谈判的技巧。

◆ 导入案例

案例一　发挥优势　寸土必争
——国美电器与西门子公司的谈判全程

众所周知，西门子家电集团产品的销售额一直名列世界前茅，其"白色家电"在全世界享有悠久的历史和盛誉。国美电器在中国家电连锁业拥有独特的全国连锁家电经营模式，其庞大的销售网络，帮助其销售额在全国家电连锁业中名列前茅。作为同样优秀的企业，只有强强联手，共同努力，才能共同发展。

2002 年圣诞节前夕，国美采购中心一行远赴西门子公司中国总部所在地——江苏南京，此行意在洽谈 2003 年度双方合作事宜及确定双方全国协议框架的内容。

第一轮谈判——中国·南京

西门子公司极为重视此次谈判，派出了由全国销售总经理吴建科及西北、华南、东北、华北区域经理组成的谈判小组迎接国美代表团。在经过一些礼节性仪式后，双方展开了第一轮激烈的谈判。西门子公司提出了不切合实际的政策要求，国美方对此提出异议，并要求调整销售规模，提高综合利润，为此双方据理力争，经过了历时两天的艰苦谈判，终于初步达成共识。

第二轮谈判——中国·北京

一个月后，在双方基本达成共识的基础上，西门子公司谈判小组马不停蹄地来到国美总部所在地北京，双方进行进一步的洽谈。国美采购中心总经理带领冰洗部部长等人热情接待，就上次谈判分歧点再度进行洽谈。国美方陈明利害，寸土必争，最终达成了符合公司整体合作要求的优惠政策，并迫使西门子一方打破常规，签订了国美标准文本的合同，这为双方未来的长期合作奠定了良好的基础。

案例解析：

这是国美采购中心与西门子公司 2003 年的采购谈判案例。国美采购中心之所以在这次谈判中能取得胜利，归因于以下几个方面：

一、充分的准备是采购谈判取得胜利的关键

国美采购中心之所以在这次谈判中能取得胜利，归功于在谈判前所做的缜密准备，知己知彼方能百战百胜。具体包括以下环节：

（1）充分了解国美电器各分公司 2002 年整体销量及存在的问题，确定国美 2003 年与西门子合作的整体思路。

（2）对历年来西门子在华的销售情况及在国美系统内的销售情况进行了汇总、分析对比。

（3）通过市场调研及多方渠道了解西门子产品的发展趋势，根据以上数据来确定 2003 年国美与西门子的合同规模。

（4）多方面调查西门子给予其他经销商的返利政策，结合 2003 年的合同规模，确定 2003 年西门子应给予国美的利润点。

（5）根据西门子公司市场占有率及顾客的口碑，明确提出双方在 2003 年的共同营销方案。

由于谈判前国美公司进行了以上充足的准备，使西门子公司对国美公司的合作诚意和采购人员的业务水平给予了高度评价，而对其经营中存在的问题和双方共同营销方案的提出，也对对方产生了极大的诱惑，这些都为谈判的顺利进行打下了基础。

二、发挥优势，掌握先机，乘胜追击

在谈判中，必须充分了解自身的优势所在，充分利用优势，向谈判方争取更多利益。

（1）规模优势。国美电器在全国的 15 个地区拥有 100 多家商城，全年的销售规模在 100 多亿元，采购规模动辄上亿元，这样的规模是任何其他商家所不具备的，同时也为厂家提供了巨大的销售平台。

（2）成本优势。国美电器为集团采购，以北京分公司为例，2002 年有门店 12 家，而只需 1 名业务人员就可以完成全部调配工作。而如果是 12 家商场，无论是运输还是仓储人员调配成本都会相应增加，这必然会为厂家节约一笔不菲的费用。

（3）营销优势。无论是从新闻造势、广告宣传还是门店促销，国美电器都在同行业内处于领先地位，同时国美与各个家电品牌不定期举办的共同营销活动，不仅能提升销售量，而且能提高这些品牌在当地市场的品牌形象和美誉度。采购中心紧紧把握住了市场脉搏，努力从厂家为企业争取更多的资源，取得最优厚的销售政策，为企业长期稳定、快速发展做出了自己的贡献，保证国美在全国家电连锁业的龙头地位。

案例二　中国某进出口公司与日本某株式会社的谈判

日本某株式会社生产的农业加工机械正是中国急需的关键性设备。几年前，为了进口这些设备，中国某进出口公司的代表与日本方面在上海进行了一场艰苦的谈判。按照惯例，由日本方面先报价，他们狮子大开口，开价 1000 万美元。中方谈判代表事先做了精心的准备，充分掌握了与谈判标的有关的种种情报，知道日方的报价大大超出了产品的实际价格，便拒绝说："根据我们对同类产品的了解，贵公司的报价只能是一种参考，很难作为谈判的基础。"

日方代表没有料到中方会马上判断出价格过高，有点措手不及，便答非所问地介绍其产品的性能与质量。中方代表故意用提问法巧妙地拒绝道："不知贵国生产此类产品的公司一共有几家，贵公司的产品价格高于贵国××牌的依据是什么？不知国际上生产此类产品的公司一共有几家，贵公司的产品价格高于××牌的依据又是什么？"

中方代表的提问使日方代表非常吃惊，日方主谈笑着打圆场，做了一番解释，同意削减100万美元。中方主谈根据掌握的交易信息，并且以对方不经请示就可以决定降价10%的让步信息作为还价的依据，提出750万美元的还价，但马上遭到了日方的拒绝，谈判陷入了僵局。

为了打开谈判的局面，说服日方接受中方的要求，中方代表郑重地指出："这次引进，我们从几个国家的十几家公司中选中了贵公司，这已经说明了我们对成交的诚意。"接着，中方代表以掌握的详细情报为依据，开始摆事实讲道理："你们说价格太低，其实不然。此价虽然比贵公司销往澳大利亚的价格稍低一点，但由于运费很低，所以总的利润并没有减少。"

中方代表侃侃而谈，面对中方的准确情报，日方代表哑口无言，不知说什么才好。为了帮助日方代表下决心，中方代表拿出了撒手锏——制造竞争："更为重要的是，××国、××国出售同款产品的几家公司，还正在等待我方的邀请，迫切希望同我方签订销售协议。"说完，中方主谈随手将其他外商的电传递给了日方代表。

在中方代表的强大攻势面前，日方代表不得不败下阵来，他们被中方所掌握的详细情报和坦诚的态度所折服，感到中方的还价有理有据，无可挑剔，只好握手成交。

在这场激烈的交锋中，中方代表之所以能够获得极大的成功，关键是因为他们掌握了大量而详细的"与谈判标的有关的情报"，并巧妙地用这些情报为谈判服务。

采购人员如果不清楚自己的谈判目标，那么他的谈判地位将会受影响。这种情形经常发生，常言道："买的没有卖的精。"从总体而言，销售人员比采购人员有着更扎实的技能培训，而采购人员常常不可能为所有的谈判都做好充足的准备。因此，在谈判主题明确的情况下，肯定是有着详细信息的销售人员占上风。那么，采购人员在每次正式谈判之前应该清楚什么问题呢？

第一节 采购谈判的含义及适用条件

一、采购谈判的含义

采购谈判是谈判的一种。采购谈判是指企业为采购商品，作为买方与卖方厂商对购销业务有关事项，如商品的品种、规格、技术标准、质量保证、订购数量、包装要求、售后服务、价格、交货日期与地点、运输方式、付款条件等进行反复磋商，谋求达成协议，建立双方都满意的购销关系。

二、采购谈判的适用条件

采购谈判主要适用于下列几种情况：

（1）结构复杂、技术要求严格的成套机器设备的采购，在设计制造、安装、试验、成本价格等方面需要通过谈判进行详细的商讨和比较。

（2）多家供货厂商互相竞争时，采购谈判使愿意成交的个别供货厂商在价格方面做出较大的让步。

（3）采购的商品供货厂商不多，但企业可以自制或向国外采购，或可用其他替代商品，通过谈判，可帮助企业做出有利的选择。

（4）需用的商品经公开招标，但开标结果在规格、价格、交货日期、付款条件等方面无一供货厂商能满足要求时，可通过谈判再做决定，但在公开招标时，应预先声明开标结果达不到招标要求时，须经谈判决定取舍。

（5）需用的商品，在原采购合同期满、市场行情有变化并且采购金额较大时，应通过谈判提高采购质量。

第二节　采购谈判的分类

一、从形式角度划分

从形式角度划分，采购谈判可分为横向式采购谈判和纵向式采购谈判。

（一）横向式采购谈判

横向式采购谈判是指在确定谈判所涉及的主要问题后，开始逐个讨论预先确定的问题，当在某一问题上出现矛盾或分歧时，就把这一问题放在后面，讨论其他问题，如此周而复始地讨论下去，直到所有内容都谈妥为止。一般来说，大型谈判、涉及两方以上人员参加的谈判，大都采用横向式采购谈判的形式。

1. 横向式采购谈判的优点

（1）议程灵活，方法多样，不过分拘泥于议程所确定的谈判内容，只要有利于双方的沟通与交流，可以采取任何形式。

（2）多项议题，同时讨论，有利于寻找变通的解决办法。

（3）有利于更好地发挥谈判人员的创造力、想象力，能更好地运用谈判策略和谈判技巧。

2. 横向式采购谈判的缺点

（1）加剧双方的讨价还价局势，容易促使双方做出对等让步。

（2）容易使谈判人员纠缠在枝节问题上，而忽略了主要问题。

（二）纵向式采购谈判

纵向式采购谈判是指在确定谈判的主要问题后，逐个讨论每一问题和条款，讨论一个问题，解决一个问题，一直到谈判结束。例如，一项产品交易谈判，双方确定出价格、质量、运输、保险、索赔等几项主要内容后，开始就价格进行磋商。如果价格确定不下来，就不谈其他条款。只有价格谈妥之后，才依次讨论其他问题。规模较小、业务简单，特别是双方已有过合作历史的谈判，可采用纵向式采购谈判的方式。

1. 纵向式采购谈判的优点

（1）程序明确，能够把复杂问题简单化。

（2）每次只谈一个问题，讨论详尽，解决彻底。

（3）避免多头牵制、议而不决的弊病。

（4）适用于原则性谈判。

2. 纵向式采购谈判的缺点

（1）议程确定过于死板，不利于双方的沟通与交流。

（2）讨论问题时不能相互通融，当某一问题陷入僵局后，不利于其他问题的解决。

（3）不能充分发挥谈判人员的想象力、创造力，不能灵活、变通地处理谈判中的问题。

二、从立场角度划分

从立场角度划分，采购谈判可分为硬式谈判、软式谈判和价值式谈判。

（一）硬式谈判

硬式谈判也称立场型谈判，是谈判者以意志力的较量为手段，很少顾及或根本不顾及对方的利益，以取得己方胜利为目的的立场坚定、主张强硬的谈判方式。这种谈判，视对方为劲敌，强调谈判立场的坚定性，强调针锋相对；认为谈判是一场意志力的竞赛，只有按照己方的立场达成的协议才是谈判的胜利。硬式谈判适用于一次性交往，这种谈判必然是"一锤子买卖"或者谈判双方实力相差悬殊的情况。

硬式谈判的特点如下：

（1）把谈判对手视为敌人。

（2）对人对事均采取强硬态度。

（3）其目标是单纯满足自身需要，以取得对方让步、自身受益作为达成协议、建立关系的条件。

（4）不惜手段对对方施加高压和威胁。

（二）软式谈判

软式谈判也称关系型谈判，是一种为了保持同对方的某种关系所采取的退让与妥协的谈判方式。这种谈判，不把对方当成对头，而是当作朋友；强调的不是要占上风，而是要建立和维持良好的关系。

软式谈判的特点如下：

（1）把对方当朋友。

（2）目标是追求某种虚假的名誉地位或维持某种单相思的良好关系。

（3）只提出自己的最低要求，生怕刺痛对方和伤害与对方的感情。

（4）不敢固守自己的正当利益，常以自己的单方面损失使谈判告终。

（5）屈服于对方的压力。

（6）达成协议的手段是向对方让利、让步，对方得寸进尺也不阻挡，无原则地满足对方的贪婪欲望。

（三）价值式谈判

价值式谈判最早由美国哈佛大学谈判研究中心提出，故又称哈佛谈判术。价值式谈判的参加者把对方看作与自己并肩合作的同事，既非朋友更非敌人；他们不像软式谈判那样只强调双方的关系而忽视己方利益的获取，也不像硬式谈判那样只坚持己方的立场，不兼顾双方的利益，而是竭力寻求双方利益上的共同点，在此基础上设想各种使双方各有所获的方案。首先，价值式谈判要求谈判双方能够仔细地在冲突性立场的背后努力寻求共同的利益；其次，谈判双方处于平等的地位，没有咄咄逼人的优势，也没有软弱无力的退让。

价值式谈判的特点如下：

（1）谈判中对人温和、对事强硬，把人与事分开。

（2）主张按照共同接受的客观公正的原则和公平的价值来取得协议，而不是简单地就具体问题讨价还价。

（3）谈判中开诚布公而不施诡计，追求利益而不失风度。

（4）努力寻找共同点，消除分歧，争取共同满意的谈判结果。价值式谈判是一种既理性又富有人情味的谈判态度与方法。

三、从目的角度划分

从目的角度划分，采购谈判可分为协议导向型谈判、单方有利型谈判以及双输谈判。

（一）协议导向型谈判

协议导向型谈判是指在双方实力和谈判能力相当、彼此各有所求又希望坦诚合作的前提下为找到满足双方需要的方案所进行的谈判。协议导向型谈判强调的是：通过谈判，不仅要找到最好的方法去满足双方的需要，而且要解决责任和任务的分配，如成本、风险和利润的分配。协议导向型谈判的结果是：你赢了，但我也没有输。

协议导向型谈判的特点如下：

（1）双方的谈判实力达到基本的平衡。

（2）谈判双方之间容易形成轻松愉快的气氛，直接提出交易条件，从心理情绪因素上降低谈判的难度。

（3）谈判双方不计小处得失，均以终极目标的实现为宗旨。

（二）单方有利型谈判

单方有利型谈判是指谈判双方实力悬殊或各有所强，一方企图使另一方做出重大让步而后达成协议的谈判。

单方有利型谈判的特点是，谈判中一方的实力明显强于另一方的实力，在谈判中，实力强的一方相当多地考虑使谈判的每一步对己有利，在不断争取利益的同时，也尽量使对方感到满意。

（三）双输谈判

双输谈判是指谈判人在谈判过程中对交易结果立足于破裂的谈判目标定位，即谈判人以谈判可能破裂，交易可能无结果作为谈判定位。

双输谈判具有如下特点：

（1）苛刻性。在谈判过程中，谈判人表现为高度刁钻，立场强硬，要价高，不怕谈判破裂，交易丧失。在谈判中贯穿"极端利己主义"，造成一种极为苛刻的、让对方难以忍受的形势。这种形势趋向多为谈判破裂，从而形成双输定位。

（2）僵硬性。一时的苛刻，还会给谈判双方带来谈判的一线希望，如果苛刻的条件伴之僵硬性，谈判也就无意义了。双输定位的谈判人，苛刻性和僵硬性是同时存在的，坚持苛刻的条件而不改变，甚至在苛刻之上再加强硬。

（3）偶然性。谈判组织中持双输定位也有合作的偶然性。通常，双输定位，无论是双方还是单方持该定位，其谈判结果多为破裂。但也有偶然的例外，当谈判人以镇定定位为策略，置之死地而后生时，或在谈判出现一定程度的基础时，交易条件会出现显著变化，有一方因故做出重大让步，该定位就会发生变化，谈判结果会由"破"变"合"。

第三节　采购谈判的前期工作

采购谈判是指企业在采购时与供应商所进行的贸易谈判。良好的谈判是采购目标实现的重要影响因素。

采购谈判的前期准备阶段无疑是谈判中最重要的阶段之一，为一个重要的谈判花较长时间特意去准备是必要的，特别是对于高价值、高风险的关键型物品，而对于那些低价值、低风险的不重要的采购类型而言，准备阶段的时间可以大大减少。准备阶段一般包括确立采购谈判的目标和做好采购谈判前的准备。

一、确立采购谈判的目标

并不是每次采购都需要谈判，一般只有在采购涉及大量金额或技术，或其他重要条款需要协商、双方需要持续合作，以及在提供产品、服务方面存在风险时，采购方与供应方才需要坐下来就具体事项商谈和协商。

采购谈判要实现的主要目标如下：

（一）降低采购成本

通过采购谈判，可以以比较低的采购价格获取供应商的产品和服务，降低采购费用，还可以以比较低的进货费用获取供应商的交货，如时间、地点和运输方式等方面的不同选择就会直接影响采购的费用。

（二）保证产品质量

通过采购谈判，可以争取保证产品质量。产品质量是采购最主要的谈判议题，在谈判过程中要尽可能地关注产品质量，让供应商确实把好产品的质量关，只有这样采购方才有可能获取可靠优质的产品。

（三）获取优惠

伴随着产品和服务的购买会有不同程度的优惠，如准时交货、免费送货、技术咨询、安装调试、现场指导和售后保障等。通过采购谈判尽可能地争取各方面的利益。

（四）希望在发生物资差错、事故或损失时获得合适的赔偿

当发生纠纷时，能够妥善解决，不影响双方的关系。采购过程中产生的纠纷，如交货的延期、货品的丢失等，最好通过采购谈判进行解决，达成共识，当出现事故时，有据可查，简约处理，这对采购谈判的双方都有利。

二、做好采购谈判前的准备

"凡事预则立，不预则废"，采购谈判也是如此，一场谈判是否能够取得圆满的结果，要依赖多方面的因素。准备工作做得如何，在很大程度上决定了谈判的进程及其结果，有经验的谈判者都十分重视谈判前的准备工作。一些规模较大的重要谈判，谈判者往往提前几个月或更长时间做精心的准备。总体上讲，采购部门是否对谈判组织周密严谨，谈判前是否做了充分的准备，是否对商品使用预测、供应商成本情况了解，这些对谈判结果都有重大影响。同时，有关的谈判背景、谈判内容、谈判的人员和分工等都需要提前考虑。

（一）预测

（1）需求量预测。采购员要对企业本次采购需求量了解清楚，还要对未来需求量做出合理的预测。

（2）什么需要供应商协助。预测在与供应商合作的过程中，哪些是需要供应商做的，如质量要求、包装要求、运输要求及对其他服务有什么特别要求等。

（3）掌握特殊重大事件。比如天气、灾害或罢工等对采购工作的影响。

（4）价格趋势。谈判前尽可能弄清楚对方商品或者服务的价格水平，在了解的基础上，对对方的成本价格进行分析预测，了解其变化趋势，从而为制定采购底价奠定基础。

（二）学习

（1）从企业过去采购的历史资料中学习产品的采购规格要求、数量及价格等，了解过去采购中有什么问题。

（2）通过网络、电话访问和实地考察等途径开展供应商调查，了解主流供应商的基本情况。

（3）加强对产品相关知识的学习，特别是要能清晰准确地描述产品的规格。

（4）对相关产品的生产成本和价格资料进行收集与学习。

（三）分析

1. 采购优劣势分析

开展采购优劣势分析，分析双方的优势和劣势，如表6-1所示。

表6-1　采购优劣势分析

买方占优势	卖方占优势
1. 采购数量占供应商的生产能力的比率较大	1. 采购数量占供应商生产能力的比率较低
2. 供应商生产能力的成长超过买方需求的成长	2. 买方需求的成长超过供应商生产能力的成长
3. 供应商生产能力利用率偏低	3. 供应商生产能力利用率较高
4. 卖方市场竞争激烈，而买方并无指定的供应来源	4. 买方市场竞争激烈，而买方并无指定的供应来源
5. 买方最终产品的获利率高	5. 买方最终产品的获利率低
6. 物料成本占产品售价的比率低	6. 物料成本占产品售价的比率高
7. 断料停工损失成本少	7. 断料停工损失成本多
8. 买方自制能力强，而且自制成本低	8. 买方自制能力差，而且自制成本高
9. 采用新来源的成本低	9. 采用新来源的成本高
10. 买方购运时间充足，而卖方急于争取订单	10. 买方购运时间不充足，而卖方不急于争取订单

2. 成本分析

价格和成本实际上是每个谈判的核心要素。建立准确的成本模型有助于准确了解成本构成，这些信息在谈判中是非常有用的。一般来说，为了建立一个成本模型，必须了解价格与成本的关系，价格（总成本）主要由原材料的成本、直接劳动力成本、管理费用及利润构成。

可以要求供应商提供这些成本的细目，即使供应商照做了，也要亲自评估和证实这些成本的真实性。也可以通过比较不同供应商的成本来推断相关供应商成本的真实性。

第四节 采购谈判的基本原则、特点和内容

一、采购谈判的基本原则

（一）合作原则

美国哲学家格赖斯于 1967 年在哈佛大学的演讲中提出，为了保证谈判的顺利进行，谈判双方必须共同遵守一些基本原则，特别是所谓的"合作原则"（Cooperative Principle）。概括而言，合作原则就是要求谈判双方以最精练的语言表达最充分、真实相关的信息。合作原则包括四个准则（Maxim）：

（1）量的准则（Quantity Maxim）。量的准则要求所说的话包括交谈所需要的信息，不应包含无关的信息。

（2）质的准则（Quality Maxim）。质的准则要求不要说自知是虚假的话，不要说缺乏足够证据的话。

（3）关系准则（Relevant Maxim）。关系准则要求所说的话内容要关联并切题，不要漫无边际地胡说。

（4）方式准则（Manner Maxim）。方式准则要求清楚明白，避免晦涩、有歧义，要简练、井井有条。

供需双方在谈判时，总是希望双方能相互理解、共同配合，早日完成谈判，达到各自的目的，因此都会遵守合作原则，以求实现这个愿望。当然，同样是遵守合作原则的谈判，不同说话人在不同场合会对不同的准则有所侧重。比如在谈判中，当双方讨论到买卖商品的品质、规格等时，双方都会把"质"的准则放在首位，力求所说的话真实、有根据，同时也会顾及其他准则，如"方式"准则强调所说的话清楚、完整，避免引起歧义。

（二）礼貌原则

人们在谈判过程中，为了实现各自的目的，保持良好的关系，一般都会遵循合作原则，当然还会遵守礼貌原则。

礼貌原则（Politeness Principle）包括六个准则：

（1）得体准则（Tact Maxim）。得体准则是指减少表达有损于他人的观点。

（2）慷慨准则（Generosity Maxim）。慷慨准则是指减少表达利己的观点。

（3）赞誉准则（Approbation Maxim）。赞誉准则是指减少表达对他人的贬损。

（4）谦逊准则（Modesty Maxim）。谦逊准则是指减少对自己的表扬。

（5）一致准则（Agreement Maxim）。一致准则是指减少自己与别人在观点上的不一致。

（6）同情准则（Sympathy Maxim）。同情准则是指减少自己与他人在感情上的对立。

合作原则与礼貌原则互为补充。谈判中经常会出现这样的现象：一方对另一方的观点并不赞同，但是在表达不同意见之前，往往会先部分或笼统地赞成对方的观点。在这里，该谈判者遵守礼貌原则的一致准则和赞誉准则，放弃了合作原则中的质的准则。在上述情况下，另一方的谈判者就不能只从字面上去理解对方的回答了，他必须透过对方的话语表面意义去设法领会对方话语中的深层意义，寻求对方在什么地方体现着合作原则，进而体会对手言语之外的意思。

在采购谈判中，谈判双方虽然站在各自的立场，处于对立的状态，但他们的最终目的都是希望谈判能获得成功，为此，他们都尽量遵守合作原则，以显示自己的诚意，确保谈判的顺利进行。但由于种种原因，如谈判策略的需要、各自的立场不同等，他们又经常性地违反某些原则，这时，其对手就需揣度其弦外之音，以决定自己的应对之策，这不仅是智慧的较量，也是语言运用和理解能力的较量。

二、采购谈判的特点

(一) 合作性与冲突性并存

由于采购谈判是建立在双方利益既有共同点，又有分歧点这样的基础上的，因此，从其特点来说，就是合作性和冲突性并存。

合作性表明双方的利益有共同的一面，冲突性表明双方的利益又有分歧的一面。作为谈判人员要尽可能地加强双方的合作性，减少双方的冲突性。但是，合作性和冲突性是可以相互转化的，如果合作性的比例加大，冲突性的比例将会减小，那么谈判的可能性就大；反之，如果冲突的一面通过洽谈没有能够得到解决或减少，那么谈判就有可能失败。采购人员可以在事前将双方意见的共同点和分歧点分别列出，并按照其在谈判中的重要性分别给予不同的权重和分数，根据共同点方面的分数和分歧点方面的分数比较来预测谈判成功的概率，并决定如何消除彼此的分歧。

(二) 原则性与可调整性并存

原则性是指谈判双方在谈判中最后退让的界限，即谈判的底线。通常谈判双方在弥合分歧方面彼此都会做出一些让步，但是，让步不是无休止的和任意的，而是有原则的，超过了原则性所要求的基本条件，让步就会给企业带来难以承受的损失，因而，谈判双方对重大原则问题通常是不会轻易让步的，退让是有一定限度的。

可调整性是指谈判双方在坚持彼此基本原则的基础上，可以向对方做出一定的让步和妥协。作为采购谈判，如果双方在所有的谈判条件上都坚持彼此的立场，不肯做出任何的让步，那么谈判是难以成功的。因此，在采购谈判中，原则性和可调整性是同时并存的。作为谈判人员，要从谈判中分析双方的原则性的差距大小，并分析是否可以通过谈判调整双方的这种差距，使谈判成功。在原则性方面的差距越大，谈判的任务越艰巨，因为原则的调整和改变是非常困难的，所以，在原则性方面的差距较大的情况下，谈判人员要有充分的心理准备，既要艰苦努力，采取种种手段来消除或缩小这种差距，也要做好谈判失败的应变措施。

(三) 经济利益中心性

采购谈判是商务谈判的一种类型，在采购谈判中，双方主要围绕着各自的经济利益作为谈判中心。作为供应商，希望以较高的价格出售，使己方得到较多的利润；而作为采购方，则希望以较低的价格购买，使己方降低成本。因此，谈判的中心是各自的经济利益，而价格在谈判中作为调节和分配经济利益的主要杠杆就成为谈判的焦点。

经济利益中心性是所有商务谈判的共性，它不同于政治谈判、外交谈判等，在这些谈判中，需要考虑许多方面的问题，要在许多利益中进行平衡和做出选择，因而使谈判更为艰难。当然，谈判中经济利益中心性并不意味着不考虑其他利益，而是说相对于其他利益，经济利益是首要的，是起支配作用的。

三、采购谈判的内容

（一）货物的数量条件

货物的数量是采购合同不可缺少的主要条件之一，也是交易双方交接货物的依据，必须根据供方和需方的实际情况磋商确定。

（二）货物的质量条件

只有明确了货物的质量条件，谈判双方才有谈判的基础，也就是说，谈判双方首先应当明确希望交易的是什么货物。在规定货物质量时，可以用规格、等级、标准、产地、型号、商标、货物说明书和图样等方式来表达，也可以用一方向另一方提供货物实样的方式来表明己方对交易货物的品质要求。

（三）货物的价格条件

在国内货物买卖中，谈判双方在货物的价格问题上主要就价格的高低进行磋商。而在国际货物买卖中，货物的价格表示方式除了要明确货币种类、计价单位以外，还应明确以何种交易术语成交。

（四）货物的交货条件

货物的交货条件是指谈判双方就货物的运输方式、交货时间和地点等进行的磋商。而货运保险条件的确定则需要买卖双方明确由谁向保险公司投保、投保何种险别、保险金额如何确定，以及依据何种条款办理保险等。

（五）货款的支付条件

货款的支付条件主要涉及支付货币和支付方式的选择。在国际货物买卖中，使用的支付方式主要有汇付、托收、信用证等。不同的支付方式，买卖双方可能面临的风险大小不同，在进行谈判时，应根据情况慎重选择。

（六）检验、索赔、不可抗力和仲裁条件

检验、索赔、不可抗力和仲裁条件有利于买卖双方解决争议，保证合同的顺利履行，维护双方的权利，是国际货物买卖谈判中必然要商议的交易条件。

第五节　采购谈判的程序

采购谈判的程序可分为准备阶段、开局阶段、磋商阶段和成交与签约收尾阶段。

一、采购谈判的准备阶段

（一）采购谈判资料的收集

要分析自己和对手的优势和劣势，需要收集信息。如果买方和卖方之前有过采购合同的谈判，这个过程就不会那么困难了。在这种情况下，买方可能已经对许多重要问题有了答

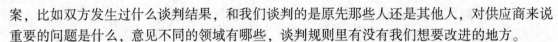

案，比如双方发生过什么谈判结果，和我们谈判的是原先那些人还是其他人，对供应商来说重要的问题是什么，意见不同的领域有哪些，谈判规则里有没有我们想要改进的地方。

（1）采购谈判需求分析。采购谈判需求分析就是要在采购谈判之前弄清楚企业需要什么、需要多少、到货时间等，最好能够列出企业物料需求分析清单。

（2）了解企业在市场竞争中的地位和发展规划。企业在市场竞争中的地位和发展规划是采购谈判中不可缺少的谈判筹码。

（3）正确理解上级谈判授权。正确理解上级领导授权，利用授权同供应商展开谈判，必要时利用权力限制方式取得谈判主动。

（二）采购资源市场调查

在分析了采购需求之后，就要对资源市场进行一番调查分析，获得市场上有关物资的供给、需求等信息资料，为采购谈判的下一步决策提供依据。目标市场调查通常包括以下内容：

（1）企业通过对所需原材料在市场上的总体供应状况的调查分析，可以了解该原材料目前在市场上的供应情况。买方应根据市场供求关系变化，制定不同的采购谈判方案和方式。例如，当该原材料在市场上供大于求时，买方采购谈判筹码就多，议价能力就强。

（2）作为采购方，在调查原材料市场供求情况时要了解的信息，包括该类原材料的各种型号在过去几年的供求及价格波动情况；该类原材料的需求程度及潜在的供应渠道；其他购买者对此类新、老原材料的评价及对价格走势的预期等，使自己保持清醒的头脑，在谈判桌上灵活掌握价格谈判的主动权。

（三）采购谈判对手情报的收集

1. 采购谈判对手资信情况收集

调查供应商的资信情况，包括以下两个方面：

（1）要调查对方是否具有签订合同的合法资格，在对对方的合法资格进行调查时，可以要求对方提供有关的证明文件，如成立地注册证明、法人资格等，也可以通过其他途径进行了解和验证。

（2）要调查对方的资本、信用和履约能力。对对方的资产、信用和履约能力进行调查，资料的来源可以是公共会计组织对该企业的年度审计报告，也可以是银行、资信征询机构出具的证明文件或其他渠道提供的资料。

2. 采购谈判对手谈判作风和特点情况收集

采购谈判作风实质是采购谈判者在多次谈判中表现出来的一贯风格。了解采购谈判对手的谈判作风，可对预测谈判的发展趋势和谈判对手可能采取的方式以及制定己方的谈判方式提供重要的依据。

3. 信息资料整理与分析

在通过各种渠道收集到以上有关信息资料以后，还必须对它们进行整理和分析。这里主要做两个方面的工作：

（1）鉴别资料的真实性和可靠性，即去伪存真。在实际工作中，由于各种各样的原因和限制因素，在收集到的资料中往往存在着某些资料比较片面、不完全的情况，有的甚至是虚假的、伪造的，因而必须对这些初步收集到的资料做进一步的整理和筛选。

（2）鉴别资料的相关性和有用性，即去粗取精。在资料具备真实性和可靠性的基础上，结合谈判项目的具体内容与实际情况，分析各种因素与该谈判项目的关系，并根据它们对谈判的相关性、重要性和影响程度进行比较分析，并依此制定出具体的切实可行的谈判策略。

（四）采购谈判议程的安排

1. 采购谈判地点的选择

采购谈判地点可以选择在己方所在地，也可选择在对方所在地，还可以选择在双方之外的第三地。

采购谈判地点选择在己方所在地的优点有：以逸待劳，无须熟悉环境这一过程，可以根据谈判形势的发展随时调整谈判计划、人员、目标等；营造氛围，通过真诚关心对方促使谈判成功。

采购谈判地点选择在己方所在地的缺点有：要承担烦琐的接待工作，谈判可能常受己方领导的制约，不能使谈判小组独立工作。

采购谈判地点选择在对方所在地的优点有：不必承担接待工作，全心投入谈判；可以顺便考察对方的生产经营状况，获得第一手资料；遇到敏感性问题，可以推说资料不全委婉拒绝答复。

采购谈判地点选择在对方所在地的缺点有：要有一个适应对方环境的过程，谈判中遇到困难容易产生不稳定情绪，影响谈判结果。

采购谈判地点选择在双方之外的第三地的优点有：对双方来说都感到较为公平合理，有利于缓和双方的关系。

采购谈判地点选择在双方之外的第三地的缺点有：因为都远离自己的所在地，在谈判准备上会有所欠缺，难免产生争论，影响效率。

2. 采购谈判现场的布置与安排

最好准备三个房间，一间作为主谈判室，另两间作为双方的休息室。座位的安排应认真考虑。

3. 采购谈判时间的安排

采购谈判的准备要充分，要注意给谈判人员留有准备时间，以防仓促上阵。不要把谈判安排到对方明显不利的时间进行。要考虑谈判人员的身体和情绪状况，避免谈判人员在身体不适、情绪不佳时进行谈判。

（五）采购谈判队伍的组选

采购谈判队伍的组选要根据谈判内容、重要性和难易程度来组织，根据对方的具体情况来组队。采购谈判队伍的配备要满足多学科、多专业的知识结构互补与综合，可以群策群力，集思广益，形成集体的进取与抵抗力量。

（六）采购谈判目标的选择

采购谈判目标要以获得需要的原材料、零部件和产品为必须达到的目标；价格水平、经济效益为中等目标；售后服务为最高目标。

（七）采购谈判策略的制定

制定采购谈判策略，就是制订采购谈判的整体计划，从而在宏观上把握谈判的整体进程。

二、采购谈判的开局阶段

在采购谈判准备阶段之后，采购谈判双方就进入面对面谈判的开始阶段，即谈判的开局阶段。在这一阶段中，谈判双方对谈判尚无实质性的感知认识，各项工作千头万绪，免不了会遇到新情况，碰到新问题。因此，在这个阶段一般不进行实质性谈判，而只是进行见面、介绍、寒暄以及谈判一些不是很关键的问题。这一阶段虽然只占整个谈判程序中很小的部分，但是却很重要。

在采购谈判的开局阶段，需要做好以下几项工作：

（一）营造和谐的采购谈判气氛

（1）谈判者要在采购谈判气氛形成过程中起主导作用。

（2）心平气和，坦诚相见。

（3）不要在一开始就设计有分歧的议题。

（4）不要刚一见面就提出要求。

（二）正确处理采购谈判开局阶段的"破冰"期

这一阶段，要注意以下几个问题：

（1）行为、举止和言语不要太生硬，使感情自然流露。

（2）说话不要唠叨。

（3）不要急于进入正题。

（4）不要与采购谈判对手较劲。

（5）不要举止轻狂。

（三）探测采购谈判对手的情况

这一阶段，要注意以下几个问题：

（1）最好让采购谈判对手先谈看法。

（2）当采购谈判对手在谈判开局发言时，要察言观色。

（3）绝不要一开始便透露谈判底线。

（4）绝不能接受采购谈判对手的起始要求。

（5）绝不在获得同等报酬之前做出让步。

（6）绝不暴露自己的弱点，但要设法发现采购谈判对手的弱点。

（7）绝不泄露过多的信息，而应让他们不断猜测。

（8）尽早在采购谈判中抢占先机，并且维持这个地位。

最初提出的要求要高一些，给自己留出回旋的余地。在经过让步之后，你所处的地位定比低起点要好得多。

三、采购谈判的磋商阶段

采购谈判双方都渴望通过谈判实现自己的既定目标，采购谈判策略是在谈判中扬长避短和争取主动的有力手段。这就需要谈判人员认真分析和研究谈判双方各自的优势和弱势，即对比双方的谈判"筹码"。在掌握双方的基本情况之后，若要最大限度地发挥自身优势，争取最佳结局，就要机动灵活地运用谈判策略。要善于利用矛盾，寻找对自己最有利的谈判条件。

采购谈判磋商一般分为询盘、发盘、还盘、接受四个阶段。

（一）询盘阶段

此阶段为谈判的初级阶段，谈判双方彼此应充分沟通各自的利益需要，申明能够满足对方需要的方法与优势所在。此阶段的关键步骤是弄清对方的真正需求，因此主要的技巧就是多向对方提出问题，探询对方的实际需要。

（二）发盘阶段

要根据情况申明我方的利益所在，提出我方的条件，按照提出的条件继续磋商。

（三）还盘阶段

此阶段为谈判的中级阶段，双方彼此沟通，往往申明了各自的利益所在，了解了对方的实际需要。谈判中双方需要想方设法去寻求更佳的方案，为谈判各方找到最大的利益，这一步骤就是创造价值。

（四）接受阶段

此阶段往往是谈判的攻坚阶段。谈判的障碍一般来自两个方面：一个是谈判双方彼此利益存在冲突；另一个是谈判者自身在决策程序上存在障碍。前者需要双方按照公平合理的客观原则来协调利益；后者需要谈判无障碍的一方主动去帮助另一方顺利决策。

知识拓展

谈判磋商策略

1. 应当在谈判桌上保持风度

（1）讲究礼貌。在谈判过程中切不可意气用事、举止粗鲁、表情冷漠、语言放肆、不懂得尊重谈判对手。在任何情况下，谈判者都应该待人谦和，彬彬有礼，对谈判对手友善相待。

（2）争取双赢。谈判往往是一种利益之争，因此谈判各方无不希望在谈判中最大限度地维护或者争取自身的利益。然而从本质上来讲，真正成功的谈判，应当以有关各方的相互让步为结局，使有关各方互利互惠，互有所得，实现双赢。

2. 谈判时间技巧

为了有效掌控谈判时间，谈判者可以提前拟定一个时间表，以此来规范对方，避免为我方带来时间压力。你可以用制定的时间表随时提醒自己"我们该做什么"，同时要保证谈判的进度比时间底线稍微提前一点。

掌控谈判时间还要做好时间成本的管理，要考虑以下问题：最后期限是否不能逾越？如果逾期，后果如何？需付出何种代价？我方可以承担的风险成本底线是什么？

3. 谈判说服三部曲

在谈判过程中，要想说服对方，就要设法找到对方的弱点。如心态、同乡关系、时间紧迫等因素都可能是对方的弱点，只要有的放矢，胜利就在眼前。

（1）拥有特质。即通过个人形象和专业素质营造一种良好的谈判氛围，产生一种感官上的说服力。

（2）拿出打动人的理由。打动人的理由包括正面诱因和反面诱因，能够提供给对方的利益叫正面诱因，如果不合作可能带给对方的不利影响叫反面诱因，将这二者结合起来可以从两个方面引导对方合作。

（3）拿出证据。这里的证据包括统计数字、实验报告等，通过这些证据向对方说明利害关系，使其与我方合作。

四、采购谈判成交与签约收尾阶段

经过上述阶段的谈判，双方的交易条件达成一致，然后以书面的方式将双方达成一致的交易条件、双方的权利和义务明文规定下来，以便执行；派代表在协议书上签字，这就是签约，也是谈判活动的结束。谈判后期的处理技巧对谈判双方来说都很重要，这些技巧的良好应用可以帮助我方获得一个圆满的谈判结果，赢得一种长期的合作关系。

谈判后期的处理技巧是：首先，要感谢与肯定对方的努力，充分肯定对方为谈判做出的贡献；接着，要恭喜对方获得极大的利益，同时抱怨我方所得利益很小。用这样的方法让对方充分感觉到自己的成功，同时也能深刻体会我方为此次谈判所做的牺牲，深刻体会我方的合作诚意；在让对方感觉良好的情况下，要提出让对方下次弥补的要求，为下次合作埋下伏笔。

第六节　采购谈判的关键因素及技巧

一、采购谈判成功的关键因素

（一）要具备必胜信念，敢于面对任何困难和挑战

只有具备必胜的信念，才能使谈判者的才能得到充分发挥，使其成为谈判活动的主导者。谈判者具备的必胜信念，不仅仅是指求胜心理，而且还有着更广泛的内涵和更深的层次。信念决定谈判者在谈判活动中所坚持的谈判原则、方针，运用的谈判策略与方法。例如，谈判的一方为达到目的不择手段，甚至采取欺诈、威胁的伎俩迫使对方就范，有时，这些做法也是受求胜心理支配，但是企业不能提倡这种必胜信念，这是不道德的。实践也证明，这样做的后果是十分消极的。不择手段的做法使企业获得了合同，也获得了利益，但同时它也使企业失去了信誉，失去了朋友，失去了比生意更加宝贵的东西。必胜的信念应该符合职业道德，谈判者要具有高度理性的信心，这是每一个谈判人员取胜的心理基础。只有满怀取胜信心，才能有勇有谋、百折不挠，达到既定目标，才能虚怀若谷，赢得对方信任，取得合作的成功。

（二）谈判者要有耐心，要很好地控制自己的情绪

耐心是谈判者在心理上战胜谈判对手的一种战术与谋略，也是谈判的心理基础。在谈判中，耐心表现为不急于取得谈判结果，能够很好地控制自己的情绪，掌握谈判的主动权。耐心可以使人们更多地倾听对方，了解、掌握更多的信息。有关统计资料表明：人们说话的速度是每分钟120～180个字，而大脑思维的速度却是它的4～5倍。这就是为什么常常对方还没讲完，人们却早已理解的原因。但如果这种情况表现在谈判中却会直接影响谈判者倾听，会使走神的一方错过极有价值的信息，甚至失去谈判的主动权，所以保持耐心十分重要。

（三）谈判者要有诚意

受诚意支配的谈判心理是保证实现谈判目标的必要条件。诚意是谈判的心理准备，只有双方致力于合作，才会全心全意考虑合作的可能性和必要性，才会合乎情理地提出自己的要求和认真考虑对方的要求。所以说，诚意是双方合作的基础。

诚意也是谈判的动力。希望通过洽谈来实现双方合作的谈判人员会进行大量细致、周密

的准备工作，拟订具体的谈判计划，收集大量的信息，全面分析谈判对手的个性特点，认真考虑在谈判中可能出现的各种突发情况。诚意不仅能够保证谈判人员有良好的心理准备，而且也使谈判人员的心理活动始终处于最佳状态，在诚意的前提下，双方求大同、存小异，相互理解、互相让步，以求达到最佳的合作。

（四）善于树立第一印象

在知觉认识中，一个最常见的现象就是第一印象决定人们对某人某事的看法。在许多情况下，人们对某人的看法、见解往往来自第一印象。如果第一印象良好，那么就很可能会形成对对方的肯定态度；否则，很可能就此对对方形成否定态度。

正是由于第一印象的决定作用，比较优秀的谈判者都十分注意双方的初次接触，力求给对方留下深刻印象，赢得对方的信任与好感，增加谈判的筹码。第一印象的形成主要取决于人的外表、着装、举止和言谈。通常情况下，仪表端正、着装得体、举止大方稳重较容易获得人们的好感。但心理学家研究发现，如果一个人很善于沟通感染别人，那么他给人的第一印象也比较好。

（五）营造和睦的谈判氛围

和睦的谈判氛围是谈判双方良好沟通的基础，能够加快谈判目标的达成。拥有和睦的谈判氛围，谈判的双方就有了"共同语言"，并能够促进双方相互理解。

营造和睦的谈判氛围，最有效的手段有两种：第一，尽量使自己的声调和语调与对方和谐。如果按照对方的说话速度和频率来改变自己的说话速度和频率，就会发现可以引导对方的说话速度和频率按照自己的说话速度和频率走，这样在交谈方面不知不觉地就会建立起和谐的氛围。第二，采用与对方相协调的身体姿势。在谈判中，如果采取与对方相似的举动，自然而然就会形成和谐关系。但是在这个过程中，要避免给对方造成模仿的感觉。

（六）表述准确、有效

无论在什么谈判中，正式谈判的第一项内容都是陈述自己的条件，说明希望达到什么样的目标以及如何实现这个目标。作为建立良好谈判的基础之一，正确、完整、有效地进行表述是非常重要的。谈判者说话语调要保持平稳，说话时要吐字清晰，可以保持较慢的说话速度，但要自始至终保持一样的声调，这样会显得权威和自信，同时，在说话的时候切不可埋头，要用温和的目光看着对方。

（七）采用稳健的谈判方式

稳健的谈判方式要求谈判者坚持自己的权利，同时尽可能地顾及他人的权利。因此，在谈判过程中，要考虑他人的要求和意见，开诚布公地陈述自己的要求和意见（并不是说直接将自己的底牌亮给对方）。进攻意味着将双方的关系对立起来，而稳健的方式却是为了找到共同的解决方法而一起努力工作，从而营造双赢的谈判氛围。

（八）拒绝方式要正确

谈判者在处理对方提出的棘手问题时，需要诚心诚意和开诚布公地说"不"，但是在说"不"的时候，需要讲究方式和方法。一般来说，成功的谈判者在说"不"的时候一般将拒绝的原因放在前面，而后才提出拒绝。错误的拒绝方式如："我不同意，因为这个价格超过了我们的进货价格。"正确的拒绝方式如："你的这项价格要求超过了我们的进货价格，所以我们不能接受。"

（九）正确使用臆测

臆测是指在某一客观条件下人的主观猜想、揣测。在谈判中，臆测的作用是很重要的，它可以帮助谈判者预测未来可能发生的事情，但应注意不要被头脑中想当然的思想所左右，克服的最好办法就是谈判的双方都参与发现事实、分析论证、寻找真实情况的过程中。经过双方确定的事实是解决问题的基本要素，只要有充裕的时间来分析论证和寻找真实情况，就能找出双方的分歧，同时又能发现有价值的事实。谈判时谈判者所坚持的或不可改变的一切就不会那样不可动摇，一切都可以商议。

二、常用的采购谈判技巧

（一）入题技巧

谈判双方刚进入谈判场所时难免会小心谨慎，尤其是谈判新手在重要谈判时往往会产生忐忑不安的心理。为此，必须讲究入题技巧，采取恰当的入题方法。

1. 迂回入题

为避免谈判时单刀直入，过于暴露，影响谈判的融洽气氛，谈判时可以采用迂回入题的方法，如先从题外话入题，从介绍己方谈判人员入题，从"自谦"入题或者介绍本企业的生产经营及财务状况入题等。

2. 先谈细节，后谈原则性问题

围绕谈判的主题，先从洽谈细节问题入题，条分缕析，丝丝入扣，待各项细节问题谈妥以后，便自然而然地达成了原则性的协议。

3. 先谈一般原则，再谈细节

一些大型的经贸谈判由于需要洽谈的问题千头万绪，双方高级谈判人员不应该也不可能介入全部谈判，往往要分成若干等级进行多次谈判。这就需要采取先谈原则，再谈细节的方法入题，一旦双方就原则问题达成了一致，那么洽谈细节问题就有了依据。

4. 从具体议题入手

大型谈判总是由具体的一次次谈判组成的，在具体的每一次谈判中，双方可以首先确定本次会议的谈判议题，然后从该议题入手进行洽谈。

（二）阐述技巧

谈判入题后，接下来就是双方进行开场阐述，这是谈判的一个重要环节。

1. 开场阐述的要点

开场阐述的要点具体包括：一是开宗明义，明确本次会谈所要解决的主题，以集中双方的注意力，统一双方的认识。二是表明我方通过洽谈应当得到的利益，尤其是对我方至关重要的利益。三是表明我方的基本立场，可以回顾双方以前合作的成果，说明我方在对方所享有的信誉；也可以展望或预测今后双方合作中可能出现的机遇或障碍；还可以表示我方可采取何种方式为共同获得利益做出贡献等。四是开场阐述应是原则性的，而不是具体的，应尽可能简明扼要。五是开场阐述的目的是让对方明白我方的意图，营造和谐的洽谈气氛，因此，阐述应以诚挚和轻松的方式来表达。

2. 对对方开场阐述的反应

对对方开场阐述的反应具体包括：一是认真耐心地倾听对方的开场阐述，归纳弄懂对方开场阐述的内容，思考和理解对方的关键问题，以免产生误会。二是如果对方开场阐述的内容与我方意见差距较大，不要打断对方的阐述，更不要立即与对方争执，而应当先让对方说完，之后再巧妙地转开话题，从侧面进行谈判。

（三）提问技巧

通过提问的方式来摸清对方的真实需要，掌握对方的心理状态，表达自己的意见和观点。

1. 提问的方式

婉转式提问，如"你为什么这么认为？"探索性提问，如"如果我们……你方会如何考虑？"引导式提问，如"你是不是更喜欢……"奉承型提问，如"你或许愿意与我们分享……"等。

2. 提问的时机

在对方发言完毕时提问；在对方发言停顿、间歇时提问；在自己发言前后提问；在议程规定的辩论时间提问。

3. 提问的其他注意事项

注意提问的速度；注意对方的心境；提问后给对方足够的答复时间；提问时应尽量保持问题的连续性。

（四）答复技巧

答复不是一件容易的事情，自己回答的每句话都会被对方理解为是一种承诺，都负有责任，因此答复时应注意以下几方面问题：

（1）不要彻底答复对方的提问。

（2）针对提问者的真实心理答复。

（3）降低提问者追问的兴趣。

（4）不要轻易承诺，如"我要回去请示一下老板。"

（5）不要确切答复对方的提问，要含糊答复，如"好像是这样。"

（6）让自己获得充分的思考时间，如"这个问题等一下给你答复。"

（7）礼貌地拒绝不值得回答的问题，如"先生真幽默。"

（8）找借口拖延答复，如"哦，老板叫我过去一下。"

（五）还价技巧

（1）还价要有弹性，开低走高。

（2）欲擒故纵。价钱杀不下来索性不谈了，佯装结束谈判，借此迫使对方让步。

（3）疲劳轰炸、死缠不放。不断唇枪舌剑磨价钱，谁能坚持到最后谁就是胜利者。

（4）百般挑剔。即把产品数落一番，指出毛病一箩筐，借此挫伤供应商的士气，杀价目的或许可以实现。

（5）博人同情。采购方有时可以利用本企业的一些困难或问题，博得对方理解，甚至是同情，从而达成目标。

（6）循循善诱。即施以哄劝，希望供应商提供较便宜的价格，保证给他介绍大客户，予以利诱，使其立场软化，降低价格。

（7）化零为整。采购人员在还价时可以将价格集中起来，化零为整，这样可以在供应商心理上造成相对的价格昂贵感，以收到比用小数目进行报价更好的交易。这种报价方式的主要内容是换算成大单位的价格，加大计量单位。

（8）善用高层。采购谈判人员应善用上级主管的议价能力。通常，如果对议价的结果不太满意，采购人员可以请求高层采购经理邀约供应商的业务经理面谈，或直接由采购方的高层主管与对方的高层主管直接对话。因为，高层主管不但议价技巧与谈判能力高超，且社会关系及地位高，甚至与供应商的经营者有相互投资或事业合作的关系。

（9）敲山震虎。在价格谈判中，巧妙地暗示对方存在的危机，暗示对方不利的因素，从而使对方在价格问题上处于被动，有利于自己提出的价格获得认同，这就是还价法的技巧所在。但必须"点到为止"，让供应商体会到采购方不是在幸灾乐祸，趁火打劫，这样才有利于双方的合作，而且还价也就显得天经地义。

（10）釜底抽薪。为了避免供应商在处于优势下牟取暴利，采购人员可以要求供应商提供所有成本资料。以国外货品而言，则请总代理商（供应商）提供一切进口单据，用来查核真实的成本，然后给予合理的利润作为采购的价格。

三、采购谈判需要注意的问题

在会谈阶段谈判者还应注意的问题是文化对采购谈判的影响，以及语言和肢体语言对采购谈判的影响。

（一）文化对采购谈判的影响

忽视文化因素对采购谈判的影响是危险的，不管是国际采购谈判还是国内采购谈判，谈判者都需要考虑文化对其的影响。不同区域的文化及不同的文化背景在采购谈判中的差异是很大的，尤其有的文化是相互冲突或对立的，不要寄希望于其他文化和自己所处的文化是相同的，因此消除误解最重要的手段是去了解对方的文化。

（二）语言对采购谈判的影响

谈判过程中要正确使用语言，应做到以下几点：

1. 准确易懂

在谈判中，所使用的语言要规范、通俗，使对方容易理解，不至于产生误会。

2. 简明扼要，具有条理性

可以让对方迅速记住有特色的内容，及时把握要领，也不会使对方感到厌烦。

3. 第一次要说准

在谈判中，当对方要自己提供资料时，第一次要说准，不要模棱两可，当对资料不甚熟悉时，应延迟答复，避免脱口而出。

4. 语言要富有弹性

谈判过程中使用的语言应当丰富、灵活、富有弹性。对于不同的谈判对手，应使用不同的语言。如果对方谈吐优雅，我方用语也应十分讲究，做到出语不凡；如果对方语言朴实无华，那么我方用语也不必过多修饰。

（三）肢体语言对采购谈判的影响

任何沟通都由三部分构成：说什么、如何说以及说话的时候如何表现。研究表明，"说什么"对交流总体影响程度很小，"如何说"排在其后，"说话的时候如何表现"对沟通影响的程度最大。这包括谈判者所表现出的行为和态度的类型。例如，与强硬和傲慢态度相对照的可以是热情的、开放的、感兴趣的和友好的态度。很显然，谈判时的表现会在很大程度上影响谈判能力。肢体语言是表现的重要部分，谈判时，它有助于了解对方的感受和理解对方的所作所为。

本章小结

如今，采购是企业活动中最主要的功能之一。从企业采购的历史演进过程可以看出，采购是企业控制成本的第一道防线，它对企业能否在竞争中取胜具有至关重要的影响。而企业采购谈判是企业采购中的核心内容。

本章介绍了采购谈判的定义、前期工作、步骤以及注意事项等。进行采购谈判时有诸多技巧，包括入题技巧、阐述技巧、提问技巧和答复技巧等，本章重点介绍了采购谈判的话术技巧；采购谈判包括准备阶段、开局阶段、磋商阶段，本章重点介绍了在准备阶段进行的资料收集、市场调查、议程安排、谈判策略制定等内容；从九个方面阐述了谈判成功的关键因素，突出了计划的重要性。

我国社会的进步、经济的繁荣为企业的发展提供了广阔的舞台，而这同时也对企业提出了更高的要求。采购谈判是采购作业的先行活动，在采购中尤为重要，多了解对方、以对方习惯的能够接受的方式和逻辑去说服对方，激发对方在自身利益认同的基础上来接纳你的意见。

习题与思考

一、简答题

1. 采购谈判如何分类？
2. 纵向式采购谈判的优点有哪些？
3. 采购谈判的目标是什么？
4. 采购谈判的基本原则有哪些？
5. 简述采购谈判的程序。

二、填空题

1. 采购谈判磋商阶段一般分为询盘、_____、_____、接受四个阶段。
2. 从目的角度划分，采购谈判可分为协议导向型谈判、_____，以及双输谈判。
3. 合作原则就是要求采购谈判双方以精练的语言表达充分、真实相关的信息。合作原则包括四个准则_____、_____、_____、_____。

三、案例分析

A公司最近由于供应商表现不佳，比如不能交货，不能按时交货，或者即使按时交货，但是交货规格不符合要求等，经常和这部分供应商发生合同纠纷。甚至有时供应商的不良表现会影响A公司的生产稳定性和正常的产品质量水平。假设你在A公司采购部门工作，对表现不佳的供应商，你的上司认为直接起诉是最好的解决办法。但你对此持有保留意见，认为应该探讨解决合同纠纷的其他途径。

问题：

1. 列举采购商与供应商解决合同纠纷的各种途径。
2. 合同纠纷应优先考虑哪一种途径？为什么？

第七章

采 购 合 同

学习目标

1. 通过本章学习，熟悉商品采购合同的内容和格式要求。
2. 掌握商品采购合同的订立、审查、变更、解除的程序和方法。
3. 掌握商品采购合同的跟踪过程。
4. 能够按照法定要求进行商品采购合同的订立、审查、解除等操作。

◆ 导入案例

采购合同纠纷

A 汽车制造企业与 B 汽车零部件公司于 2017 年签订合同，约定 A 汽车制造企业向 B 汽车零部件公司购买 50 000 个多片电磁离合器，单价为 149 元，质量及样式以经 A 汽车制造企业验收合格后的实际样品为准，交货期为 20 个工作日，合约签订预付 30% 定金，货到验收后 7 天内一次性付清余款。合同签订后，A 汽车制造企业员工张某于 B 汽车零部件公司提供的多片电磁离合器样品上签字确认。同年 9 月 8 日，B 汽车零部件公司向 A 汽车制造企业提供 50 000 个多片电磁离合器，李某代表 A 汽车制造企业在送货单上签收。2017 年 5 月 27 日、6 月 28 日，B 汽车零部件公司两次向 A 汽车制造企业发出催款函，要求 A 汽车制造企业支付货款。同年 6 月 10 日，A 汽车制造企业向 B 汽车零部件公司发函称，B 汽车零部件公司供应的多片电磁离合器存在严重质量问题，与之前的样品差异极大。因 A 汽车制造企业拒不付款，B 汽车零部件公司向法院起诉 A 汽车制造企业。

（资料来源：豆丁网．采购合同纠纷案例．2016-04-26. http：//www. docin. com/p-1549
238555. html）

　　合同又称为契约、协议，是平等的当事人之间设立、变更、终止民事权利义务关系的协议。合同作为一种民事法律行为，是当事人协商一致的产物，是两个以上的意思表示相一致的协议。只有当事人所做出的意思表示合法，合同才具有国家法律约束力。依法成立的合同从成立之日起生效，具有法律约束力。一般分为约首、正文（合同条款）和约尾三部分。

第一节 商品采购合同的内容

商品采购合同是由买卖双方或经其授权的代理人经过协商一致而签订的合同文本，采购合同也包括买卖的订货单。一份完整的采购合同通常由约首、正文（合同条款）与约尾三部分组成。

一、约首

采购合同的约首主要包括：单位名称、合同编号、签约日期、签约地点、买卖双方的名称、合同序言等。

二、正文（合同条款）

正文（合同条款）是购销双方议定的主要内容，是采购合同的必备条款，是购销双方履行合同的基本依据。合同的正文主要包括以下内容：

（一）商品（货物）名称

商品（货物）名称是指所要采购物品的名称。合同中的标的物应按行业主管部门颁布的产品目录规定正确填写，不能用习惯名称或自行命名，以免产生由于订货差错而造成物资积压、缺货、拒收或拒付等情况。

（二）品质标准

品质是指商品所具有的内在质量与外观形态的结合，包括各种性能指标和外观造型。该条款的主要内容有：技术规范、质量标准、规格、品牌等。约定质量标准的一般原则是：按颁布的国家标准执行；无国家标准而有部颁标准的产品，按部颁标准执行；没有国家标准和部颁标准作为依据时，可按企业标准执行；没有上述标准，或虽有上述某一标准但采购方有特殊要求时，按双方在合同中商定的技术条件、样品或补充的技术要求执行。

（三）单价和总价

单价是指交易物品每一计量单位的货币数值。如一台电视机3200元。该条款的主要内容包括：计量单位的价格金额、货币类型、交货地点、国际贸易术语［如FOB（装运港船上交货）、CIF（成本、保险费加运费）、CPT（运费付至）等］、物品定价方式（固定价格、滑动价格、后定价格等）。

（四）商品数量

商品数量是指采用一定的度量制度来确定买卖商品的重量、个数、长度、面积、容积等。写明订购商品的计量单位、供货数量、允许的合理磅差范围和计算方法。供货方发货时所采用的计量单位与计量方法应与合同一致，以便采购方检验。运输中转单位也应按供货方发货时所采用的计量方法进行验收和发货。

（五）包装

包装是为有效地保护商品在运输存放过程中的质量和数量，并有利于分拣和环保而把货物装进适当容器的操作。该条款的主要内容有：包装标识、包装方法、包装材料要求、包装容量要求、包装质量要求、包装环保要求、包装规格要求、包装成本要求、包装分拣运输成本要求等。

（六）装运（运输方式）

装运（运输方式）是指把货物装上运载工具并运送到交货地点。该条款的主要内容有：运输方式、装运时间、装运地与目的地、装运方式（分批、转运）和装运通知等。在 FOB（船上交货）、CIF 和 CFR（成本加运费）合同中，卖方只要履行合同中的交货义务即可。订单签发的时间和地点即为交货时间和地点。

（七）到货期限

到货期限是指约定的到货最晚时间，它要以不延误企业生产经营为标准。

（八）到货地点

到货地点是指货物到达的目的地。到货地点的确定并不一定总是以企业的生产经营所在地为标准。有时为节约运输费用，在不影响企业生产的前提下，可以选择交通便利的港口等。一般要求供应商提供"门到门"服务，即把物品送到客户的仓库或商店的门口。

（九）检验

物品的检验是指按照事先约定的质量条款进行检查和验收，涉及质量、数量、包装等条款。在国际贸易中，商品检验是指由商品检验机构对进出口商品的品质、数量、重量、包装、标记、产地、残损、环保要求等进行检验分析与公证鉴定，并出具检验证明。它包括的内容有：检验机构，检验权与复检权，检验与复检的时间、地点，检验标准，检验方法，检验证书等。如果采购方在验收中发现建筑材料不符合合同规定的质量要求，应将它们妥善保管，并向供货方提出书面异议。

（十）付款方式

国际贸易中的支付是指用一定的手段，在指定的时间、地点，使用确定的方式支付货款。它包括的内容有：

（1）支付手段：货币或汇票，一般是汇票。

（2）付款方式：银行提供信用方式（如信用）、银行不提供信用但可作为付款方式（如直接付款和托收）。

（3）支付时间：预付款、即期付款、延期付款。

（4）支付地点：付款人指定银行所在地。

（5）拒付货款。采购方拒付货款，应当按照中国人民银行结算办法的拒付规定办理。采用托收承付结算时，如果采购方的拒付手续超过承付期，银行不予受理。采购方对拒付货款的产品必须负责接收，并妥为保管，不准动用。如果发现动用，由银行代供货方扣收货款，并按逾期付款对待。

（十一）保险

保险是企业向保险公司投保，并交纳保险费；货物在运输过程中受到损失时，保险公司向企业提供经济上的补偿。该条款的主要内容包括：确定保险类别及其保险金额，指明投保人并支付保险费。根据国际惯例，凡是按 CIF 和 CIP 条件成交的出口货物，一般由供应商投保，按 FOB、CFR、CPT 条件成交的进口物资，由采购方办理保险。

（十二）仲裁条款

仲裁条款是指买卖双方自愿将其争议事项提交第三方进行裁决。仲裁协议是仲裁条款的具体体现，包括的主要内容有：仲裁机构、适用的仲裁程序、仲裁地点、解决效力等。如果当事人双方对产品的质量检测、试验结果发生争议，应按《中华人民共和国标准化管理条例》的规定，请标准化管理部门的质量监督检验机构进行仲裁检验。

（十三）不可抗力

不可抗力是指合同执行过程中发生的、不能预见的、人为难以控制的意外事故，如战争、洪水、台风、地震等，致使合同执行过程被迫中断。遭遇不可抗力的一方可因此免除合同责任。该条款包括的主要内容有：不可抗力的含义、适用范围、法律后果、双方的权利和义务等。

合同正文可以选择的部分有：①保值条款；②价格调整条款；③误差范围条款；④法律适用条款，即买卖双方在合同中明确说明合同适应何国、何地法律的条款。对大批量、大金额、重要设备及项目的采购合同，要求全面、详细地描述每一条款。

对于金额不大、批量较多的小五金、土特产等，且买卖双方已签订有供货分销、代理等长期协议（认证环节完成），则每次采购交易使用简单订单合同，索赔、仲裁和不可抗力等条款已经被包含在长期认证合同中。

对企业的频繁采购，与供应商签订的合同分为两部分，即认证合同与订单合同。认证合同解决买方卖方之间长期需要遵守的协议条款，由认证人员在认证环节完成，是对企业采购环境的需求；订单合同就每次物料采购的需求数量、交货日期、其他特殊要求等条款进行表述。

三、约尾

合同的约尾主要包括的内容有：合同的份数、使用语言及效力、附件、合同的生效日期、双方的签字盖章。

示例一

产品采购合同

供方：　　　　　　　　　　　　　合同编号：

需方：　　　　　　　　　　　　　签订日期：　　年　　月　　日

签订地点：

经充分协商，签订本合同，共同信守。

1. 产品名称、数量、价格：

2. 质量、技术标准和检验方法、时间及负责期限：

3. 交（提）货日期：

4. 交（提）货及验收方法、地点、期限：

5. 包装标准、要求及供应、回收、作价办法：

6. 运输方法、到达港（站）运杂费负担：

7. 配件、备品、工具等供应办法：

8. 超欠幅度、交货数量：超欠在　　%范围内，不做违约论处；

9. 合理磅差、自然减（增）量的计算：

10. 给付定金数额、时间、方法：

11. 结算方式及期限：

12. 保险费：以　　　方名义，由　　　方按本合同总值　　%投保，保险费由　　　方负担；

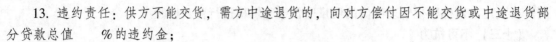

13. 违约责任：供方不能交货，需方中途退货的，向对方偿付因不能交货或中途退货部分货款总值　　%的违约金；

14. 其他：

未尽事宜，均按《中华人民共和国经济合同法》和《工矿产品购销合同条例》的规定执行。

甲方开户银行：_____　账号：_____　乙方开户银行：_____　账号：_____

甲方地址：_____　乙方地址：_____

甲方电话：_____　传真：_____　乙方电话：_____　传真：_____

销货方（甲方）签章：_____　购货方（乙方）签章：_____

____年___月___日　　　　　____年___月___日

示例二

产品采购合同

供方：_____　　签订日期：____年___月___日

需方：_____　　合同编号：_____

供需双方本着平等互利、等价有偿、诚实守信的原则，在协商一致的基础上签订本合同。需方向供方订购下列货物，经双方协商一致，特签订本合同，具体内容如下：

一、供货清单

序号	物品名称	型号规格	数量	单位	单价	金额	交货日期
1	保修证书贴纸	20mm×10mm 长龙不干胶	1000	PCS	0.16	160	月 日
2	生产信息贴纸	40mm×40mm 长龙不干胶	1000	PCS	0.16	160	月 日
3	防撕贴	25mm×5mm 易碎纸长龙不干胶	1000	PCS	0.16	160	月 日
4	铭牌贴纸	38mm×30mm 长龙不干胶	1000	PCS	0.16	160	月 日
合计人民币		陆佰肆拾圆整				640	
备注	供方保证交付需方的本合同货物为原厂原装全新未曾使用过的，且质量及技术要求均按产品生产厂商所提供的标准及国家有关标准和规定进行制造，且品种、型号规格、数量、质量与本合同规定条件相符。如果供方为需方所交付的货物不符合质量标准，那么由此产生的一切损失将由供方来承担						

二、运输方式及费用

（1）供方应采取适当的安全措施，妥善包装产品，达到防潮、防湿、防震、防尘、封装的要求，供方应对未采取适当、充分的包装保护措施而造成的损失负责。同时，包装物应由供方提供并自付费用。双方对包装另有要求的，通过其他方式另行规定。

（2）产品的所有权及风险自需方接受之日起转移给需方。

（3）交货详细地址：

（4）交货方式：供方负责办理将产品交付至交货地点的运输，并支付运输的相关费用。

三、履行方式

1. 付款

（1）货到2周后，需方即向供方指定账户一次性支付全部货款_____元。

（2）除非另有约定，产品价格均为供方将产品交付至需方指定地点的价格，已经包含服务费、运输费、保险费、检验费及增值税以及其他类似税费，需方不再支付其他费用。

2. 供货

供方应在_____月_____日前向需方提供符合合同约定的全部货物。

3. 发票

供方应在收到需方货款之日起_____日内，向需方提供符合本合同第一条约定的货物信息（包括但不限于公司名称、货物名称、金额等）的增值税专用发票。

支付方式为：汇款。

四、货物验收

（1）验收标准：按照行业通用检验标准。

（2）验收方式：供方应于交货前通知需方具体交货时间，供需双方应派 1～2 人及时到达交货地点进行验收。验收内容包括型号、名称、规格、数量与所列清单是否相符；物品的保修卡、说明书是否齐全；外包装是否完好。对本合同项下物品是否正常进行验收，对以上情况的验收，供需双方应签署《验收报告》。

（3）合同项下所供物品，双方应签署《验收报告》。验收过程中，如发现货物损坏或缺少，供方应在 15 日内对货物进行更换或补充，因此给需方造成损失的，供方应承担赔偿责任，同时因此增加的费用应由供方承担。

（4）如发生货物到货即损（DOA）的情况，供方应在获知该情况后及时进行更换或办理退货，如因此给需方造成损失的，应进行相应的赔偿。DOA 的条件：①非人为损坏；②外包装无破损；③物品有明显外观损坏或无法正常使用。三条同时满足 DOA 方可成立。

（5）需方对产品的接受并不影响供方对产品质量应当承担的质量保证义务，对需方或需方客户在使用、销售产品（无论独立还是作为需方产品的组件）时发现的产品在设计、安装、制造、材料和工艺等方面的缺陷，供方仍应承担责任。

五、保修条款

供方应按物品原厂商保修条款（文件）提供相应的保修服务，具体内容见_____年_____月_____日供方存在需方处供查阅的保修条款（文件），供方并保证存在需方处的保修条款（文件）为物品原厂商最新的并正在执行的有效的保修条款（文件）。

六、违约责任

（1）供方责任：供方如因非不可抗力的原因而造成不能交货或逾期交货的，供方需承担相应的违约责任。每延期 1 周应向需方支付其违约部分货值__%的违约金，但该项违约金的总额不得超过本合同总金额的__%。如因供方违约而给需方造成损失的，供方应向需方进行相应赔偿。

（2）需方责任：需方未能按时履行其监督指定代货商付款义务，每延期 1 周应按照未付款部分的__%向供方支付违约金。但违约金的总额不得超过本合同总金额的__%。

（3）任何一方延期履行本合同项下的义务超过 2 周的，另一方有权解除本合同，但不能免除违约方支付违约金及进行赔偿的义务。

七、不可抗力

因台风、地震、水灾以及其他非需、供方责任造成的，不能预见、不能避免，并不能克服的客观情况为不可抗力。遇有不可抗力的一方，应立即将事件情况通知对方，并在 15 日内提供事件详情以及合同不能履行，或部分不能履行，或需要延期履行的理由的有效证明文件，按事件对履行合同的影响程度，由双方协商决定是否解除合同、部分免除履行合同的责任或延期履行。

八、解决纠纷的方式

如履行本合同发生争议，双方应首先协商解决。如协商不成，任何一方均可向所在地人民法院提起诉讼，通过法律程序予以解决。

九、合同变更

合同履行中，如一方需要修改，必须在供方发货日前7日提出，在双方同意后签订补充协议作为本合同的附件。

十、商业秘密

供需双方均有义务对在本合同签订、履行过程中知悉的另一方的商业秘密予以保护，不得向其他任何第三方泄露，本合同项下的商业秘密包括双方明示并通过书面形式确认的文件或以其他载体存在的文件或信息。

十一、本合同附件为本合同不可分割的组成部分，与本合同具有同等法律效力。

十二、本合同一式两份，供方执一份，需方执一份。未尽事宜，依照《中华人民共和国合同法》的规定处理。

十三、合同签订：合同签订时间：____年__月__日；合同签订地点：_____。

十四、合同生效：本合同自双方法定代表人或授权代表签字并加盖双方印章之日起生效。

（资料来源：产品采购合同-百度文库。https：//wenku. baidu. com/view/8a22ccfd770bf78a652-95409. html）

第二节 商品采购合同的订立

一、商品采购合同的签订

商品采购合同的签订，是指当事人双方依据法律的规定就合同所规定的各项条款进行协商，达到意思一致而确立合同关系的法律行为。在实际签订过程中，合同的双方当事人必须针对合同的主要内容反复磋商，直至取得一致意见，合同才宣告成立。

（一）采购合同签订前的资格审查

合同双方当事人应调查对方的资信（资金和信用）能力和履约能力，了解对方是否有签订合同的资格或者代理人是否有代理资格。进行法人资格审查和法人能力审查，具有法人资格的企业、农村集体经济组织、国家机关事业单位、社会团体可以作为合同的当事人。而不具备法人资格的社会组织，车间，班组，总厂的分厂，总公司的分公司，学校内部的系、科室均不能以当事人身份签订采购合同。个体经营户、农村专业户、承包经营户等独立承担经济责任的经济实体也可作为经济合同的主体。

（二）签订采购合同的程序

签订合同，是当事人双方的法律行为。合同的成立，必须由当事人相互做出意思表示并达成合意。实践中，当事人相互协商签订合同的过程，通常分为两个阶段，即提出订立合同的建议和接受订立合同的建议，民法学上称之为"要约"与"承诺"。

1. 要约

订立合同的当事人一方向另一方发出缔结合同的提议。发出该提议的人为要约人，另一方为受约人或相对人。要约的对象一般有三种：①指定的对象；②选定的对象；③任意的对象。

采购合同的要约具有下列特征：

（1）要约必须是向特定人发出。要约的作用是换得相对人的承诺，引起与之订立合同，所以，要约必须对应相对人的行为。依照《中华人民共和国合同法》（简称《合同法》）规定，订立合同的要约必须向特定人明确提出，即向一个具体的法人、经济组织、个体工商户或农村承包经营户提出。

（2）要约必须是特定人的行为。根据我国《合同法》的规定，提出订立合同建议的，必须是客观上已确定的法人或其他经济组织、个体工商户、农村承包经营户。上述特定人一般都由订立后的合同表示出来，如采购合同，提出要约的特定人即是合同中标的一方（供方或需方）当事人。

（3）要约必须含有可以订立合同的主要条款，如标的物的名称、规格、数量、价格等，这些内容须具体、明确、肯定和真实，若内容不明确具体，相对人难以表示肯定或否定，合同也不能成立。

（4）要求受约人做出答复的期限。

要约的方式分口头方式与书面方式。一项要约有法律约束力且会产生法律后果。在要约有效期间内，要约人不得随意撤回或变更要约。如要撤回或变更要约，其通知（新要约）应在受约人做出承诺之前送达。受要约人在接到要约后即有做出承诺的权利，但一般情况并不负有答复的义务，超过要约期限不予答复只是丧失承诺的资格，并不负什么责任。要约在出现下列情况时终止：要约人不再受约束；要约被有效地撤回；要约超过有效期期限；其他情况，如要约人丧失民事行为能力、要约人死亡或法人解散等。

2. 承诺

承诺是指受要约人向要约人做出的对要约完全无异议的接受的意思表示。做出这种意思表示的人称为承诺人。要约人的要约一经受要约人即承诺人的承诺，合同即告成立。

采购合同的承诺具有下列特征：

（1）承诺必须是就要约做出的同意的答复。从合同制度的传统原则来说，承诺须是无条件、无任何异议地接受要约，才能构成有效的承诺，与要约人构成合同关系。如果受要约人表示愿意与要约人订立合同，只是在承诺中对要约某些非要害条款做了增加、删改，即并非实质性改变要约，仍应视为承诺；如果受要约人对要约扩张、限制或者根本性改变的，则不是承诺，应视为拒绝原要约而提出新要约。

（2）承诺必须是受要约人向要约人做出的答复。如前所述，在采购合同中受要约人必须是特定人，因此，非受要约人做出的或受要约人向非要约人做出的意思表示都不是承诺。

（3）承诺必须在要约的有效期限内做出。如前所述，要约对于要约人是有约束力的，但这种约束力不是毫无限制的。通常把对要约人有约束力的期限，称为要约的有效期。因此，受要约人只有在要约的有效期限内做出同意要约的意思表示，才是承诺。一般情况，要约没有规定期限者，属于对话要约，受要约人须立即承诺；属于非对话要约的，受要约人应在一般认为应做出答复的期限内承诺。承诺一经成立就发生法律效力，即要约人接到有效的承诺合同就成立。

承诺和要约一样，也是一种法律行为。承诺人必须立即承诺自己承诺的合同义务。因此，承诺人在进行承诺时，必须严肃认真，在对要约的内容进行充分的了解、考虑之后，再向要约人做出承诺。

在法律上承诺是允许撤回的。但是，承诺的撤回必须在要约人收到承诺之前撤回。撤回的通知，必须在承诺到达之前送达，最晚应与承诺同时到达。如果承诺人撤回承诺的通知迟于承诺到达，则通知无效，承诺仍发生效力。

签订合同的谈判过程其实质就是当事人双方进行要约和承诺的过程。在实践中，往往不可能一次协商就达成协议，可能要经过反复协商，即要约、新要约再新要约直至承诺。

在谈判过程中，订约当事人应遵循下列原则：①必须遵守国家的法律、政策与计划，不得利用合同进行违法活动；②必须坚持平等互利、协商一致、公平合理的原则，任何一方不得强制另一方把自己的意思强加于人，当事人的意思表示必须真实。

3. 合同的草签与正式签订

合同主要条款协商确定后，当事人双方可以先草签合同。待其他次要条款约定后，再正式签订合同。

签订合同时应当确认对方当事人有权签订合同。法定代表人是法人组织的最高首长，其有权以法人的名义对外签订采购合同而不需要特别的授权委托，但法定代表人在签订合同时也必须具备合法的手续，即法定代表人的身份证明。合法代理人也可签订采购合同，但代理人必须持有法人的授权委托书，方能以法人的名义签订合同。代理人签订采购合同必须在授权范围内进行，如果超越代理权所签合同，那么被代理人（委托人）不承担由此产生的权利与义务关系。授权委托书必须包括：代理人姓名、年龄、单位、职务、委托代理事项、代理权限、有效期限，委托者的名称、营业执照号码、开户银行、账号、委托日期，最后是委托者及其法定代表人的签章。

二、采购合同的公证与鉴证

（一）采购合同的公证

为了确保合同的真实性与合法性，采购合同一般应予公证。

所谓采购合同的公证，就是国家公证机关即公证处，代表国家行使公证职能，根据当事人的申请和法律的规定，依照法律程序，证明采购合同真实性和合法性的活动。采购合同公证的意义在于：通过公证对合同进行法律审查，明确哪些内容是合法的，哪些是不合法的，避免合同的违法，有利于防止经济犯罪现象，维护合同当事人的合法权益；通过合同的公证，可以使合同规范化，对一些不明确或不具体的条款予以修改、完善，预防纠纷和减少诉讼。

采购合同的公证主要审查合同是否具备下列条件：①当事人必须具有行为能力；②合同的订立必须贯彻平等互利、协商一致、等价有偿的原则；③合同内容不得违反国家的政策、法律法规，公共利益和社会主义道德准则；④合同的内容必须清楚、具体、齐全。

合同的公证实行自愿原则。但规定合同必须是公证的，公证后合同才有法律效力。公证时，当事人双方应到公证处提出公证申请，公证员受理审查认为符合公证条件且合同真实、合法，制作公证书，发给当事人。如要变更、解除已经过公证的合同，则变更或解除仍应至公证处办理证明。公证处还可办理强制执行合同的公证，债权人可凭此直接向法院申请强制执行。

（二）采购合同的鉴证

采购合同的鉴证是合同监督管理机关根据双方当事人的申请，依法证明合同的真实性和合法性的一项制度。鉴证的特点是：①鉴证行为主体是合同监督管理机关。其他机关和单位无权鉴证合同。②鉴证依据合同当事人双方的自愿申请实施。这里包括两层含义：一是合同监督管理机关不是主动鉴证，而是依据当事人的申请；二是要双方当事人都申请，只有一方当事人申请不能予以鉴证。③鉴证的内容是审查合同的真实性和合法性。所谓真实性，是指合同双方当事人意思表示真实，合同主要条款完备，文字表述准确。所谓合法性，是指合同双方当事人具有合法的主体资格，合同的内容符合国家的法律、政策和计划的要求。

除法律法规特别规定外，采购合同的鉴证一般采取自愿原则。采购合同鉴证的意义在于：通过合同鉴证，可以及时发现和纠正在合同订立过程中出现的不合理、不合法现象，提请当事人对合同中缺少的必备条款予以补充，对明显有失公平的内容予以修改，对利用合同进行违法活动的予以制止和制裁，对约定义务超过承担能力的予以消减，从而减少和避免许多不必要的纠纷，为合同的履行奠定基础。

合同的鉴证一般由合同签订地或履行地的工商行政管理局办理。合同鉴证收费标准为采购合同价款的万分之二。

三、采购合同变更或解除

（一）采购合同变更或解除的概念

采购合同的变更是指采购合同没有履行或没有完全履行时，由当事人依照法律规定的条件和程序，对原采购合同的条款进行修改、补充，使之更精确等，如对标的物数量的变化、履行地或履行时间的变化。采购合同变更后，原合同确定的当事人的权利和义务就发生了变化。

采购合同的解除是指在采购合同尚未开始履行或尚未全部履行的情况下，由当事人依据法律规定的条件和程序，终止原采购合同关系。采购合同解除后，原合同确定的当事人的权利和义务关系就不再存在。

（二）采购合同变更或解除的条件

采购合同能否变更或解除，必须依照法律的规定。根据相关法律规定，凡发生下列情况之一者，允许变更或解除采购合同：①当事人双方经协商同意，并且不因此损害国家利益和社会公共利益。变更或解除采购合同，实际上是在原合同的基础上签订新协议的法律行为。当事人双方协商一致可以订立合同，也应当允许当事人双方协商一致变更或解除合同，但不得由此损害国家利益和社会公共利益。否则，变更或解除合同的协议无效。②由于不可抗力致使采购合同的全部义务不能履行。不可抗力是指当事人在订立合同时不能预见，对其发生和后果不能避免并克服的事件，如地震、水灾、旱灾等自然现象，以及战争、军事行动等社会现象。③由于另一方在合同约定的期限内没有履行合同。这指的是，由于另一方没有在约定期限内履行合同，以致严重影响订立合同所期望实现的经济目的，使合同履行成为不必要，或者是由于另一方在合同约定的期限内没有履行合同，在被允许推迟履行的合理期限内仍未履行。

属于上述第②、第③种情况的，当事人一方有权通知另一方解除合同。因变更或解除采购合同使一方遭受损失的，除依法可以免除责任的以外，应由责任方负责赔偿。变更或解除合同的通知或协议，应采用书面形式（包括文书、电报等）。协议变更或解除合同的，协议未达成之前，原采购合同仍然有效。变更成立则按新合同执行。经过公证的采购合同，变更或解除协议应送原公证处审查、备案。

四、无购货合同

无购货合同，是即时结清的采购活动中的法律问题。当采购数量不大、货款不多时，常常采用不签订购货合同的采购方式，购销双方即时货、款两清。这种情况下，采购人员应注意：

（1）向商业信誉良好的厂商采购。

（2）检验物资外观的同时，注意有无生产厂家标志，有无产品合格证及生产日期等，防止采购假冒伪劣产品。

（3）所购物资在使用过程中一旦发生因质量问题而使买方蒙受人身伤亡或经济损失时，依照我国民法及有关的产品责任法规，产品的生产者及销售者对受害者构成了侵权行为，受害者或者家属及其他人都可起诉，依法追究其法律责任。

第三节　商品采购合同的跟踪

采购合同跟踪是采购人员的重要职责。采购合同跟踪的目的有三个方面：促进合同正常执行、满足企业的物料需求、保持合理的库存水平。在实际订单操作过程中，合同、需求、库存三者之间会产生相互矛盾，突出的表现为：因各种原因合同难以执行、需求不能满足导致缺料、库存难以控制。恰当地处理供应、需求、缓冲余量之间的关系是衡量采购人员能力的关键指标。采购合同跟踪是对采购合同的执行、采购订单的状态、接收货物的数量及退货情况的动态跟踪。采购合同跟踪的目的在于促使合同正常执行，协调企业和供应商的合作，在满足企业货物需求的同时，又保持最低的库存水平。采购合同跟踪的具体过程如下：

一、采购合同执行前跟踪

采购合同执行前跟踪是指跟踪供应商的货物准备过程。采购方应该严密跟踪供应商准备货物的过程，以保证订单按时、按量完成。虽然每个供应商都有分配比例，但是在具体操作时还可能会遇到供应商因为各种原因拒绝订单的情况。由于时间的变化，供应商可能会提出改变"认证合同条款"，包括价格、质量、期货等，采购人员应该充分与供应商进行沟通，确认可选择的供应商。

二、采购合同执行过程跟踪

与供应商签订的合同具有法律效力，采购人员应该全力跟踪，合同确实需要变更时要征得供应商的同意，不可一意孤行。合同跟踪要把握以下事项：

（一）严密跟踪

要严密跟踪进货过程。货物准备完毕之后，要进行包装、运输。无论是供应商负责送货，还是采购方自提货物，都要对进货过程进行跟踪。运输过程是很容易发生风险的过程，要注意运输工具的选择是否得当、货物是否有特殊要求，避免在运输过程中发生货损。尤其对于远洋或长途运输，跟踪进货的过程更显得重要。不同种类的物料，其准备过程也不同，总体上可以分为两类：一类是供应商需要按照样品或图样定制的物料，存在加工过程，周期比较长，出现问题的概率大；另一类是供应商有库存，不存在加工过程，周期也相对比较短，不容易出现问题。在这种情况下，前者跟踪的过程就比较复杂，后者相对简单。

（二）紧密响应生产需求形式

如果因市场生产需求紧急，要求本批物料立即到货，采购人员就应该马上与供应商进行协调，必要时还应该帮助供应商解决疑难问题，保证需求物料的准时供应。我们现在常把供应商视为战略伙伴，这时正是"伙伴"表现友情的时候。有时市场需求出现滞销，企业经过研究决定延缓或取消本次订单物料供应，采购人员也应该立即与供应商进行沟通，确认可以承受的延缓时间，或者终止本次采购操作，同时应该给供应商相应的赔款。

（三）库存控制

库存水平在某种程度上体现了企业管理人员的水平。既不能让生产缺料，又要保持最低的库存水平，这确实是一项非常具有挑战性的问题。库存是采购物流中的重要环节，它是企业正常运转的调节器。库存量太小不能满足生产、销售要求，而库存太大又会占用资金，造成浪费，两种结果都会影响企业的正常周转。因此，控制一个合理的库存水平十分重要。采购部门应该以订单为导向，兼顾生产水平和供应商对订单的反应速度，来确定最优的订货周期和订货量，从而维持较低的库存水平，节约资金，防止浪费。

（四）控制物料验收

控制好货物的检验与接收。采购人员对货物的检验与接收的跟踪，可以让他们在发现缺货、不合格品等问题的情况下，及时与供应商进行协商解决，进行补货、退还等。境外物料的付款条件可能是预付款或即期付款，一般不采用延期付款。由于与供应商进行一手交钱一手交货的方式，因此要求采购人员必须在交货前把付款手续办妥。

三、付款跟踪

在按照合同规定的支付条款对供应商进行付款后需要进行合同跟踪。货物入库之后，财务部门要凭一系列单据办理对供应商的付款。如果供应商未收到货款，那么采购人员有责任督促财务人员按照流程规定加快操作，否则会影响企业的信誉。采购方有义务及时提交单据，并督促财务部门按照流程规定按期付款，以维护企业的声誉。

第四节　商品采购合同的争议与解决

在物资采购过程中，买卖双方往往会因彼此之间的责任和权利问题引起争议，并由此引发索赔、理赔、仲裁以及诉讼等。为了防止争议的产生，或在争议发生后能获得妥善的处理和解决，买卖双方通常都在签订合同时，对违约后的索赔、负责事项等内容事先做出明确的规定。这些内容反映在合同内，就是违约责任条款。

一、争议、索赔和理赔的含义

（一）争议的含义

争议是指供需的一方认为另一方未能全部或部分履行合同规定，或对义务履行与利益分配有不同的观点、意见从而引起纠纷。采购活动过程中的争议主要有下列三种原因：

（1）供方违约，如拒不交货，未按合同规定的时间、品质、数量、包装交货，货物与单证不符等。

（2）需方违约，如未按合同规定的时间付清货款，或未按合同规定的时间、地点组织提货、验收等。

（3）合同中存在不明确、不具体的内容，以致供需双方对合同条款的理解或解释未达成一致。

（二）索赔和理赔的含义

无论是买方还是卖方违反合同条款，在法律上均构成违约行为，都必须向受损害方承担赔偿因其违约而受到损失的责任。索赔是指受损害的一方在争议发生后，向违约的一方提出赔偿的要求。理赔是指违约的一方受理遭受损害一方提出的索赔要求。索赔和理赔其实是一个问题的两个方面。

遇到下列情况之一时，受损失的一方可以向责任方提出索赔要求：①供应方负责采购供应的设备或材料的质量、性能、型号、规格低于合同原定标准时；②供应方供应的设备或材料运到现场开箱检查发现零件丢失或外表受到损害时；③供应方不能按合同规定的时间将设备或材料送到现场，影响施工时；④其他方面的原因，使一方遭受经济损失时。索赔书中应明确索赔的项目、原因、金额及赔偿时间等，并取得对方的确认。责任方则应根据双方确认的赔偿条件及要求，及时做好理赔工作。

二、合同责任的划分

在购货合同履行过程中，未能按合同要求把采购物资送达买方时，首先应分清是供方责任还是运输方责任，认清索赔对象。

（一）违反购货合同的责任

1. 供货方的责任

（1）物资的品种、规格、数量、质量和包装等不符合合同的规定，或未按合同规定的日期交货，应赔付违约金、赔偿金。若违约金不足以偿付采购方所受到的实际损失，可以修改违约金的计算方法，使实际受到的损害能够得到合理的补偿。

（2）物资错发到货地点或接货单位（人），除按合同规定责任运到规定的到货地点或接货单位（人）外，还要承担因此而多支付的运杂费；如果造成逾期交货要偿付逾期交货违约金。

（3）供货方的运输责任。主要涉及包装责任和发运责任两个方面。合理的包装是安全运输的保障，供货方应按合同约定的标准对产品进行包装。凡因包装不符合规定而造成货物运输过程中的损坏或灭失，均由供货方负责赔偿买方。

2. 采购方的责任

（1）中途退货应偿付违约金、赔偿金。对于实行供货方送货或代运的物资，采购方违反合同规定拒绝接货，要承担由此造成的货物损失和运输部门的罚款。

（2）未按合同规定日期付款或提货，要支付逾期付款利息。

（3）填错或临时变更到货地点，要承担供货方及运输部门按采购方要求改变交货地点的一切额外支出。

（二）违反货物运输合同的责任

当物资需要从供方所在地托运到需方收货地点时，如果未按购货合同要求到货，应分清是货物承运方责任还是托运方责任。

1. 货物承运方的责任

（1）不按运输合同规定的时间和要求发运的，赔付托运方违约金。

（2）物资错运到货地点或接货人，应无偿运至合同规定的到货地点或接货人。如果货物逾期运到，应偿付逾期交货的违约金。

（3）运输过程中物资的灭失、短少、变质、污染、损坏，应按其实际损失（包括包装费、运杂费）赔偿。

（4）联运的物资发生灭失、短少、变质、污染、损坏，应由承运方承担赔偿责任的，具体由终点阶段的承运方先按照规定赔偿，再由终点阶段的承运方向负有责任的其他承运方追偿。

（5）在符合法律和合同规定条件下的运输，由于不可抗力的地震、洪水、风暴等自然灾害，物资本身的自然性质，物资的合理损耗，托运方或收货方本身的过失等造成物资灭失、短少、变质、污染、损坏的，承运方不承担违约责任。

2. 托运方的责任

（1）未按运输合同规定的时间和要求提供货物运输，偿付承运方违约金。

（2）在普通物资中夹带或匿报危险物资、错报笨重货物重量等而导致物资摔损、爆炸、腐蚀等事故，托运方承担赔偿责任。

（3）罐车发运的物资，因未随车附带物资规格、质量证明或化验报告，造成收货方无法卸货时，托运方必须偿付承运方卸车等费用及违约金。

三、索赔和理赔应注意的问题

发生合同争议后，应首先分清属供方、需方或运输方谁的责任。如需方在采购活动中因供方或运输方责任蒙受了经济损失，那么可以通过与其协商交涉进行索赔。索赔和理赔既是一项维护当事人权益和信誉的重要工作，又是一项涉及面广、业务技术性强的细致工作。因此，提出索赔和处理理赔时，必须注意下列问题：

（一）索赔的期限

索赔的期限是指争取索赔方向违约一方提出索赔要求的违约期限。关于索赔期限，合同法有规定的必须依法执行；没有规定的，应根据不同物资的具体情况做出不同的规定。如果逾期提出索赔，那么对方可以不予理赔。一般农产品、食品等索赔期限短一些，一般物资则索赔期限长一些，机器设备的索赔期限更长一些。

（二）索赔的依据

提出索赔时，必须出具因对方违约而造成需方损失的证据（保险索赔另行规定），当争议条款为物资的质量条款或数量条款时，该证据要与合同中检验条款相一致，处理时，应出

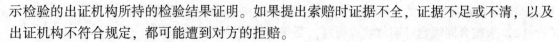

示检验的出证机构所持的检验结果证明。如果提出索赔时证据不全，证据不足或不清，以及出证机构不符合规定，都可能遭到对方的拒赔。

（三）索赔额及赔偿办法

处理索赔的办法和索赔的金额，除个别情况外，通常在合同中只做一般笼统的规定，而不做具体规定。因为违约的情况比较复杂，所以当事人在订立合同时往往难以预计。有关当事人双方应根据合同规定和违约事实，本着平等互利和实事求是的精神，合理确定损害赔偿的金额或其他处理办法，如退货、换货、补货、整修、延期付款、延期交货等。

在国际贸易中发生索赔时，应根据联合国货物销售合同公约的规定，一方当事人违反合同应付的损害赔偿额，应与另一方当事人因其违反合同而遭受的包括利润在内的损失额相等；如果合同被宣告无效，而在宣告无效后一段合理时间内，买方已以合理方式购买替代货物，或者卖方已以合理方式把货物转卖，则要求损害赔偿的一方可以取得合同价格和替代货物交易价格之间的差额。

（四）仲裁

经济仲裁是一种和平解决经济纠纷的方法，是指经济合同的当事人双方发生争议时，如通过协商不能解决，则当事人一方或双方自愿将争议的事项或问题提交给双方同意的第三者依照专门的仲裁规则进行裁决，由其做出对双方均有约束力的裁决。该第三者称为双方选定的仲裁人（亦称公断人），或称为仲裁机构。

1. 仲裁的受理机构

当采购方与供应方发生纠纷需要仲裁时，可按照一般的仲裁程序到相应的受理机构提出仲裁申请，仲裁机构受理后，经调查取证，先行调解，如调解不成，则进行庭审，开庭裁决。根据我国实际，由相关的经济纠纷仲裁机构按《中华人民共和国仲裁法》（简称《仲裁法》）第二条、第三条、第九条、第二十六条的相关规定，对我国法人之间的经济合同纠纷案件进行仲裁；凡是有涉外因素的经济纠纷或海事纠纷案件，即争议的一方或双方是外国法人或自然人的案件，以及中国商品、公司或其他经济组织间有关外贸合同和交易中所发生的争议案件，由民间性（非政府）的社会团体——中国国际贸易促进委员会附设的对外经济贸易仲裁委员会和海事委员会仲裁管辖。前者属于国内经济仲裁的范畴，后者则属于涉外经济仲裁的范畴。

（1）国内经济仲裁的受理机构。我国经济法规定，国内购货合同纠纷一般由合同履行地或者合同签订地的仲裁机构管辖，执行中有困难的，也可以由被诉方所在地的仲裁机关管辖。由合同履行地的仲裁机构管辖，便于查清发生纠纷的原因和事实，做出裁决之后也容易执行。

根据争议金额的大小，按照案件的不同情况，可分别向县、地区、省和国家相关部门四级仲裁机构申请仲裁。

（2）涉外经济仲裁的受理机构。目前在我国的进出口业务所签订的购货合同中，仲裁受理地点主要有以下三种形式：①规定在我国由中国国际贸易促进委员会对外经济贸易委员会仲裁；②规定在被诉方所在国家仲裁；③规定在双方同意的第三国进行仲裁。至于同我国有贸易协定的国家，仲裁地点应按照协定的规定办理。

2. 仲裁的程序

仲裁的程序是指双方当事人将所发生的争议根据仲裁协议的规定提交仲裁时应办理的各项手续。

（1）提出仲裁申请。向仲裁机构申请仲裁，应按仲裁规则的规定递交仲裁协议、仲裁申请书，并按照及副本。当事人向仲裁机构申请仲裁，应从其知道或者应当知道权利被侵害之日起一年内提出。但侵权人愿意承担债务的不受该时效限制。否则，超过期限，一般不予受理。

仲裁申请书的内容主要包括：

1）当事人的姓名、性别、年龄、职业、工作单位和住所，法人或者其他组织的名称、住所和法定代表人或者主要负责人的姓名、职务。

2）仲裁请求和所根据的事实、理由。

3）证据和证据来源、证人姓名和住所。

（2）立案受理。仲裁机构收到仲裁申请书之日起 5 日内，认为符合受理条件的，应当受理，并通知当事人；认为不符合受理条件的，应当书面通知当事人不予受理，并说明理由。仲裁机构受理仲裁申请后，应当在仲裁规则规定的期限内将仲裁规则和仲裁员名册送达申请人，并将仲裁申请书副本和仲裁规则、仲裁员名册送达被申请人。被申请人收到仲裁申请书副本后，应当在仲裁规则规定的期限内向仲裁委员会提交答辩书。仲裁机构收到答辩书后，应当在仲裁规则规定的期限内将答辩书副本送达申请人。被申请人未提交答辩书的，不影响仲裁程序的进行。

（3）调查取证。仲裁员必须认真审阅申请书、答辩书，进行分析研究，确定调查方案及收集证据的具体方法、步骤和手段。为调查取证，仲裁机构可向有关单位查阅与案件有关的档案、资料和原始凭证。有关单位应当如实地提供材料，协助进行调查，必要时应出具证明。仲裁机构在必要时可组织现场勘察或者对物证进行鉴定。

（4）调解过程。调解是指双方或多方当事人就争议的实体权利、义务，在人民法院、人民调解委员会及有关组织主持下，自愿进行协商，通过教育疏导，促成各方达成协议、解决纠纷的办法。仲裁庭经过调查取证，在查明事实、分清责任的基础上，应当先行调解，促使当事人双方互谅互让、自愿达成和解协议。调解达成协议，必须是双方自愿，不得强迫。协议内容不得违背法律、行政法规和政策，不得损害公共利益和他人利益。达成和解协议的，仲裁庭应当制作调解书，调解书应当写明仲裁请求和当事人协议的结果。调解书由仲裁员签名，加盖仲裁委员会印章，送达双方当事人。调解书经双方当事人签收后，即发生法律效力。在调解书签收前当事人反悔的，仲裁庭应当及时做出裁决。

（5）开庭裁决。仲裁庭决定仲裁后，应当在开庭前，将开庭审理的时间、地点以书面形式通知当事人在庭审过程中，当事人可以充分行使自己的诉讼权利，即申诉、答辩和反诉当事人。

（6）仲裁裁决书。仲裁裁决书是仲裁庭对仲裁纠纷案件做出裁决的法律文书。裁决书是仲裁机构根据已查明的事实依法对争议案件做出裁决的书面文书。裁决书应当写明仲裁请求、争议事实、裁决理由、裁决结果、仲裁费用的负担和裁决日期。当事人协议不愿写明争议事实和裁决理由的，可以不写。裁决书由仲裁员签名，加盖仲裁委员会印章。对裁决持不同意见的仲裁员，可以签名，也可以不签名。

本章小结

市场经济的重要特征之一就是经济契约化。契约化是商品经济发展的必然产物。"契约"即是合同。合同制度使商品经济的各种行为规范化，是市场经济发展的必要条件。采购合同是企业供方与需方，经过双方谈判协商一致同意而签订的"供需关系"的法律性文件，合同双方都应遵守和履行，是双方联系的共同语言基础。通过本章学习，能够掌握商品采购合同的内容和格式要求，对合同订立、审查、变更、解除的程序和方法等进行实际应用和操作。

习题与思考

一、简答题

1. 一份完整的采购合同由哪些部分组成？

2. 如何审查供应商的合同资格？

3. 如何审查供应商的资质和履约能力？

4. 违反购货合同应负什么责任？

5. 如何办理采购索赔和理赔？

6. 简述仲裁申请书的主要内容。

二、填空题

1. 一份完整的采购合同通常由约首、正文（　　　）与约尾三部分组成。

2. 合同中的标的物应按行业主管部门颁布的（　　　）规定正确填写，不能用习惯名称或自行命名，以免产生由于订货差错而造成物资积压、缺货、拒收或拒付等情况。

3. （　　　）是指交易物品每一计量单位的货币数值

4. 商品数量是指采用一定的度量制度来确定买卖商品的重量、个数、长度、面积、容积等。

5. 到货期限是指约定的到货最（　　　）时间，它要以不延误企业生产经营为标准。

6. 商品检验是指由商品检验机构对进出口商品的品质、数量、重量、包装、标记、产地、残损、环保要求等进行检验分析与（　　　），并出具检验证明。

7. 国际贸易中的支付是指用一定的手段，在指定的时间、地点，使用（　　　）的方式支付货款。

8. 根据国际惯例，凡是按 CIF 和 CIP 条件成交的出口货物，一般由（　　　）投保，按 FOB、CFR、CPT 条件成交的进口物资，由（　　　）方办理保险。

9. 合同的约尾主要包括的内容有：合同的份数、使用语言及效力、附件、合同的生效日期、双方的（　　　）盖章。

10. 要约的对象一般有三种：指定的对象、（　　　）的对象、任意的对象。

11. 采购合同跟踪的目的有三个方面：促进合同正常执行、满足企业的（　　　）需求、保持合理的库存水平。

12. （　　　）和（　　　）既是一项维护当事人权益和信誉的重要工作，又是一项涉及面广、业务技术性强的细致工作。

13. 仲裁庭决定仲裁后，应当在开庭前，将开庭审理的时间、地点以书面形式通知。在庭审过程中，当事人可以充分行使自己的（　　　）权利，即申诉、答辩、和反诉当事人。

14. 目前在我国进出口业务所签订的购货合同中，（　　　）受理地点主要有以下三种形式：规定在我国

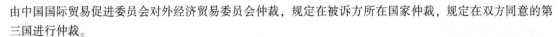

由中国国际贸易促进委员会对外经济贸易委员会仲裁，规定在被诉方所在国家仲裁，规定在双方同意的第三国进行仲裁。

15. 经济仲裁是一种和平解决经济纠纷的方法，是指经济合同的当事人双方发生争议时，若通过协商不能解决，则当事人一方或双方自愿将争议的事项或问题提交给双方同意的(　　)，依照专门的仲裁规则进行裁决，由其做出对双方均有约束力的裁决。

三、案例分析

案例分析一

2016—2018 年，A 厂多次向 B 厂供应毛条，累计价款达 1194 万余元。双方在每次供货、提货时，均记载了毛条的数量和价款，但始终未签订书面采购合同，也未约定付款的具体期限。其间，A 厂曾多次向 B 厂催收部分货款，但未提出清偿全部货款及利息的要求。与此同时，双方间供、提毛条的业务仍在继续进行；B 厂在提货时也曾多次向 A 厂支付过部分货款。至今，两厂间仍有 590 万余元货款未结清。A 厂遂向法院提起诉讼，要求 B 厂清偿全部货款和利息，并赔偿其经济损失。

问题：你认为 A、B 两厂的买卖行为需要签订采购合同吗？

案例分析二

甲、乙双方于 2018 年 7 月 12 日签订了一份简单的购销合同，约定乙方向甲方购买 50 万 m 涤纶哔叽，由于当时货物的价格变化大，不便将价格在合同中定死，双方一致同意合同价格只写明以市场价而定，同时双方约定交货时间为 ×××× 年年底，除上述简单约定，合同中便无其他条款。合同签署后，甲方开始组织生产，到 ×××× 年 11 月月底甲方已生产 40 万 m 货物，为防止仓库仓储货物过多，同时为便于及时收取部分货款，甲方遂电告乙方，要求向乙方先交付已生产的 40 万 m 货物。乙方复函表示同意。货物送达乙方后，乙方根据相关验收标准组织相关工作人员进行了初步检验，认为货物中跳丝、接头太多，遂提出产品质量问题，但乙方同时认为考虑到该产品在市场上仍有销路，且与甲方有多年的良好合作关系，遂同意接受了该批货物，并对剩下的 10 万 m 货物提出了明确的质量要求。在收取货物的 15 日后，乙方向甲方按 5 元/m 的价格汇去了 200 万元人民币货款。甲方收到货款后认为价格过低，提出市场价格为 × 元/m，按照双方合同约定的价格确定方式，乙方应按照市场价格给甲方付款，但是乙方一直未予回复。×××× 年 12 月 20 日，甲方向乙方发函提出剩下货物已经生产完毕，要求发货并要求乙方补足第一批货物货款。乙方提出该批货物质量太差，没有销路，要求退回全部货物。双方因此发生纠纷并诉之法院。

问题：案例中的甲乙双方所签订的合同有哪些问题？

第八章

采购绩效评估

学习目标

1. 了解采购绩效评估的含义。
2. 了解采购绩效评估的目的和意义。
3. 熟悉影响采购绩效评估的主要因素。
4. 掌握采购绩效评估的指标体系。
5. 熟悉采购绩效评估的方式。
6. 熟悉采购绩效评估的流程。

◆ 导入案例

中集集团对采购部门的绩效评估

从企业的角度看，要做好采购工作，从采购价格和供应商处要效益，企业不仅要做好供应商的考核和评价工作，还要做好采购部门的绩效评估工作。通过制定可测的、有挑战性的评估指标，来监督采购部门及采购人员的业绩，以促使他们不断改进。中集集团非常注重对采购部门及采购人员的业绩考核，并在总部和各下属公司形成了一套较完善的考核体系，并从以下两方面对采购部门及人员进行评估。

一、运用业绩评估工具

中集集团会根据原材料重要程度、价格可节约程度及对生产保障的影响程度等制定相应的评估指标，并采取部门考核和采购人员个人考核相结合的方式，对采购部门和采购人员进行评估。以统购材料（钢材）为例，其考核指标为：①资源保障率=年度采购总量/年度箱单总耗量×100%；②对材料市场走势判断的准确性：对材料市场的趋势判断与市场走势是否一致；③经营性采购收益=（市场年度均价－集团年度采购均价）×集团年度采购总量；④市场年度均价=以前n个主要供应商年度市场平均价格；⑤集团年度均价。

二、运用内部看板工具

中集集团业绩管理的一个亮点就是"绩效看板"。无论是统购材料还是非统购材料，中集集团都建立了入库价格看板和材料成本价看板，这样对于总部来说，可以清楚地了解各下属公司的材料采购情况及价格差异；对于下属公司来说，通过看板中的采购价格和其他兄弟公司做比较，可以便捷地发现自己的价格优势和劣势，从而进一步分析原因，并予以改进。

（资料来源：豆丁网．中集集团对采购部门的绩效考核．2016-08-23. http：//www. docin. com/p-1715261173. html）

第一节　采购绩效评估概述

一、采购绩效评估的定义

商品采购工作在一系列的作业程序完成之后，是否达到了预期的目标，企业对采购的商品是否满意，需要经过考核评估之后才能下结论。采购绩效是指采购效益和采购业绩，是通过采购流程各个环节的工作能够实现预定目标的程度。商品采购绩效评估就是建立一套科学的评估指标体系，用来全面反映和检查采购部门与人员的工作成绩、工作效率和效益。

对商品采购绩效的评估可以分为对整个采购部门的评估和对采购人员个人的评估。对采购部门绩效的评估可以由企业高层管理者来进行，也可以由外部客户来进行；而对采购人员的评估则常由采购部门的负责人来负责。对商品采购绩效的评估是围绕采购的基本功能来进行的。

采购的基本功能可以从以下两方面进行描述：

（1）可以把所需的商品及时买回来，保证企业销售或生产的持续进行，就像给一辆车加油让它持续奔驰一样。

（2）可以开发更优秀的供应源，降低采购成本，实现最佳采购。

二、采购绩效评估的目的

许多企业与机构，到现在仍然把采购人员看作"行政人员"，对他们的工作绩效还是以"工作品质""工作能力""工作知识""工作量""合作""勤勉"等一般性的项目来考核，使采购人员的专业功能与绩效未受到应有的尊重与公正的评量。实际上，若能对采购工作做好绩效评估，通常可以达到下列目的。

（一）确保采购目标的实现

各企业的采购目标不同，有的偏重质量和服务，有的偏重价格低廉，有的偏重交货时间准确等。例如，政府采购的采购单位偏重"防弊"，采购作业以"按期""按质""按量"为目标；而民营企业的采购单位则注重"兴利"，采购工作除了维持正常的产销活动外，非常注重产销成本的降低。因此，各企业应针对自己所追求的主要目标对涉及时间期限、质量规格、物流服务、组织效率等方面的指标加以考评，从而督促目标的实现。

（二）作为提供改进绩效的依据

采购绩效评估制度可以提供一个客观的标准，来衡量采购目标是否达成，也可以使采购工作更加透明，让客户知道企业如何对原材料、商品等采购进行严格把关，还可以让客户提

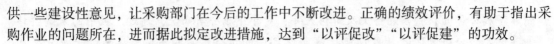

供一些建设性意见，让采购部门在今后的工作中不断改进。正确的绩效评价，有助于指出采购作业的问题所在，进而据此拟定改进措施，达到"以评促改""以评促建"的功效。

（三）作为个人或部门奖惩的参考

良好的绩效评估方法，能将采购部门的绩效独立于其他部门而凸显出来，并反映采购人员的个人表现，作为各种人事考核的参考资料。依据客观的绩效评估，达成公正的奖惩，采购人员也可以更清楚地了解自己的工作状态和效率，及时总结采购工作中的不足与成绩，激励采购人员不断前进，发挥团队合作精神，使整个部门发挥合作效能。

（四）协助甄选人员与培训

根据绩效评估的结果，可针对现有采购人员的工作能力缺陷，拟订改进的计划，例如，安排参加专业性的教育、培训；若发现整个部门缺乏某种特殊人才，则可另行由企业内部甄选或向外界招募。

（五）促进部门间的关系

采购部门的绩效，受其他部门能否配合的影响非常大，也可以在企业各部门共享。采购部门的职责是否明确，流程是否简单、合理，付款条件及交货方式是否符合公司的管理制度，各部门的目标是否一致等，均可通过绩效考评而予以判定，并可以改善部门间的合作关系，增进企业整体的运作效率。

（六）提高采购人员的士气

有效且公平的绩效考评制度，将使采购人员的努力成果获得适当的回馈与认定。采购人员通过绩效评估，将与业务人员或财务人员一样，对企业的利润贡献有客观的衡量尺度，成为受到肯定的工作伙伴，对其士气的提升大有帮助。

三、采购绩效评估的影响因素

为了保证采购绩效评估的公正、公平和客观性，工作中除了按规则行事外，还应该考虑一些影响采购绩效评估的因素。影响采购绩效评估的一个重要因素是管理人员如何看待采购业务的重要性及它在企业中所处的地位。管理人员对采购业务的不同期望会对所采用的考核方法和技术产生重要影响。

（一）业务管理活动

采购业务的绩效评估主要取决于与现行采购业务有关的一些参数，比如订货量、订货间隔期、积压数量、现行市价等。

（二）商业活动

如果把采购业务看作一种商业活动，那么管理人员主要关注的就是采购活动所能实现的潜在节约额。项目采购部门的主要目的是降低价格，以减少成本的支出。所以，采购时应更关注供应商的竞争性报价，以便保持一个满意的价位。采用的主要参数是项目采购中的总体节约量、市价的高低、差异报告、通货膨胀报告等。

（三）综合物流的一部分

管理人员追求低价格有一定的缺点，它可能导致次优化决策，太关注价格会引诱客户因小失大。降低产品的价格通常会使供应商觉得产品的质量可能会降低，并会降低供应的可信度。因此，管理人员要向供应商介绍产品质量的改进目标情况，尽量缩短到货时间并提高供应商的供货可靠度。

（四）战略性活动

项目采购业务对于决定企业的核心业务及提高企业的竞争力将产生积极的作用，因为采购业务积极地参与到产品是自制还是购买决策的研究中。地区性供应商已卷入了国际竞争之中，在这种情况下，管理人员考核采购绩效主要考虑以下几个方面：基本供应量的变化数量、新的有联系的供应商的数量及依据已实现的节约额对采购价格底线的贡献大小等。

由于外在因素的影响，那些把项目采购看成是一项商业活动的企业必须思考的问题是哪些因素决定着当前比较流行的采购考核模式。这些外在因素主要有价格和毛利上的压力、丧失市场份额的压力、材料成本显著降低的要求、供应市场上价格剧烈波动等。这些问题迫使管理人员必须关注高水平的采购绩效。另外，一些内在因素也会影响管理人员对采购业务所持有的观点。主要的内在因素有企业实行的综合物流程度、引进和应用现代质量概念的程度、材料管理领域的自动化程度等。

由于每个企业的项目采购绩效的考核方法不同，要形成一种统一的方法和评估系统来测量采购绩效是不可能的。

四、采购绩效评估的意义

绩效评估是企业管理者对企业经营运作情况的一个判断过程。这一过程是管理过程中不可缺少的，只有进行科学、合理的采购绩效评估，才能保证企业未来的发展方向。具体来说，采购绩效评估的实施对企业具有以下意义：

（一）采购绩效评估可以支持更好的决策制定

采购绩效评估活动使得采购绩效和成果更具可见性，企业能够据此制定出更好的决策。如果不清楚哪些领域的采购绩效达不到标准，那么开发采购绩效改善计划将是十分困难的。衡量标准提供了一定时间内采购绩效的追踪记录并直接支持管理层的决策制定。

（二）采购绩效评估可以支持更好地沟通

采购绩效评估活动可以使采购成员间进行更好的沟通，包括在采购部门内部、在部门之间，以及与供应商、与行政管理层之间。例如，一个采购员必须与供应商清楚地沟通绩效期望。衡量供应商绩效质量的标准反映了采购员的期望。

（三）采购绩效评估为企业提供绩效反馈

采购绩效评估活动提供了采购绩效反馈的机会，可以通过采购绩效评估活动防止某些问题的发生或改正某些错误。反馈也可以提供买方、部门、团队或者供应商在一定时间内为满足采购绩效目标所进行的努力等情况。

（四）采购绩效评估也是一种激励和指导行为

采购绩效评估活动激励和引导行为向着所要求的结果和方向发展。一个衡量体系将以多种方式完成这一任务。首先，采购绩效种类和目标的选择暗示管理人员哪些活动是企业重要的；其次，管理层通过将采购绩效目标的完成与企业的奖励（如工资的增长）相联系来激励和影响采购人员的行为。

正是由于上述原因，人们才逐步开始关注采购功能活动的绩效评价问题，希望通过这项工作来发现采购中存在的问题，不断反馈，不断改进，努力提高采购的绩效水平。

第二节　采购绩效评估的指标体系和标准

一、采购绩效评估的指标体系

采购人员应以适质、适量、适价、适时及适地等作为工作目标，因此，采购人员的绩效考核应以"五适"为中心，并以数量化的指标作为衡量绩效的尺度。具体可以把采购部门及人员的考核指标划分为以下六大类：

（一）数量绩效指标

在采购部门为争取数量折扣，增加采购物料批次，以达到降低价格目的的同时，却可能导致企业存货过多，甚至发生呆料、废料的情况。数量绩效指标主要有以下两点：

1. 储存费用指标

储存费用是指存货占用资金的利息及保管费用之和。企业应当经常将现有存货占用资金利息及保管费用与正常存货占用资金利息及保管费用进行比较。

2. 呆料、废料处理损失指标

呆料、废料处理损失是指处理呆料、废料的收入与其取得成本的差额。存货积压的利息及保管的费用越大，呆料、废料处理的损失越高，表明采购人员的数量绩效越差。不过此项数量绩效，有时受到企业营业状况、物料管理绩效、生产技术变更或投机采购的影响，并不能完全归咎于采购人员。

（二）质量绩效指标

质量绩效指标主要是考评供应商的质量水平以及供应商所提供产品或服务的质量，它包括质量体系、物资质量等。

1. 质量体系

质量体系具体包括：已通过 ISO 9000 认证的供应商比例、实行来料质量免检的供应商比例、来料免检的价值比例、实施 SPC（统计过程控制）的供应商比例、开展专项质量改进（围绕本企业的产品或服务）的供应商比例、参与本企业质量改进小组的供应商人数及供应商比例等。

2. 物资质量

物资质量具体包括：批次质量合格率、物料抽检缺陷率、物料在线报废率、物料免检率、物料返工率、退货率、对供应的投诉率及处理时间等。

同时，采购的质量绩效可由验收记录及生产记录来判断。验收记录是指供应商交货时，为企业所接受（或拒绝）的采购项目数量或百分比；生产记录是指交货后，在生产过程发现质量不符合要求的项目数量或百分比。具体公式为

$$采购物料验收指标 = \frac{合格（或拒收）数量}{检验数量}$$

若以物料质量控制抽样检验的方式进行考核，拒收或拒用比率越高，则显示采购人员的质量绩效越差。

（三）时间绩效指标

时间绩效指标用以衡量采购人员处理订单的效率，及对于供应商交货时间的控制。延迟

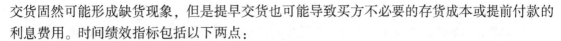

交货固然可能形成缺货现象，但是提早交货也可能导致买方不必要的存货成本或提前付款的利息费用。时间绩效指标包括以下两点：

1. 紧急采购费用指标

紧急采购费用是指因紧急情况采用紧急运输方式（如空运）所产生的费用。应将紧急采购费用与正常运输费用的差额进行比较。紧急采购会使购入的物品价格偏高，质量欠佳，连带也会产生赶工时间，必须支付额外的加班费用。

2. 停工断料损失指标

停工断料损失是指停工生产车间作业人员工资及有关费用的损失。除了前述指标所显示的直接费用或损失外，还有许多间接损失，如经常停工断料会造成客户订单流失、员工离职以及恢复正常工作的机器必须做出的各项调整（包括温度、压力等）。这些费用与损失，通常都没有加以估算在此项指标内。

（四）价格绩效指标

价格绩效是企业最重视、最常见的衡量标准。通过价格指标，可以衡量采购人员的议价能力以及供需双方势力的消长情形。采购价差通常有下列几种：

1. 实际价格与标准成本的差额

实际价格与标准成本的差额是指企业采购物品的实际价格与企业事先确定的物品采购标准成本的差额。它反映了企业在采购物品过程中实际采购成本与过去采购成本的超出额或节约额。

2. 使用时的价格与采购时的价格之间的差额

使用时的价格与采购时的价格之间的差额是指企业在使用物品时的价格与采购时的价格的差额。它反映了企业采购物品时是否考虑了市场价格的走势，如果企业预测未来市场的价格走势是上涨的，那么企业应该在前期多储存物品；如果企业预测未来市场的价格走势是下跌的，那么企业不宜多储存物品。

3. 将当期采购价格与基期采购价格的比率及当期物价指数与基期价格指数的比率相互比较

该指标是动态指标，主要反映企业物品价格的变化趋势。

（五）采购效率指标

以上数量、质量、时间及价格绩效是对采购人员的工作效果进行衡量的，还可对采购效率进行衡量。主要包括以下几项：

1. 年采购金额

年采购金额是企业一个年度物品的采购总金额，包括生产性原材料与零部件采购总额、非生产采购总额（包括设备、备件、生产辅料、软件、服务等）、原材料采购总额占总成本的比重等。其中，最重要的是原材料采购总额，它还可以按不同的材料进一步细分为包装材料、电子类零部件、塑胶件、五金件等，也可以按采购付款的币种分为人民币采购金额及其占比。原材料采购总额按采购成本结构又可以分解到各个采购员及供应商，计算出每个采购人员的年采购金额、年人均采购金额、各种供应商采购金额、供应商年平均采购金额等。

2. 年采购金额占销售收入的百分比

年采购金额占销售收入的百分比是指企业在一个年度里商品或物资采购总额占年销售收入的比重，它反映了企业采购资金的合理性。

3. 订购单的件数

订购单的件数是指企业在一定时期内采购物品的数量，主要是按 ABC 管理法，对 A 类商品的数量进行反映。

4. 采购人员的人数

采购人员的人数是指企业专门从事采购业务的人员数量，它是反映企业劳动效率指标的重要因素。

5. 采购部门的费用

采购部门的费用是指一定时期内采购部门的经费支出，它反映了采购部门的经济效益指标。

6. 新供应商开发个数

新供应商开发个数是指企业在一定时期内采购部门与新的供应商的合作数量，它反映了企业采购部门的工作效率。

7. 采购计划完成率

采购计划完成率是指一定时期内企业物品实际采购额与计划采购额的比率，它反映了企业采购部门采购计划的完成情况。

8. 错误采购次数

错误采购次数是指一定时期内企业采购人员因工作失职等原因造成企业物品错误采购的数量，它反映了企业采购部门工作质量的好坏。

9. 订单处理的时间

订单处理的时间是指企业在处理采购订单的过程中需要的平均时间，它反映了企业采购部门的工作效率。

（六）采购物流指标

采购物流指标主要用来衡量采购物流各环节的工作情况，包括以下四个方面的指标：

1. 涉及订货工作的指标

涉及订货工作的指标包括平均订货时间、平均订货规模、最小订货数量、订单变化的接受率、季节性变化接受率、平均订单确认时间等。

2. 涉及供应商供货的指标

涉及供应商供货的指标包括供应商供货可靠性、已交货数量/未交货数量、实行"JIT"的供应商数目与比例、供应商采用 MRP（物料需求计划）或 ERP（企业资源计划）等系统的程度等。

3. 涉及交货与货物接收的指标

涉及交货与货物接收的指标包括准时交货率、首次交货周期、正常交货周期、交货频率、交货的准确率、平均交货运输时间、在途存货总量、平均报关时间、平均退货时间、平均补货时间等。

4. 涉及库存与周转的指标

涉及库存与周转的指标包括原材料库存量、库存周期、存货周转率等。

二、采购绩效评估的标准

确定了采购绩效评估指标后，接下来的工作就是确定具体的采购绩效评估指标的标准。

成功的采购绩效评估指标必须清晰、可衡量。所谓清晰，是指员工必须能够正确理解该指标的含义，并认同该指标，这样才能引导绩效按期望的结果发展。所谓可衡量，是指建立的估计指标必须是能够准确测量、估计和计算的。为每一项指标建立相应的绩效标准也是十分重要的，制定不可能完成的标准会打击积极性，太容易达到的标准又不能发挥采购人员的潜能，因此，好的绩效评估标准一定要适度。一般常见的采购绩效评估的标准有下述几种：

（一）历史绩效标准

历史绩效标准往往要经过适当调整后才可以被更好地应用。选择企业历史绩效作为评估目前绩效的基础，是相当正确、有效的做法。但是只有当公司的采购部门，无论是组织、职责或人员等，在均没有重大变动的情况下，才适合使用此项标准。由于现在企业的发展变化都比较快，历史绩效标准往往要经过适当调整后才可以更好地被应用。

（二）预算或标准绩效标准

如果企业过去没有做过类似的绩效评估，或者过去的绩效评估资料难以取得，或者企业的组织机构、组织职责、采购人员发生了较大的变动，那么，显然上面以"历史绩效"作为评估标准是行不通的。这时可以采用预算或标准绩效作为评估的标准。标准绩效的设定应遵循以下三个标准：

1. 固定标准

所谓固定标准，就是一旦确定了标准，在一般情况下就不再变动了。这种方法简便易行，容易与过去的指标进行对比，找出差距、进步或失误。但是，企业的情况是千变万化的，市场信息也瞬息万变，因此，这种固定标准恐怕难以适应变化的环境。

2. 理想标准

所谓理想标准，是指在完美的、具备一切条件的工作环境下，企业应有的绩效。这种方法易于激励员工的工作积极性，促使其最大限度地发挥工作潜力。但是，"完美的"工作环境，一般的企业是很难具备的，因此，对于员工来说，这样的标准未免太遥远，易导致员工工作产生挫折感。

3. 可实现标准

所谓可实现标准，是指在现有的条件环境下，企业可以达到的标准。通常，可以依据当前的绩效加以适当的修改。这种方法是比较可行的，应该说是综合了以上两种方法的优点。这一标准使员工感到可行，它既不像固定标准那样一成不变难以适应迅速变化的环境，也不像理想标准那样可望而不可即。

（三）同行业平均绩效标准

如果其他同行业企业在采购组织、职责及人员等方面与本企业相似，则可与其绩效进行比较，以辨别彼此在采购工作成就上的优劣。数据资料既可以使用个别企业的相关采购结果，也可以使用整个行业绩效的平均标准。

（四）目标绩效标准

预算绩效是代表在现状下"应该"可以达成的工作绩效；而目标绩效则是在现状下，不经过特别的努力无法完成的较高境界。目标绩效代表企业管理者对工作人员追求最佳绩效的"期望值"，这个标准的制定通常是以同行业最佳的绩效水平为标准。一般来说，目标绩效的制定有助于鼓舞采购人员的士气。目标绩效的确定要有一定的挑战性，但千万不能高不可攀。

第三节　采购绩效评估的参与人员及方式

一、采购绩效评估的参与人员

采购绩效评估所涉及的内容较多，不仅要对直接进行采购工作的各环节进行评估，还要对间接参与的环节进行考核，因此会涉及采购部门、质量控制部门、生产部门、财务部门、销售部门等。采购绩效评估的人员选择就应从这些部门中选择专业、技术、经验等各方面比较优秀的人员参与。

评估参与人员的选择与评估的目标有着密切的联系，要选择最了解采购工作情况的人员、与评估目标实现关联最紧密的部门参与评估，通常企业管理者会选择以下几类部门和人员参与：

（一）采购部门主管

由于采购部门主管对所管辖的采购人员最熟悉，且所有工作任务的指派或工作绩效的好坏，均在其直接督导之下，因此，由采购部门主管负责评估，可以注意到采购人员的个别表现，可以更全面、公平、客观地评价每个采购人员的采购绩效，并兼收监督与训练的效果。但也应考虑到采购部门主管进行评估可能会包含一些个人情感因素，而使评估结果出现偏颇。

（二）会计或财务部门

会计或财务部门不仅掌握着企业产销成本的数据，而且全盘管制着资金的进出，通过采购成本的控制可达到对资金的合理使用及成本的节约、利润的增加。因此，对采购部门的工作绩效，会计或财务部门可以参与评估。

（三）工程部门或生产管制部门

当采购项目的品质及数量对企业的最终产出影响重大时，可由工程部门或生产管制部门人员评估采购部门的绩效。

（四）供应商

有些企业通过正式或非正式的渠道，向供应商探询其对于采购部门或人员的意见，以间接了解采购作业的绩效和采购人员的素质。

（五）外界的专家或管理顾问

为避免企业各部门之间的本位主义或门户之见，可以特别聘请外界的采购专家或管理顾问，针对企业全盘的采购制度、组织、人员及工作绩效做出客观的分析与建议。相对而言，这样的意见和建议更为客观和公正，但是成本会比较高。

二、采购绩效评估的方式

（一）不定期评估

不定期评估是根据特定的采购项目，由项目执行人自己进行的考核。一项采购任务完成以后，采购人员本身就要对该项采购任务的完成情况有一个总结和评估。此时，经常采用的方法是由采购人员自己填写采购评估考核表（也称为采购自我评估表）。采购自我评估表是针对单个业务员业绩进行的定量描述，是对整个采购工作绩效进行考核的基础和依据。填写采购考核表一般以业务为单位，由采购人员自己填写，再交由部门进行审查和存档。

（二）定期评估

定期评估主要是与企业年度人事考核同步进行的，是对采购人员工作情况的评估，一般以采购人员的工作表现作为考核内容，包括工作态度、合作精神、工作能力、学习能力、忠诚度、积极性等。在采购人员自我考核的基础上，采购部门根据月末或年末定期对各项采购任务的完成情况进行统计汇总，来完成整个部门的阶段性绩效评估。这时，采购自我评估就自然而然地成为各个阶段对采购人员工作绩效的定量描述，为采购人员的考核、评估、提职和加薪提供了详细的资料依据，同时汇总信息又是采购部门各个阶段工作绩效的重要资料，是控制和监督采购工作的基础。不仅采购部门要掌握其工作绩效的信息，其他相关部门，如仓储、生产、销售等部门也要参考采购部门的信息，作为供应链的一环，采购绩效的评估信息对于整个企业的决策与运作都是有参考价值的。

第四节　采购绩效评估的流程

开发并实施采购绩效评估包括一系列流程，具体如图 8-1 所示。

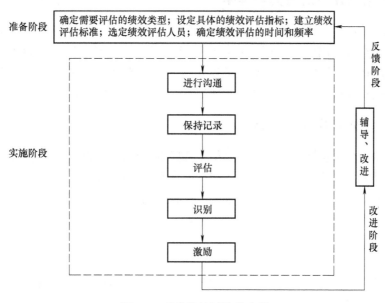

图 8-1　采购绩效评估的流程

一、确定需要评估的绩效类型

在采购绩效评估中，第一步就是要确定公司所需评估的绩效类型。一个企业要根据自身情况选择不同的绩效类型进行评估，所选择的绩效类型必须与公司及采购部门的目标和任务相结合。选择绩效类型是开展采购绩效评估的关键一步。一般情况下，采购绩效评估通常分为三个方面：采购职能部门绩效评估、采购人员绩效评估和供应商绩效评估。这三个方面的绩效均包括多个绩效类型。例如，采购职能部门的绩效类型包括财务节约、客户服务和采购系统能力等。每个绩效类型可以设定不同的指标进行评估。

二、设定具体的绩效评估指标

一旦确定了绩效评估类型，接下来的工作就是确定具体的绩效评估指标，成功的采购绩效评估指标必须清晰、可衡量。所谓的清晰，就是员工必须能够正确理解该指标的含义并认同该指标，这样才能引导绩效按照期望的结果发展。所谓的可衡量，是指建立的评估指标必须是能够准确测量、估计和计算的。

三、建立绩效评估标准

为每一项指标建立相应的绩效标准是十分重要的，制定不可能完成的标准会打击积极性，太容易达到的标准又不能发挥潜能。因此，建立绩效评估标准是非常重要的。

四、选定绩效评估人员

参与采购绩效评估的人员不仅需要采购部门的人员，还需要财务部门、生产部门、供应商甚至专家顾问的配合。

五、确定绩效评估的时间和频率

好的采购绩效评估系统要对不同的绩效类型设定不同的评估时间和频率，这样才能保证评估的结果及时有效。因此，管理者必须确定什么样的频率对不同的绩效类型更有效。比如，一个对入库运输状况的评价就必须是频繁的（每天或是实时的），而对于供应商绩效的总评价则可以按每周一次或每月一次的频率进行，时间可选在每周一或月初。

六、实施评估并反馈评估结果

实施评估是一个系统性的工作，需要很多部门的良好沟通和配合，实施的结果要及时反馈。这时候管理者要思考的问题是如何才能更好地利用反馈的结果。结果一方面表明了采购部门所取得的成绩，另一方面也揭示了采购中存在的诸多问题。在肯定成绩的同时也要着力解决发现的问题。只有这样，才能达到实施采购绩效评估的目的。采购绩效评估的实施，一般包括以下阶段：

（一）进行沟通

评估参与各方进行有效、持续、正式和非正式的评估沟通，这在评估的实施阶段是非常重要的，良好的沟通是后续工作的基础。

（二）保持记录

观察绩效表现，收集绩效数据，将任何表现采购绩效的痕迹、印象、影响、证据、事实完整地记录下来，并做成文档。

（三）评估

对检查、测评、绩效考核、绩效会议等进行对比、分析、诊断和评估。

（四）识别

识别在各个领域中的缺点和优点，并加以确认。

（五）激励

激励包括正激励、负激励、报酬、教导、训诫、惩罚等手段。

第五节　采购绩效评估的改进措施

对于那些意识到采购管理重要性的企业，应尝试更为科学、系统的采购管理方法，对整个采购活动甚至是整个供应链条进行规范和改造，从而帮助采购工作的绩效得到更为明显的提高。要想提高采购工作的绩效，最为基本的做法就是将采购工作的具体环节制度化、规范化，并在整个企业内推行。对于那些缺乏制度建设的企业，这是提高采购工作绩效最为显著的方法。但如果想使得采购绩效持续提升，仅仅建立采购工作管理制度是不够的，还应当有切实可行的实施办法。

一、开发采购绩效评估和考核系统

开发有效的采购绩效评估和考核系统包括下面一系列活动：确定需要评估的绩效类型，开发具体的绩效评估标准，为每一项指标建立绩效标准，系统细节定案及实施并审核绩效和考核标准系统。

建立采购绩效评估和考核系统就是要对评估工作的原则、频次、标准、人员、方式、目的等做出明确的规定，并形成一个系统，各部门配合，一般由采购管理部门负责监督执行。要想成功地建立起采购绩效评估和考核系统，需要注意以下几个方面：

(一) 明确目的

企业必须首先明确采购绩效评估和考核的目的，这样才能在此基础上建立采购绩效评估和考核系统，也就是说系统必须符合考核的目的。

(二) 符合企业实际

企业建立的采购绩效评估系统必须从企业自身的特点出发，符合企业的实际运作方式，满足企业各部门的需要，这样的评估和考核才能够得以长期实施，并取得显著的效果。

(三) 信息共享，公开明确

企业建立采购绩效评估和考核系统不只是采购部门的事情，应该站在整个企业的立场上建立这项系统，评估和考核的结果也要在企业各部门内共享，这样才能保证采购绩效评估和考核的目的得以实现。

二、使用标杆法

如前所述，有许多方法可用来评价组织中采购和供应职能部门的业绩以及有关供应商的业绩。有人指出，对供应商业绩或卖主业绩进行的评价，也是对采购部门绩效的测评，这是因为采购部门的绩效应取决于所选供应商的质量和适宜性。

人们在采购活动中使用了很多的监控和评价方法。有时候，计算采购活动中的关键比率并观察比率的变化情况是非常有用的，如采购的支出额、销售额、订单数量、薪水成本、交易数量等。人们普遍认为，如果无法评价一个变量，那么也就无法对该变量进行控制。在采购活动中收集到的数据，通常既可用作重要的绩效指标，也可用作重要的控制工具。因此，可以考虑在实践中使用标杆法来改善采购绩效。

标杆法既不是以上提到的监控、衡量和评价等的代名词，也不是找出统计数据或其他证据，来说明新供应商、已有供应商或者采购部门本身是否符合规格或要求。标杆法的目的是发现可能存在的"最佳做法"，并试图确定和找出最佳做法中的伴随变量或构成变量。标杆法认为，在完成以上步骤后，这些变量就可以被用作主要指标（标杆），并被递交给研究组织，由这些组织来研究出赶上（或超过）这些绩效指标的做法。但是，标杆法并不是要照搬其他组织的方法和系统。标杆法的重点是找出那些标示组织成功之处的因素。有时候，"最佳做法标杆法"这个术语容易使人误解，事实上，"最佳做法标杆法"要说明（因此显得非常重要）的是标杆，而不是做法本身。

在理解了标杆法不是仅照搬其他组织的系统和方法后，还需要理解一点，即标杆法和工业间谍毫不相干。标杆法重点考虑的是衡量和评价，其目的不是衡量和评价本身，而是要了解当前最佳做法所取得的成就，以便在自己的组织中赶上或超过这些绩效。

标杆法包括以下五个基本步骤：

（一）应该在哪些领域采用标杆法

在采购中，几乎所有能被评价的活动都可以使用标杆法。例如，未完成交货量、退货率、生产中断次数以及未支付价格指数等。

（二）应该以谁为基准点

首先必须确定最佳做法。有一个显而易见的方法可以确定最佳做法，那就是向供应商打听谁是他们的良好合作伙伴。也可以对那些成功的组织（使用人们普遍接受的市场份额或盈利状况指标来评价）进行分析，考察它们的采购运作方式。一些工业观察家或专业机构也可以为企业提供正确的建议。

（三）怎样来获得信息

大部分有用的信息都可以从公共信息领域获得。管理杂志和贸易出版社也出版了大量有关信息。此外，一些成功的经理或组织也很乐意与他人分享信息。与其他人的交往也会有助于收集这些信息。当然，竞争对手对标杆法感兴趣（那些起主导作用的组织很可能会如此）是十分有益的，信息交流对双方都有好处。

（四）怎样来对信息进行分析

标杆法并不是为了信息本身而关注信息的。企业不仅要收集所需要的数据，还要充分地对同类数据进行对比分析。通常，统计数据、比率以及其他一些"硬"信息要比看法或奇闻之类的信息更具有价值。

（五）怎样来利用这些信息

一般来说，如果发现有人在某个活动领域中的表现优于自己，就应该着手去赶上或超过他们。制定出自己的绩效标准，并设计出适当的方法来达到这些标准。当然，这样做也意味着需要使用大量的资源，也就要求高层管理者积极支持标杆法。不能把标杆法仅仅作为另一种重要的采购管理方法来运用。如果不把标杆法作为组织的一项政策，标杆法就不会发挥它应有的作用。

如今，竞争性标杆法也正在成为另外一种应用越来越广泛的评价方法。这个方法的基本做法是：相关的某个企业以及其他一些企业，一起把数据递交给一个中立的第三方组织，由这个中立的第三方组织制作出一张绩效等级排名表，但是表中不列出相关企业的名称。这种方法在电子工业中得到了广泛的应用。

三、实施电子采购

电子采购就是"在网上进行买卖交易"，其内涵是：企业以电子技术为手段，改善经营模式，提高企业的运营效率，进而增加企业的收入。它极大地降低了企业的经营成本，并能帮助企业与客户以及合作伙伴建立更为密切的合作关系。

20世纪80年代，IBM的采购像所有的传统采购方式一样，各自为政、重复采购的现象非常严重，采购流程各不相同，合同形式也是五花八门。这种采购方式不仅效率低下，而且无法获得大批量采购的价格优势。20世纪90年代，IBM公司决定通过整合信息技术和其他流程，以统一的姿态出现在供应商面前。IBM开发了自己的专用交易平台，实施电子采购。此项措施有效地降低了管理成本、缩短了订单周期、更好地进行了业务控制，IBM的竞争优势由此得到显著提高。普遍的实践表明，电子采购具有更高的绩效。

四、采用多种绩效评估指标

前面介绍了评价采购绩效的常用指标体系，但是要全面地提高企业的采购绩效，就要考虑多种绩效指标，也就是常见指标以外的一些指标。

（一）采购部门商业活动的质量

一般认为，采购主要是一种商业职能，采购部门所进行的商业活动是评价采购绩效的重要方面。这些商业活动的质量是评价采购效益的一个主要指标。例如，要评价采购效益，需要分析采购部门是否参与了新产品从构思到生产的开发工作，采购部门对市场的了解程度如何。从战略上看，这就要求采购部门紧跟市场的发展，关注世界其他地方的市场状况，而不仅仅是了解当前市场的情况。

（二）采购部门的参与程度

产品知识是一种用来评价采购部门在商业活动中参与程度的指标，它包括对竞争对手的产品及产品部件或原料的了解情况。这就要求采购部门全面地参与到保证组织生存的战略制定过程中。例如，如果某种产品的生命周期在缩短，那么希望在这些产品的市场竞争中取得优势的企业就必须加快产品创新的步伐。很少有哪个组织可以单独做到这一点，大多组织需要主要供应商与其一起工作（如可以采取协作生产的方式合作），并对供应商进行激励和管理。在评价采购绩效时，必须对这些问题进行考虑。在评价生产率的改进状况以及质量计划时，同样也需要如此。

（三）信息系统的开发与实施

在这个电子数据交换非常重要的时代，信息系统的开发与实施也是非常重要的评估指标。例如，一家英国零售公司要求采购人员在20个月内和公司最重要的20家供应商建立起电子数据交换联系。

（四）采购部门评价系统

采购部门评价系统本身也可以是重要的评价指标。例如，是否对主要供应商的绩效进行了评价，该信息是否用于管理和控制，从这个过程得到的数据是否对供货决策有影响，等等。

五、向管理层报告

一般企业的业务成功，与管理层的关注和支持是分不开的。采购绩效的提升与企业管理层的关系重大，管理层的关注是采购部门提升绩效的重要驱动力。因此，采购部门与企业管理层的联系异常重要。一般来说，采购部门应按照规定的要求向管理层报告。

　　无论使用什么系统来对采购工作进行评价，都需要制定报告书，对采购部门的工作范围、采购目标以及采购绩效进行说明。报告书包括了当前和预测的市场条件以及其他对管理层有用的信息。例如，相关新产品的数据、新原料和新流程、有关供应源开发的信息、关于主要原材料的市场信息以及对相关企业政策和战略的建议。报告书的信息质量很重要，报告书的表达方式也同样重要。只有那些表达方式非常专业的报告书才会引起工作繁忙的高层管理者的注意。报告书应该包括哪些内容？多长时间撰写一次报告？报告应该采用怎样的表达方式？这些问题的答案只能视具体情况而定。根据经验，在必要的时候进行报告是很有用的。有些企业要求部门经理定期进行报告，并在其他必要的时候也撰写相关的报告。例如，如果市场很动荡，或者某产品的原料含量太高时，就需要进行报告。报告包括周报、季报和年报，它们记载了采购部门在相应时期内的主要活动。

　　所有报告的内容都必须简明扼要，报告的首页一般是内容概要，可以使用图画、图解或图表来说明这些支持论据的数据资料。报告书的正文部分，应该只提供统计汇总信息。如有必要，可以把详细的统计数字写在附录中，对汇总信息进行说明。如果需要下结论或提出建议，通常会把结论和建议放在报告书的结尾部分（也有些报告书把这些内容放在开头部分）。在撰写报告时应该注意，如果对某些信息有怀疑，就不能把它们包括在报告内容中。另外，在撰写报告时，应该站在管理者的角度。需要明确的是：汇报的目的是什么？阅读报告书的人希望得到哪方面的信息？他希望在什么时候阅读报告书？如果他去年、上个月或上周需要这些报告，那么则不一定表明他现在仍然需要这些报告。

　　在工作中，顾问的任务之一是确定采购部门的效益。事实上，他会在考虑了多方面因素的基础上判断采购部门的绩效。咨询项目的内容，会因为被审核组织的种类、组织所面对的市场以及组织供货市场的不同而不同，不过大多数咨询项目都会包括一些相同的基本内容。

　　通过向管理层报告，采购部门可以了解管理层对采购工作的态度，而且撰写报告的过程也是对整个采购绩效进行初步评价的过程。同时，企业管理层的关注也是采购部门的压力，对提高企业的采购绩效大有裨益。

本 章 小 结

　　采购绩效评估是现代采购管理的重要内容。本章分析了采购绩效评估的必要性和目的，着重阐述了采购绩效评估的指标体系、评估内容和方式，以及采购绩效评估的程序和方法，并提出了企业采购绩效的措施。

习题与思考

一、简答题

1. 什么是采购绩效评估？评估的目的是什么？

2. 采购绩效评估会受到哪些因素的影响？

3. 采购绩效评估体系是怎样的？有哪些评估指标？

4. 简述采购绩效评估的流程。

5. 改进采购绩效评估工作的方法有哪些？

二、填空题

1. 对商品采购绩效的评估可以分为对（　　　　）的评估和对（　　　　）的评估。

2. 采购部门及人员的考核指标可以划分为以下六大类：数量绩效指标、（　　　　）、时间绩效指标、（　　　　）、采购效率指标和采购物流指标。

3. 所谓（　　　　），就是一旦确定了标准，在一般情况下就不再变动了。

4. 采购绩效评估的方式主要包括（　　　　）和（　　　　）两种。

5. 无论使用什么系统来对采购工作进行评价，都需要制定（　　　　），对采购部门的工作范围、采购目标以及采购绩效进行说明。

三、案例分析

超市采购人员绩效评估办法

评估不仅是调动员工工作积极性的主要手段，而且也是防止业务活动中非职业行为的主要手段，在采购管理中也是如此。如何对采购人员进行绩效评估？跨国超市公司人员有许多成熟的经验可以借鉴，其中的精髓是量化业务目标和等级评价。每半年，跨国超市公司都会集中进行员工的绩效评估和职业规划设计。针对采购部门的人员而言，就是对采购管理的业绩回顾评价和未来的目标制定。在考核中，交替运用两套指标体系，即业务指标体系和个人素质指标体系。

业务指标体系主要包括：①采购成本是否降低，买方市场的条件下是否维持了原有的成本水平；②采购质量是否提高，质量事故造成的损失是否得到有效控制；③供应商的服务是否增值；④采购是否有效地支持了其他部门，尤其是运营部门；⑤采购管理水平和技能收费是否得到提高。

当然，这些指标还可以进一步细化，如采购成本可以细分为：购买费用、运输成本、废弃成本、订货成本、期限成本、仓储成本等。把这些指标意义量化，并同上一个半年相同指标进行对比，所得到的综合评价就是业务绩效。应该说，这些指标都是硬性指标，很难加以伪饰。所以这种评价有时显得很"残酷"，那些只会搞人际关系而没有业绩的采购人员这时就会"原形毕露"。

在评估完成之后，将员工划分成若干个等级，或给予晋升、奖励或维持现状，或给予警告或辞退，可以说，半年一次的绩效考核与员工的切身利益是紧密联系在一起的。

对个人素质的评价相对就会灵活一些，因为它不仅包括能力评价，还包括进步的幅度和潜力。主要内容包括谈判技巧、沟通技巧、合作能力、创新能力、决策能力等。这些能力评价都是与业绩的评价联系在一起的，主要是针对业绩中表现不尽如人意的方面，督促员工进一步在个人能力上提高。为配合这些改进，这些跨国公司为员工安排了许多内部的或外部的培训课程。

在绩效评估结束后，安排的是职业规划设计，包含下一个半年的主要业务指标和为完成这些指标需要的行动计划。这其中又包括两个原则：一是量化原则，即业务指标能够量化的尽量予以量化，如质量事故的次数、成本量、供货量等；二是改进原则，在大多数情况下，仅仅维持现状是不行的，必须在上一次的绩效基础上有所提高，但提高的幅度要依具体情况而定。

问题：

1. 从该案例中你得到了哪些启示？

2. 你认为现阶段国内超市采购绩效评估存在哪些问题？如何解决这些问题？

（资料来源：百度文库. 采购人员绩效考核评估方法. 2011-10-21. https：//wenku. baidu. com/view/63765ad-628ea81c758f578f3. html）

第九章

招 标 采 购

学习目标

1. 掌握招标采购的定义。
2. 熟悉招标采购的分类。
3. 掌握招标采购的操作程序。
4. 掌握投标的相关内容。
5. 熟悉评标的相关内容。
6. 了解招标采购中的常见问题及解决措施。

◆ 导入案例

企业开标前退出投标不必承担代理机构损失

某招标代理机构在为某集团组织一工程项目的公开招标，在投标截止时间前，有 3 家企业购买了招标文件。根据招标文件的要求，投标供应商须交纳不超过项目概算 1% 的投标保证金 4 万元，3 家供应商均按规定予以了交纳。但在临开标前，在 3 家已经购买了招标文件的供应商中，A 企业书面通知招标代理机构，决定不参加此次项目的投标了。

由于参与投标的供应商不足 3 家，该项目的开标工作自然无法顺利进行。

招标代理机构对此非常不满，认为 A 企业临开标前才提出不参与投标，此时代理机构对开标场地、开标人员、开标资金的安排已经到位，有的服务费用甚至已经预付；随机抽取的评标专家有的也已从外地赶来；一家参与投标的外地企业，也已派专人携带投标文件到达当地招标。因为 A 企业自身的原因导致不能开标，有些损失已经实质性地存在，这对招标代理机构及其他各方当事人都是不公平的。因此，招标代理机构决定让 A 企业为自己放弃投标的行为付出代价，对其已交纳的投标保证金不予退还。

A 企业自然不能接受招标代理机构不退还自己投标保证金的做法，认为是否参加投标是潜在投标人的自由和权利，招标代理机构不能干涉，A 企业遂向监管部门进行投诉。

案例思考：招标代理机构是否应该退还 A 企业的投标保证金？

（资料来源：政府采购信息网 . 企业开标前退出投标不必承担代理机构损失 . 2013-12-04. http：//www. caigou2003. com/cz/aldp/2015-03-04/25381. html）

第一节　招标采购概述

在西方市场经济国家，提高采购效率、节省开支是纳税人和捐赠人对政府和公共部门提出的必然要求。因此，这些国家普遍在政府及公共采购领域推行招标投标，招标逐渐成为市场经济国家通行的一种采购制度。我国从 20 世纪 80 年代初开始引入招标投标制度，先后在利用国外贷款、机电设备进口、建设工程发包、科研课题分配、出口商品配额份额等领域推行，取得了良好的经济效益和社会效益。目前招标采购已经是政府和企业采购活动中广泛运用的一种采购方式。从发展趋势看，招标与投标的领域还在拓宽，规范化程度也在进一步提高。

一、招标采购的含义

招标采购是指通过在一定范围内公开购买信息，说明拟采购物品或项目的交易条件，邀请供应商或承包商在规定的期限内提出报价，经过比较分析后，按既定标准选择条件最优的投标人并与其签订采购合同的一种采购方式。招标采购方式通常用于比较重大的建设工程项目、新企业寻找长期物资供应商、政府采购或采购批量比较大等场合。

招标采购对供需双方都有好处：通过这种方式，采购方可以在更大范围内选择理想的最佳潜在供应商，以更合理的价格、稳定的质量进行采购，更充分地获得市场利益；供应商也可以在公开、公正、公平的条件下参与竞争，不断自律自强、降低成本，提高经营管理质量。

二、招标采购的分类

根据《中华人民共和国招标投标法》（简称《招标投标法》）的规定，招标方式分为公开招标和邀请招标两种，这是由于《招标投标法》主要为了规范政府公共项目而进行立法，为了达到政府公共项目采购的公平、公正、透明的要求。从国际招标类型来看，除了以上两种方式，还有其他一些类型的招标方式，如议标、两阶段招标等。下面分别就一些主要的招标方式进行简要介绍。

（一）公开招标

公开招标又称为竞争性招标，可分为国际竞争性招标和国内竞争性招标，是由招标单位通过报刊、互联网等媒体发布招标公告，凡对该招标项目感兴趣又符合投标条件的法人，都可以在规定的时间内向招标单位提交规定的证明文件，由招标单位进行资格审查，核准后购买招标文件，进行投标。一般来说，任何符合投标条件的合法经营单位都有资格参加投标，但在领取标书时必须交付一定的押金或提交一份招标人认可的投标担保，这些押金或担保要等到某个合适的企业正式中标后才予以返回或撤销。

1. 公开招标的优点

（1）公平。公开招标，使对该招标项目感兴趣又符合投标条件的投标者都可以在公平竞争条件下，享有中标的权利与机会。

（2）价格合理。基于公开竞争，各投标者凭其实力争取合约，而不是人为或特别限制规定售价，价格比较合理。公开招标各投标者自由竞争，因此招标者可获得最具竞争力的价格。

（3）改进品质。因公开招标，各竞争投标者的产品规格或施工方法不一，可以使招标者了解技术水平与发展趋势，促进其品质的改进。

（4）减少徇私舞弊。各项资料公开，经办人员难以徇私舞弊，更可避免人情关系。

（5）扩大货源范围。通过公开招标方式可获得更多投标者的报价，扩大供应来源。

2. 公开招标的缺点和可能带来的问题

（1）采购费用较高。公开登报、招标文件制作与印刷、开标场所布置等，均需花费大量财力与人力。

（2）手续烦琐。从招标文件设计到签约，每一阶段都必须周详准备，并且要严格遵循有关规定，不允许发生差错，否则容易引起纠纷。

（3）可能产生串通投标。凡金额较大的招标项目，投标者之间可能串通投标，做不实报价或任意提高报价，给招标者造成困扰与损失。

（4）其他问题。投标人报出不合理的低价，以致带来偷工减料、交货延误等风险。招标人事先无法了解投标企业或预先进行有效的信用调查，可能会衍生意想不到的问题，如供应商倒闭、转包等。

一般来说，由于公平竞争性的要求，政府部门往往会采用公开招标方式来选定供应商或承包商。但这种方式适合于一些规模较小的小型项目、维修工程及某些专业性较强的特殊项目。

（二）邀请招标

邀请招标又称为有限竞争性招标或选择性招标，即由招标单位根据自己积累的资料，或根据权威的咨询机构提供的信息，选择一定数目的符合要求的企业，向其发出投标邀请书，邀请它们参加招标竞争。一般选择 3～10 个参加者较为适宜，当然要视具体的招标项目的规模大小而定。应邀单位要在规定时间内向招标方提交投标意向，购买招标文件进行投标。

1. 邀请招标的优点

（1）节省时间和费用。因无须登报或公告，投标人数有限，所以可以减少评标工作量，节省时间和费用。

（2）比较公平。因为是基于同一条件邀请单位投标竞价，所以机会均等。虽然不像公开招标那样不限制投标单位数量，但公平竞争的本质相同，只是竞争程度较低而已。

（3）减少徇私舞弊，防止串通投标现象。

2. 邀请招标的缺点和可能带来的问题

（1）由于竞争对手少，招标方获得的报价可能并不十分理想。

（2）由于采购方对供应市场了解不够，可能会漏掉一些有竞争力的供应商或承包商。

有下列情形之一的，经财政部门同意，可以邀请招标：①公开招标后，没有供应人或无合格标；②出现了不可预测的急需；③发生突发事件，无法按招标方式得到所需的货物、工程或服务；④供应人准备投标文件需要高额费用；⑤采购项目因其复杂性和专业性，只能从有限范围的供应方获得；⑥公开招标成本过高，与采购项目的价值不相称；⑦经财政部门认定的其他情况。

（三）议标

议标不在招投标法的应用范围，但在实际的采购实践中，却经常被使用。下面对议标的定义和议标采购方式进行介绍。

议标也称谈判招标或限制性招标，即通过谈判来确定中标者。它的主要方式有以下几种：直接邀请议标方式、比价议标方式和方案竞赛议标方式等。

（1）直接邀请议标方式。直接邀请议标方式是指选择中标单位不是通过公开或邀请招标，而是由招标人或其代理人直接邀请某一企业进行单独协商，达成协议后签订采购合同的方式。如果与一家协商不成，可以邀请另一家，直到协议达成为止。

（2）比价议标方式。比价议标方式是兼有邀请招标和协商特点的一种招标方式，由招标人将采购的有关要求送交选定的几家企业，要求它们在约定的时间内提出报价，招标单位经过分析比较，选择报价合理的企业，就工期、造价和质量付款条件等细节进行协商，从而达成协议，签订采购合同。此方法一般用于规模不大、内容简单的工程和货物采购。

（3）方案竞赛议标方式。方案竞赛议标方式是选择工程规划设计任务的常用方式。其一般做法是由招标人提出规划设计的基本要求和投资控制数额，并提供可行性研究报告或设计任务书、场地平面图、有关场地条件和环境情况的说明，以及规划、设计管理部门的有关规定等基础资料，参加竞争的单位据此提出自己的规划或设计的初步方案，阐述方案的优点，并提出该项规划或设计任务的主要人员配置、完成任务的时间和进度安排、总投资估算和设计等，一并报送招标人。然后由招标人邀请有关专家组成的评选委员会选出优胜单位，招标人与优胜者签订合同。对未选中的参审单位给予一定补偿。

1. 议标方式的优点

（1）可及早选定供应商或承包商，有利于设计。

（2）能促使项目早日开工。

（3）采购方的招标费用可大大降低。

（4）采购方根据其价格及技术要求来选定供应方，因而完全可以物色到自己较为满意的供应商或承包商。

（5）可以充分利用供应商或承包商所拥有的专业技术知识和工作经验。

2. 议标方式的缺点

（1）采购人接受的合同价可能并非真正的竞争性价格，不能反映供应市场所能承受的真实价格和最低价格。

（2）对政府部门来说，可能满足不了公众要求参与项目财务审核、透明度要高的这一原则。许多国家政府法律不允许政府投资项目采用议标方式。我国机电设备招标规定中禁止采用这种方式。即使允许议标方式的采购，也大都对议标方式做了严格限制。

（四）两阶段招标

两阶段招标采购是这样一种程序，依据该程序，采购活动可以明显地分为两个阶段：在第一阶段，采购机构就拟采购货物或工程的技术、质量或其他特点以及就合同条款和供货条件等广泛地征求建议（合同价款除外），并同投标方进行谈判以确定拟采购货物或工程的技术规格。在第一阶段结束后，采购实体就可最后确定技术规格。在第二阶段，采购机构依据第一阶段所确定的技术规格进行正常的招标，邀请合格的投标者就包括合同价款在内的所有条件进行投标。

两阶段招标采购的优点：第一阶段给予采购方相当大的灵活性，招标方可以通过谈判与供应商或承包商达成一套有关拟采购事项的确定技术规格；在第二阶段，又可充分利用公开招标方法所提供的高度民主、客观性和竞争性的优势。

两阶段招标主要应用于技术复杂、规模巨大的工程项目中，经过第一阶段的竞争之后，被选中的承包商即让其加入设计小组，作为建筑专业人员就设计中涉及的施工质量、施工可行性、施工进度及工程成本等问题积极提出建议。在第二阶段，合同总价可以部分通过协商、部分根据第一阶段取得的资料予以综合后确定。要指出的是，采用这种招标方法，对买方而言，其所承担的经济风险要大一些。

第二节 招标采购的程序

由于招标采购主体和客体的不同，招标采购的程序会有所不同，但总体来说，招标采购一般都包含以下过程：制作招标文件、发布招标公告、出售招标文件、召开招投标大会、开标、唱标、评标、评委选出预中标单位、实地考察、公示预中标单位名单、发中标通知等，如图 9-1 所示。为了方便起见，在具体操作过程中，可把上面的具体操作归为以下几个阶段：招标准备阶段、招标阶段、开标阶段、评标阶段以及定标阶段，如图 9-2 所示。

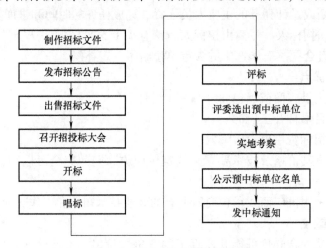

图 9-1 招标采购作业的流程

图 9-2 招标采购的阶段

一、招标采购的准备工作

招标采购活动是一次涉及范围很大的大型活动。因此，开展一次招标采购活动需要进行周密的准备工作，招标人应办理有关的审批手续（如果需要），确定招标方式，编制招标文件和工程招标标底等。

（一）确定招标方式

根据《招标投标法》，以下三类项目必须通过招标选定承包商：

（1）大型基础设施、公用事业等关系社会公共利益、公共安全的项目。

（2）全部或部分使用国有资金投资或国家融资的项目。

（3）使用国际组织或者外国政府贷款、援助资金的项目。

招标分为公开招标和邀请招标，一般情况下要采用公开招标。对于一些特殊项目，可以进行邀请招标，即国务院发展计划部门确定的国家重点项目和省、自治区、直辖市人民政府确定的地方重点项目不适宜公开招标的，经国务院发展计划或省、自治区、直辖市人民政府批准，可以进行邀请招标。

对于不满足上述条件的非政府投资项目来说，采购者（业主）可以自由决定采取何种招标方式选定承包商或供应商。

（二）编制招标文件

《招标投标法》规定：招标文件应当包括招标项目的技术要求、对投标人资格审查的标准、投标报价要求和评标标准等所有实质性要求和条件以及拟签订合同的主要条款。

1. 招标文件

招标文件至少应包括下列 9 项内容，如表9-1 所示。

表9-1 招标文件内容一览表

序号	步 骤	具 体 内 容
1	投标邀请	（1）明确文件编号、项目名称及性质 （2）投标人资格要求，不同项目根据性质不同，所邀请的投标人资格也不同 （3）发售文件时间应以公告时间开始到投标截止时间之前结束 （4）提交投标文件方式、地点和截止时间
2	投标须知	投标须知包括资金来源、投标商的资格要求、原产地要求、澄清程序、投标内容要求、投标语言、投标价格和货币规定、修改或撤销投标的规定、评标的标准和程序、投标截止日期，以及开标的时间、地点等
3	合同条款	（1）合同条款包括一般合同条款和特殊合同条款 （2）特殊合同条款是因具体采购项目的性质和特点而制定的补充性规定，是对一般条款中某些条款的具体化，并增加一般合同中未做规定的特殊要求
4	技术规格	技术规格规定所购货物、设备的性能和标准。采购技术规格不得要求或标明某一特定的商标、名称、专利、设计、原产地或生产厂家，不得有针对某一潜在供应商或排斥某一潜在供应商的内容
5	标书编制要求	标书是投标商投标编制投标书的依据，投标商必须对标书的内容进行实质性的响应，否则会被判定为无效标（按废弃标处理）
6	投标保证金	（1）投标保证金可采用现金、支票、不可撤销的信用证、银行保函，以及保险公司或证券企业出具的担保书等方式交纳 （2）招标完成之后应及时退还投标商所交的投标保证金，若供应商有违约、违规或违纪的情况，应没收其投标保证金
7	供货表、报价表	（1）供货表应包括采购商品品名、数量、交货时间和地点等 （2）在报价表中要填写商品品名、商品简介、原产地、数量、出厂单价、价格中境内增值部分占的比例、总价、中标后应缴纳的税费、离岸价单价及离岸港、到岸价单价及到岸港、到岸价总价等

（续）

序号	步　骤	具体内容
8	履约保证金	履约保证金是为了保证采购单位的利益，避免因供应商违约给采购单位带来损失；一般来说，货物采购的履约保证金为合同价的 5% ~10%
9	合同协议书格式	主要内容包括协议双方名称、供货范围或工程简介、合同包括的文本以及协议双方的责任和义务等

2. 招标文件实例

招标文件的编写是成功实施招标采购的关键。招标文件用以阐明所需货物及服务招标程序和合同主要条款。表9-2 所示为某货物招标文件目录。

表9-2　某货物招标文件目录

目录

第1章　投标邀请

1.1　投标邀请

1.2　招标代理机构联系方式

1.3　招标货物一览表

第2章　投标人须知

投标人须知前附表

附件一　评标标准和方法

2.1　说明

2.2　招标文件

2.3　投标文件的编写

2.4　投标文件的提交

2.5　投标文件的评估和比较

2.6　定标与签订合同

第3章　招标内容及要求

第4章　采购合同格式

第5章　投标文件格式

下面摘取该招标文件中的招标邀请，供读者参考。

招标邀请

北京××招标代理有限公司受_____委托，对_____的下述货物和服务进行国内公开招标，现欢迎国内合格的投标人前来提交密封的投标。

1）招标编号：_____

2）招标货物（服务）名称、数量及主要技术规格：见后附招标货物（服务）一览表。

3）采购单位：×××

　　采购单位联系人：×××

　　采购单位联系电话：×××××××

4）招标文件购买时间：[　年　月　日]至[　年　月　日]（公休、节假日除外），每天 8：00—12：00，15：00—17：30（北京时间）。

5）招标文件售价：招标文件（纸质或电子）每套50元，若邮寄，另加50元特快专递费，招标文件售出一概不退。北京××招标代理有限公司不对邮寄过程中可能发生的延误或丢失负责。

6）投标截止时间及投标地点：投标文件应于[　年　月　日]（北京时间）之前提交到北京××招标代理有限公司开标大厅（××路××号楼××室），逾期送达的或不符合规定的投标文件将被拒绝。

【温馨提示：由于交通拥挤请务必留足送交文件途中所需的时间，避免迟到。】

7）开标时间：[　年　月　日]（北京时间）。

开标地点：北京××招标代理有限公司开标大厅。

8）投标人对本次招标活动事项提出疑问的，请在招标文件发售日起7个工作日内，以书面形式送达招标代理机构。

9）以上如有变更，招标代理机构会通过中国政府采购网（www.ccgp.gov.cn）和北京××招标代理有限公司（http：//www.xxx.com）通知，请潜在投标人关注。

（三）编制工程招标标底

任何招标人在招标之前都会估计预计需要的资金，可以事先做到心中有数。如果这种估计做得比较详细和准确，则这一估计的价格就是标底了。长期以来，我国建筑工程招标都是编制标底的，而且往往在招标中严格按标底来选择承包商。例如，有些地方在招标中规定"中标价上限不得超过标底价的5%，下限不得超过10%"，由于标底的存在，使得投标者千方百计想套出标底，就容易滋生腐败，而且也不利于降低标底价格，现在这种状况有所改观，有些地方已经采用无标底招标。

有些其他国家在政府项目招标时，也有类似于我国标底的做法，如日本就编制标底，要求中标者的报价不能超过标底，如果所有投标者的报价都超过了标底价，那么这次招标就只能作废了。但世界上大多数国家都是没有标底的，至少选定中标者时不受所谓"标底"的限制。

（四）项目分标

项目分标是指招标人将准备招标的项目分成几个部分单独招标，即对几个部分编写独立的招标文件进行招标。这几个部分既可以同时招标，也可以分批招标，可以由数家承包商（或供货商）分别承包，也可以由一家承包商（或供应商）全部中标。

在大型工程项目招标中经常分标，这样有利于发挥各个承包商的专长，降低造价，加快工程进度。如高速公路项目，按不同路段分标，可以加快工程进度。

二、招标采购的基本流程

（一）招标阶段

在招标方案得到公司的同意和支持后，就进入了实际操作阶段。招标阶段的工作主要有以下几部分：

（1）发布招标信息。采用公开招标方式采购的，应在政府采购监督管理部门指定的媒体上发布招标公告。采用邀请招标方式采购的，应通过随机方式从符合相应资格条件的供应商名单中确定不少于3家的供应商，并向其发出投标邀请函。

（2）组织答疑。采购人根据招标项目的具体情况，可以组织潜在投标人现场考察或开标前的答疑会。

（3）报名登记。根据招标公告规定的投标资格、报名要求，在招标公告限定的时间内对投标供应商进行资格预审、报名登记。

（4）资格审查。招标单位、招标小组根据招标公告规定，对投标人的资格进行审查。若考虑符合条件的投标人过多影响招标工作的，应在招标公告中明确投标人数量和选择投标人的方法，并通过随机方式筛选投标人。

（5）招标书发送。要采用适当的方式，将招标书传送到潜在投标人的手中。例如，对于公开招标，可以在媒体上发布；对于选择性招标，可以用挂号信或特快专递直接送交所选择的投标人。许多标书需要投标者花钱购买，有些标书规定投标者要在交付一定的保证金后才能获得。

（二）开标阶段

开标就是招标人依据招标文件的时间、地点，当众开启所有投标人提交的投标文件，公开宣布投标人的姓名、投标报价和其他主要内容的行为。开标由招标人主持，邀请所有投标人参加。

（1）在招标期限截止后，首先要将投标箱封闭，不再接受投标。

（2）开标时，由投标人或者其推选的代表检查投标文件的密封情况，开启标箱，宣读投标人名称、投标价格和投标文件的其他主要内容。涉及技术含量较高的设备、工程、服务项目招投标，应遵循先开技术标再开商务标的原则。

（3）开标后，承办部门应立即整理报价单，审查其内容，并编制比较表。

（4）如参与投标的厂商不足 3 家，通常不得开标，并宣布延期开标，退还报价单及押金。有些情况下，也可暂缓或推迟开标时间，例如，开标前发现有足以影响采购公正性的违法或不正当行为；采购单位受到质疑或诉讼；出现突发事故；变更采购计划等。

（三）评标阶段

所谓评标，是指依据招标文件的规定和要求，对投标文件所进行的审查、评审和对比。设有标底的，应当参考标底。评标由招标人事先组建的评标委员会负责。一般的评标程序如下：

（1）组织评标委员会。评标委员会由招标人的代表和有关技术、经济等方面的专家组成。委员会人数为 5 人以上的单数，其中技术、经济等方面的专家不得少于成员总数的 2/3，与投标人有利害关系的人不得进入相关项目的评标委员会，已经进入的应当更换。评标委员会名单在中标结果确定前应当保密。

（2）评标准备会。在评标之前召集评标委员会召开评标预备会，确定评标委员会主任，宣布评标步骤，强调评标工作纪律，介绍总体目标、工作安排、分工、招标文件、评标方法和标准（或细则）。

（3）报价审查。首先审查投标报价，更正计算错误；高于市场价和标底价或预算价的投标，将被拒收。

（4）资料审查。对招标文件未做出实质性响应的投标当作废标处理。

（5）质疑。评标委员会全体成员对单一投标单位分别进行质疑，必要时投标单位应以书面形式予以澄清答复，但澄清不得超出投标文件的范围，改变投标文件的实质内容。质疑应在评标委员会与投标人互不见面的情况下进行。

评标委员会完成评标后,应当向招标人提出书面评标报告,并推荐合格的中标候选人。

(四)定标阶段

招标人根据评标委员会的书面评标报告和推荐的中标候选人的排列顺序确定中标人。招标人也可以授权评标委员会直接确定中标人。中标人的投标应当符合下列条件之一:

(1)能够最大限度地满足招标文件中规定的各项综合评价标准。

(2)能够满足招标文件的实质性要求,并且经评审的投标价格最低;但是投标价格低于成本的除外。

中标人确定后,应在政府采购监督管理部门指定的媒体上进行公示,3 天后无异议的再由招投标中心向中标人发出中标通知书,同时将中标结果通知所有未中标的投标人。招标人和中标人应当自中标通知书发出之日 30 日内,按照招标文件和中标人的投标文件订立书面合同。

当确定的中标人放弃中标,因不可抗力提出不能履行合同,或者招标文件规定应当提交履约保证金而在规定期限内未能提交的,招标人可以依序确定其他候选人为中标人。开标到定标的期限一般不超过 10 日。

第三节 投 标

在整个招标投标过程中,招标与投标是分别相对于采购方和供应方而言的,是一项活动的两个方面,是交易活动中的两个步骤。投标人在收到招标书以后,如果愿意投标,就要进入投标程序。投标的一般流程如图 9-3 所示。

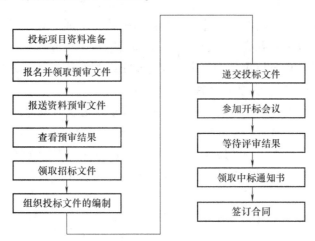

图 9-3 投标的一般流程

投标书是投标人按照招标人的具体要求向招标人提出订立合同的建议,是提供给招标人的备选方案。

投标书分为生产经营性投标书和技术投标书。生产经营性投标书有工程投标书、承包投标书、产品销售投标书、劳务投标书;技术投标书包括科研课题投标书、技术引进或技术转让投标书。

一、投标程序

企业在投标竞争中能否取胜，不仅取决于投标人的实力，同时也与投标人的投标策略、投标技巧等其他因素有密切关系。要想投标成功，投标人应从以下几个方面进行准备：

（一）熟悉有关法律法规及标准，仔细阅读招标文件

投标人应该熟悉《中华人民共和国招标投标法》、《中华人民共和国政府采购法》（简称《政府采购法》）、《国家税务总局、财政部、信息产业部、国家质量监督检验检疫总局关于推广应用税控收款机加强税源监控的通知》（国税发〔2004〕44号）等法律法规的相关内容，在遇到纠纷时，可以用法律武器保护投标人自身的合法权益。

投标人应反复阅读、理解招标文件，熟悉招标文件中所明确的实质性要求和条件，特别是招标文件对废标条款的规定。实质性要求和条件是指招标人在招标文件中提出的对未来合同内容有重大影响的事项或条款，如投标人所需提交的资料、招标项目的技术要求、价格、交付时间以及地点等内容。在投标文件中应对招标文件所要求的实质性要求和条件做出全部响应，不能遗漏，主要应注意以下几点：

（1）投标单位与项目经理的资质应符合招标文件及国家的规定。如采用资格预审的，投标单位与项目经理名称应与资格预审时一致。

（2）投标工期不要超过招标文件规定的期限。

（3）投标文件中的签字、章印要齐全有效。如单位公章、法定代表人或委托代理人的签字盖章、造价工程师或编制人员的章印。

（4）投标文件应按招标文件规定的格式填写，内容完整。

（5）投标文件中对同一内容的表述应保持前后一致，特别是对工期，报价方面的表述。

（6）施工组织设计内容要完整，施工的方法和措施要切实可行。

（7）采用工程量清单进行报价的，报价应与施工组织设计中所采用的措施相适应。

（二）投标报价应合理，具备竞争性

投标人在投标中能否获胜，一个最重要的决定因素就是投标报价，由于投标报价是一次性的，开标后不能更改，因而投标人应巧妙确定投标报价，仔细考虑报价的合理性。在报价方面，应适中并应一步到位，不能过高，也不能过低。过高与中标无缘，过低则有可能无利润甚至造成亏损，即使中标也失去意义，所以投标人必须根据招标文件中规定的投标价格的评定原则和方法，在保证质量、工期的前提下，保证预期的利润及考虑一定风险的基础上确定适当的利润率，有的放矢地报出适中的投标价，同时可以提出能够让招标人降低投资的合理化建议或对招标人有利的一些优惠条件等，来增加中标的机会。

（三）投标文件制作完成后，应反复核对，多人把关

投标文件编制完成后，要安排专人认真检查。要检查投标文件的内容是否完整，文字表述是否规范，语言是否严密，检查投标文件是否对招标文件中所有实质性要求和条件都做出了响应。同时，要检查有关投标文件的装订和排版等方面的细枝末节问题，这样能让招标人从投标文件的外观和内容上感觉到投标人工作认真，给招标人留下好印象。有些投标人认为这些是细小问题，不给予足够的重视，但事实上，往往这些细小问题会影响全局，导致全盘皆输。

（四）投标文件递交

这是最后一个环节，是指按招标文件的要求，密封好（有的招标文件还要求在封口签字，加盖公章），在截标时间之前，务必将投标文件，一般是开标一览表与投标保函，一起交到指定地点。

不少投标人由于疏忽，忘记了在截标时间前送出投标文件，或有的投标人记错了开标地点，将文件投错了地方等，这些都会给投标人带来不少损失，应引以为戒。

二、投标文件

（一）投标文件的编制和内容

（1）投标单位应根据招标文件要求和技术规范的要求编制材料投标报价单。

（2）投标单位要按招标文件要求提交投标保证金。

（3）投标文件编制完成后，应仔细整理、核对，按招标文件的约定进行密封和标志。

投标文件应响应招标文件，按照招标文件的各项要求编制，包括以下内容：①投标书；②投标保证金；③法定代表人资格证明文件；④授权委托书；⑤具有标价的工程材料投标报价表。

（二）投标文件的编排、装订顺序

投标文件的编排顺序非常重要，最好是按招标文件的要求顺序编排内容，基本上是采取"问"什么"答"什么的方式，如果投标文件的编排顺序与招标文件不一致，可能给评标专家看投标书造成困难，影响评标效果。

投标文件要编目录，每页都必须编页码（包括复印件），复印件图像及文字必须清晰，文字（标题、正文）字体、大小、行距等必须统一规定。

招标文件不需要的内容（如投标人基本情况大篇幅介绍、技术服务的通用描述等）不要写进投标书中，以免投标书太厚，影响评标专家的评审兴趣。

如果你准备的投标书是从原有投标书修改后生成的，在进行字符串、汉字串替换修改时千万要替换彻底，否则会给评标专家留下投标人责任心不强、管理不到位的印象，对投标人不利。

三、投标的生效和撤回

投标人投标是投标人按照招标人公布的标准和要求向招标人发出的以订立合同为目的的意思表示，属于合同法意义上的要约行为，所以它也存在着诸如要约的生效要件、生效时间及撤回等问题。

（一）投标的生效

1. 投标的生效要件

一项要约要发生法律效力，必须具有特定的有效条件，否则就不能产生要约的法律效力。一般来说，要约的生效要件包括以下四个方面：①要约必须具有订立合同的意图；②要约必须向特定的相对人发出；③要约的内容必须具体确定；④要约必须送达受要约人。投标作为一种要约行为，要发生要约的法律效力，同样也必须具备以上四个要件。但投标毕竟是一种特殊的要约，所以在生效要件的具体内容上会有自己的一些特殊要求。这种特殊要求主要体现在投标文件内容上的"具体确定"方面，即投标书除了应当内容明确，包括足以使

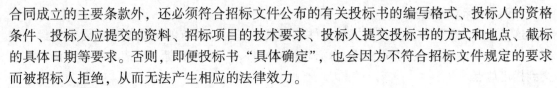

合同成立的主要条款外，还必须符合招标文件公布的有关投标书的编写格式、投标人的资格条件、投标人应提交的资料、招标项目的技术要求、投标人提交投标书的方式和地点、截标的具体日期等要求。否则，即便投标书"具体确定"，也会因为不符合招标文件规定的要求而被招标人拒绝，从而无法产生相应的法律效力。

2. 投标的生效时间

《招标投标法》规定，投标人应当按照招标文件的要求，在提交投标书的截止时间以前，将投标书送达指定的投标地点。如果投标人因为递交投标书的地点发生错误而延误投标时间，或者因为采用邮寄方式送达造成延误，致使超过投标有效期的，其投标书将被视为无效标而被拒收。

（二）投标的撤回

《招标投标法》规定，投标人在招标文件要求提交投标书的截止时间前，可以补充、修改或者撤回已提交的投标书，并书面通知招标人。补充、修改的内容为投标书的组成部分。

第四节 评 标

评标是招标过程中非常核心的环节。因为招标的目的是确定一个优秀的承包商（或供应商），投标的目的就是中标。而决定这两个目的能否实现的关键都是评标。

一、评标基本要求

评标是整个招标投标活动的重点，只有科学、合理的评标方法，才能最大限度地达到招标投标的目的。为此，评标方法应当符合以下三个要求：

（一）公正性

公正性是指为参加投标的单位创造公平竞争的条件。评标方法和评标标准必须在招标文件中载明，一经发出不得随意改变。邀请招标的单位名单应当固定，不在名单内的单位不得投标，尽可能地做到公正。

（二）适应性

适应性是指针对具体招标项目合理确定评标标准（评价指标及指标权数）。

（三）科学性

科学性是指评标所采用的评标标准和评价方法必须清楚、明确、具体、详细。评价指标过少、过粗，则难以全面反映投标者的全貌，但对于综合性质的方法又不可过分约束，要留有一定的灵活性，以确保达到综合评价的主要目标。

二、评标内容

评标过程中，主要从三个方面进行评审，即行政性评审、技术评审和商务评审。

（一）行政性评审

行政性评审的目的就是从所有投标书中筛选出符合最低要求标准的合格投标书，淘汰那些不合格的投标书。

行政性评审合格标书的主要条件有以下几种：

1. 投标书的有效性

（1）投标者是否已获得预审的投标资格。如投标者是否与资格预审中选名单一致，包括公司的名称、法人代表和注册地址。

（2）投标书是否为招标文件的原件。

（3）投标保证书是否符合招标文件的要求，包括保函格式、内容、金额以及有效期等。

（4）投标书是否有投标者的法定代表签字或盖章等。

2. 投标书的完整性

（1）投标书是否包括招标文件规定的应递交的一切和全部文件。

（2）是否随同投标书一起递交了必要的支持性文件和资料。

3. 投标书与招标文件的一致性

对于招标文件提出的要求应当在投标时"有问必答"。特别是如果招标文件中已写明是"响应性投标"，则对投标书的要求更为严格。

4. 报价计算的正确性

由于投标者的投标报价时间往往非常紧迫，各种计算上的错误在所难免，但如果错误太多则说明投标者的技术水平低，至少说明投标者不认真，这样对投标者中标非常不利。

只有通过了行政性评审，才有资格进行下一步的评审；否则将被列为废标而予以排除。

（二）技术评审

技术评审的目的是评判投标者完成项目的技术能力。如对于工程项目，其技术评审的主要内容包括以下几个方面：

（1）技术资料的完备性。投标书是否包含了招标文件所要求的所有技术资料。

（2）施工方案的可行性。各类工程的施工方法，包括土石方工程、混凝土工程、钢筋工程、钢结构工程。特别是本工程中的难点工程或重要部位的施工方法是否可行，如大型水电工程中混凝土的制作和浇注方法、揽机的选择方案是否科学合理。

（3）施工进度计划的可靠性。审查进度计划是否科学合理，特别是关键线路上的工作是否能保证按计划完成。

（4）施工质量的保证。质量控制与保证措施，采取的质量保证体系是否完善，如是否取得 ISO 9000 认证等。

（5）工程材料和机械设备的技术性能符合设计技术的要求。对于主要材料和设备的样品、型号、规格和制造厂家名称和地址等，判断其技术性能是否可靠和能否达到设计要求的标准。

（6）分包商的技术能力和施工经验。招标文件可能要求投标者列出其拟选择的分包商，应审查分包商的能力和经验。一般国外的承包商在投标报价时往往将拟分包出去的工程让多家分包商报价，从其中选择中意的分包商，并采用其报价，最后汇总就可以得到其投标总报价。

（7）对于投标书中按招标文件规定提交的建议方案做出技术评审。当投标者提出自己的建议方案时，应对其技术可靠性和优缺点进行评价，并与招标文件中的原方案进行对比分析。

（三）商务评审

商务评审的目的是从成本、财务和经济分析等方面评审投标报价的正确性、合理性、经济效益和风险等，估计授标给不同的投标者可能会产生的不同结果。

商务评审的主要内容包括以下几个方面：

1. 报价的正确与合理

（1）审查全部报价数据计算的正确性。

（2）分析报价构成的合理性。从评审者的角度，判断投标者的投标报价是否合理，各项单价是否合理，项目前后的价格比例关系是否合理。

（3）如果涉及使用外汇支付问题，则应审查投标者对报价中的外汇支付比例的合理性。

2. 投标书中的支付与财务问题

（1）资金流量表的合理性。通常在招标文件中要求投标者填报整个施工期的资金流量计划。资金流量表能反映承包商的资金管理水平和财务能力。

（2）审查投标者对支付工程款或货款有何要求。

3. 关于价格调整的问题

如果招标文件规定该项目为可调价格合同，则应分析投标者对调价公式中采用的基价和指数的合理性。

4. 审查投标保证书（投标保函）

要对投标保证书进行详细的内容审查，特别是有任何附带条件的保证书。

5. 对建议方案（副标）的商务评审

将建议方案（副标）与原方案进行对比分析。

三、评标方法

为了保证评标的公平和公正，评标必须按照招标文件规定的评标标准和方法来进行，不得采用招标文件未列明的任何标准和方法，也不得改变招标确定的评标标准和方法。

评标小组应根据具体的情况选择合适的评标方法，以保证企业的采购利益。

（一）专家评议法

专家评议法也称定性评议法或综合评议法，评标委员会根据预先确定的评审内容，如报价、工期、技术方案和质量等，对各投标书共同分项进行定性的分析、比较，进行评议后，选择投标书在各指标都较优良者为候选中标人，也可以用表决的方式确定候选中标人。

这种方法实际上是定性的优选法，由于没有对各投标因素的量化（除报价是定量指标外）比较，标准难以确切掌握，往往需要评标委员会协商，评标的随意性较大。其优点是评标委员会成员之间可以直接对话与交流，交换意见和讨论比较深入，评标过程简单，在较短时间内即可完成；但当成员之间评标结果差距过大时，确定中标人较困难。

专家评议法一般适用于小型项目，或在无法量化投标条件的情况下使用。

（二）最低投标价法

最低投标价法是价格法的一种，也称合理最低投标价法，即能够满足招标文件的各项要求，投标价格最低的投标者应被推荐为中标候选人。

最低投标价法一般适用于简单商品、半成品、原材料，以及其他性能、质量相同或容易进行比较的货物招标。这些货物技术规格简单，技术性能和质量标准及等级通常可采用国际（国家）标准，此时仅以投标价格的合理性作为唯一尺度定标。

对于这类产品的招标，招标文件应要求投标人根据规定的交货条件提出标价。计算价格的方法通常是：如果所采购的货物是从国外进口，则一般规定以买主国家指定港口的到岸价格报价；如果所采购货物来自国内，则一般要求以出厂价报价；如果所提供的货物是投标人

之前从国外进口，目前已在国内的，则投标价应为仓库交货价或展室价。

（三）经评审的最低投标价法

这是一种以价格加其他因素评标的方法。以这种方法评标，按照招标文件的规定，对投标价进行修正、调整后计算出的标价。一般做法是将报价以外的商务部分数量化，并以货币折算成价格，与报价一起计算，形成评标价。世界银行、亚洲开发银行等都以这种方法作为主要的评标方法。

在这种评标方法中，需要考虑的修正因素包括：一定条件下的优惠（如世界银行贷款项目对借款国国内投标人有7.5%的评标价优惠），工期提前的效益对报价的修正等（应当注意，评标价仅是为投标文件评审时比较投标优劣的折算值，与中标人签订合同时，仍以投标价格为准）。然后以此价格按高低排出次序。能够满足招标文件的实质性要求，评标价最低的投标应当作为中选投标。

采用经评审的最低投标价法，中标人的投标应当符合招标文件规定的技术要求和标准，但评标委员会无须对投标书的技术部分进行价格折算。

除报价外，评标时应考虑的因素一般还有以下几种：

（1）内陆运输费用及保险费。

（2）交货或竣工期。

（3）支付条件。

（4）零部件以及售后服务。

（5）价格调整因素。

（6）设备和工厂（生产线）运转与维护费用。

经评审的最低投标价法一般适用于具有通用技术（性能标准）或者招标人对其技术、性能没有特殊要求的招标项目。

（四）综合评估法

在采购机械、成套设备、车辆以及其他重要固定资产（如工程）等时，如果仅仅比较各投标人的报价或报价加商务部分，则对竞争性投标之间的差别不能做出恰如其分的评价。因此，在这些情况下，必须以价格加其他全部因素综合评标，即应用综合评估法评标。

以综合评估法评标，一般做法是将各个评审因素在同一基础或者同一标准上进行量化，量化指标可以采取折算为货币的方法、打分的方法或者其他方法，使各投标文件具有可比性。对技术部分和商务部分的量化结果进行加权，计算出每一投标的综合评估价或者综合评估分，以此确定候选中标人。最大限度地满足招标文件中规定的各项综合评价标准的投标，应当推荐为中标候选人。

综合评估法最常用的是最低评标价法和综合评分法。

1. 最低评标价法

最低评标价法也称综合评标价法，是把除报价外其他各种因素予以数量化，用货币计算其价格，与报价一起计算，然后按评标价高低排列次序，这是另一种以价格加其他因素评标的方法，也可以认为是扩大的经评审的最低投标价法。以这种方法评标，一般做法是以投标报价为基数，将报价以外的其他因素（包括商务因素和技术因素）数量化，并以货币折算成价格，将其加（减）到投标价上去，形成评标价，以评标价最低的投标作为中选投标。表9-3归纳了报价以外的其他主要折算因素的内容。

表 9-3 主要非价格因素表

主 要 因 素	折算报价内容
运输费用	货物如果有一个以上的进入港，或者有国内投标人参加投标时，应在每一标价上加上将货物从抵达港或生产地运到现场的运费和保险费；其他由招标单位可能支付的额外费用，如运输超大件设备需要对道路加宽、桥梁加固所需支出的费用等
价格调整	如果按可以调整的价格招标，则投标的评定和比较必须考虑价格调整因素。按招标文件规定的价格调整方式，调整各投标人的报价
交货或竣工期限	对交货或竣工期限在所允许的幅度范围内的各投标文件，按一定标准（如投标价的某一百分比），将不同交货或完工期的差别及其对招标人利益的不同影响作为评价因素之一，计入评标价中
付款条件	如果投标人所提出的支付条件与招标文件规定的支付条件偏离不大，则可以根据偏离条件使招标人增加的费用（利息等），按一定贴现率算出其净现值，加在报价上
零部件以及售后服务	如果要求投标人在投标价之外单报这些费用，则应将其加到报价上
设备的技术性能和质量	可将投标书中提供的技术参数与招标文件中规定的基准参数的差距折算为价格，计算在评标价中
技术建议	可能带来的实际经济效益，按预定的比例折算后，在投标价内减去该值
优惠条件	可能给招标人带来的好处，以开标日为准，按一定的换算办法贴现折算后，作为评审价格因素
其他可折算为价格的要素	按对招标人有利或不利的原则，增加或减少到投标价上去，如对实施过程中必然发生而投标文件又属明显漏项部分，给予相应的补项增加到报价上去

2. 综合评分法

综合评分法也称打分法，是指评标委员会按预先确定的评分标准，对各投标书需评审的要素（报价和其他非价格因素）进行量化、评审记分，以投标书综合分的高低确定中标单位的评标方法。由于项目招标需要评定比较的要素较多，且各项内容的计量单位又不一致，如工期是天、报价是元等，因此综合评分法可以较全面地反映出投标人的素质。

综合评分法把涉及的投标人各种资格资质、技术、商品及服务的条款，都折算成一定的分数值，总分为 100 分。评标时，对投标人的每一项指标进行符合性审查与核对，并给出分数值，最后汇总比较，取分数值最高者为中标人。评标时各个评委独立打分，互相不商讨，最后汇总分数。表 9-4 所示为某政府投资项目审计服务招标采购中，开展商务、技术部分评标的具体方案。

表 9-4 某政府投资项目审计服务招标采购中商务、技术部分评分表

招标编号：

投标人编号	商务部分评分（满分 15 分）备注：投标人的投标文件中需附下述商务部分评分证明材料的复印件，未提供复印件的不得分		
	1）资质、规模 10 分。按省会计师事务所综合评价暂行办法，2015 年（如 2015 年综合评价未公布则以 2014 年为准）综合评价得分排名，第一名 10 分，第二名 9.9 分，每降一名次依次扣 0.1 分	2）经营实力 5 分。以近两年平均业务收入为依据，1000 万元 4 分，每增加 100 万元加 0.1 分，反之，每减少 100 万元扣 0.2 分，最低得分为 3 分	商务部分得分
1			
2			

（续）

投标人编号	技术部分评分（满分55分） 备注：若投标人技术部分得分少于技术部分总分50%，则该投标人的投标视为无效					
	1）工作方案20分。根据标书中"工作方案"审计工作目标、审计工作范围、审计工作内容、审计策略、人员安排和质量控制措施六项情况，每项在1~3分之间打分，工作方案较详细、完整，工作流程较清晰、规范，方案切实可行的在1~2分之间打分	2）人员配备情况17分。根据标书中"人员安排"项目主审人数及职称情况分别给投标人打分，具有注册会计师资质的每个得2分，具有中级以上会计师专业职称的每个得1分（满分17分）	3）相关工作经验5分。根据标书中"事务所近3年的业绩、主要业务类型及主要客户名单、投标人认为应提供的其他资料"情况分别给投标人打5分、3分、1分	4）职业道德记录和质量控制水平8分。近3年内没有因违法、违规行为被国家有关部门予以处罚的得3分；有被国家有关部门予以处罚的得0分。投标人必须如实说明，如有弄虚作假将取消其资格。近3年来单位获得过省级、市级行业协会表彰，取得先进单位等执业相关荣誉奖项的，省级得3分，市级得2分，未获得不得分（满分5分，投标人的投标文件中需附证明材料的复印件，未提供复印件的不得分）	5）农业项目审核情况5分。对以往参加财政厅农业项目审核的投标人得5分，未参加过的投标人统一确定为3分（投标人的投标文件中需附证明材料的复印件，未提供复印件的不得分）	技术部分得分
1						
2						

评分人：　　　　　　　　　年　月　日

综合评分法的好处是简便易行，评标考虑因素更为全面，可以将难以用金额表示的各项要素量化后进行比较，从中选出最好的投标。缺点是要确定每个评标因素的权重，即它所应占的百分比以及评标时不同投标文件某些因素应该评多少分都易带主观性。

（五）生命周期成本评标法

这种方法是在综合评标价法的基础上，再加上一定运行年限内的费用作为评标价格。

有时候，采购整座工厂成套生产线或设备、车辆等，采购后若干年运转期内的各项后续费用（零件、油料、燃料、维修等）很大，有时甚至会超过采购价；不同投标书提供的同一种设备在运转期间后续费用的差别，可能会比采购价格间的差别更为重要。在这种情况下，就应采取生命周期成本法。以汽车为例，一般采购价总是小于包括后续期维修费和燃料费用在内的后续费用，相互间的比例甚至可达到1：3。

采用设备寿命周期成本评标法，应首先确定一个统一的项目评审寿命期，然后将投标报价和因为其他因素而需要调整（增或减）的价格，加上今后一定的运转期内所发生的各项运行和维护费用（如零部件、燃料、油料、电力等）再减去寿命期末项目的残值。计算运转期内各项费用，包括所需零部件、油料、燃料、维修费以及到期后残值等，都应按招标文件规定的贴现率折算成净现值，再计入评标价中。

四、评标的原则

在货物招标采购活动中，评标应遵循一定的原则。在《招标投标法》中规定，招标投标活动应当遵循公开、公正和公平原则，《评标委员会和评标方法暂行规定》规定，评标活动应当遵循公平、公正、科学、择优原则。

（一）规范化和公开、公正、公平的原则

评标工作应严格遵守《政府采购法》及其相关法规，遵循公正、公开、公平的原则。即所制定的标准要科学、合理，能量化的尽可能量化，以最大限度地减少人为主观因素对评标结果的影响。另外，所制定的标准要对所有的供应商一致，不能厚此薄彼或在标准里含有对外地或外资供应商的歧视性语言。评标标准也应该是公开的，要让所有的供应商都知道。

（二）实事求是的原则

不同的采购项目有不同的评判标准，不同的时期有不同的市场行情，某个采购项目在一些方面可能是重要的或不可少的，而在另一方面可能是不重要的或可有可无的，所有这些都要求集中采购机构在制定评标标准时，根据具体情况具体分析，既不要在标准中遗漏某个重要的评分因素，也不能求全责备，对一些可有可无的东西硬加进标准中，从而增加投标商的精神负担。

（三）适价、适质、适时、适地的原则

在评标过程中，对于商品的质量、价格、交货期、交货地点的要求要遵循适当的原则。并非价格越低越好、质量越高越好，企业中采购的物料，不同使用场合下各要素定位的标准不同，不能采取一刀切的措施。

1. 适价

适价就是说要物有所值，某种设备，它的价格只能在一定范围内浮动，高于这个范围，采购人接受不了；低于这个范围，要么是供应商不能接受，要么是设备的质量让人怀疑，所以集中采购机构在制定投标底价时，一定要进行仔细的市场调查，以得出一个合理的底价和浮动范围。既不能认为价高就不行，也不能认为价低就是好，对于超出范围之内的报价，不管是高还是低，都要按一定的方法，如果比在范围之内的价格浮动更多的则扣分，这样做，既可避免供应商之间的恶意竞争，也能让采购人买到质好价优的产品。

2. 适质

在行业上有句话叫作"够用就行"，也就是说，对于某项产品来说，固然是性能指标参数越高越好，但对于具体用户而言，可能是不必要的，这样一是会增加用户的成本，二是也会造成资源的浪费。所以，在以产品的质量作为评分要素时，标准不能过高也不能过低，要根据用户的工作性质制定出一个合适的标准，总而言之，在能满足用户工作要求的基础上稍好一点就行了。

3. 适时

适时就是说用户在采购设备时往往都有一个时间的要求，有的在供货时间上可以缓一些，有的则要得很急，甚至刻不容缓，这一点在8月、9月炎热季节采购空调类设备和农用救灾物资时表现得尤为突出，非常时期的设备采购更是容不得半点拖拉，如在"非典"时期采购呼吸机，在与供应商洽谈时，其中谈的一个主要问题就是供货时间，所以集中采购机构在制定供货时间时，总的原则是要结合采购项目的性质和用户的需求，既不能定得太晚影

响用户的使用，又不能片面地认为供货时间越早越好。

4. 适地

适地就是说某个采购项目对于供应商在地域方面的要求，这主要是针对售后和方便服务而言的。比如服务类项目如定点印刷、汽车维修等就以在本地招标为宜，而对设备类及工程类的采购，则一般要求在本地及邻近周边地区有代理或办事处，这是因为一旦设备或系统运行出现故障和质量问题，供应商可及时前来维护。

（四）择优选择原则

择优选择原则主要体现在：

（1）评标标准和条件的设立要体现"褒优贬劣"的原则。例如，以评分方式进行评审的，最符合评标办法规定的标准和条件的，应当获得该项目的最高分。

（2）评标委员会推荐中标候选人要根据最终评审结论的排名次序。中标候选人的产生原则应当遵照相关法规的规定，严格按评标结果排序。

（3）确定中标人要依照评标委员会推荐的中标候选人排序，排序靠前者优先。

第五节　招标采购中的常见问题

一、标底

（一）标底概述

标底是招标单位对招标工程、货物、服务的预期价格，是由招标单位或委托经有关部门批准的具有编制标底资格的单位根据设计图样和有关规定计算，并经本地工程造价管理部门核准审定的发包造价。

在建设工程招投标活动中，标底的编制是工程招标中重要的环节之一，是评标、定标的重要依据，且工作时间紧、保密性强，是一项比较繁重的工作。标底的编制一般由招标单位委托由建设行政主管部门批准具有与建设工程相应造价资质的中介机构代理编制，标底应客观、公正地反映建设工程的预期价格，也是招标单位掌握工程造价的重要依据，使标底在招标过程中显示出其重要的作用。因此，标底编制的合理性、准确性直接影响工程造价。

（二）标底的作用

（1）使招标单位预先明确自己在拟建工程上应承担的财务义务。

（2）给上级主管部门提供核实建设规模的依据。

（3）作为衡量投标单位标价的准绳，也是评标的主要尺度。

（三）标底编制的方法

我国编制工程施工招标的标底有以下几种方法：

1. 以施工图预算为基础的标底

具体做法是根据施工图样及技术说明，按照事先编制好的分项工程，逐项计算出工程量后，再套用定额单价（或单位估价表）确定直接费用，然后按规定的取费标准确定施工管理费、其他间接费、计划利润和税金，还要加上材料调价系数和适当的不可预见费，汇总后形成的总金额即为工程标底。

2. 以工程概算为基础的标底

以工程概算为基础的标底编制程序和以施工图预算为基础的标底大体相同，所不同的是采用工程概算定额，分部分项对工程子目做了适当的归并与综合，使计算工作有所简化。采用这种方法编制的标底，通常适用于初步设计或技术设计阶段，即进行招标的工程。在施工图阶段招标，也可按施工图计算工程量，按概算定额和单价计算直接费用，既可提高计算结果的准确性，又能减少计算工作量，节省时间和人力。

3. 以扩大综合定额为基础的标底

以扩大综合定额为基础的标底是从工程概算基础上发展起来的，特点是将施工管理费、各项独立费、计划利润和税金都纳入到扩大的分部分项单位内，形成扩大综合单价。在计算出工程量后，乘以扩大综合单价，再经汇总即为标底，从而能更进一步地简化确定标底的工作。

4. 以平方米造价包干为基础的标底

以平方米造价包干为基础的标底主要适用于采用标准图大量建造的住宅工程，一般做法是由地方主管部门对不同结构体系的住宅造价进行测算分析，制定每平方造价包干标准。在具体招标时，再根据装修、设备情况进行适当调整，确定标底单价。鉴于基础工程因地质条件不同对造价有很大的影响，所以，平方米造价包干多以工程的 ±0 以上为对象，基础和地下部分工程仍应以施工图预算为基础确定标底，二者之和构成了完整的工程标底。

（四）标底编制的原则

1. 标底编制应遵循客观、公正的原则

由于招投标时各单位的经济利益不同，招标单位希望投入较少的费用，按期、保质、保量地完成工程建设任务。而投标单位的目的则是以最少的投入尽可能获取较多的利润。这就要求工程造价专业的人员要有良好的职业道德，站在客观、公正的立场上，兼顾招标单位和投标单位的双方利益，以保证标底的客观、公正性。

2. 严格"量准价实"的原则

在编制标底时，由于设计图样的深度不够，对材料用量的标准及设备选型等内容交底较浅，就会造成工程量计算不准确，设备、材料价格选用不合理。因此，要求设计人员力求做细、严格按照技术规范和有关标准进行精心设计；而专业人员必须具备一定的专业技术知识，只有技术与各专业配合协调一致，才可避免技术与经济脱节，从而达到"量准价实"的目的。

3. 制定标底是招标的一项重要的准备工作

按照国际惯例，在正式招标前，招标人应对招标项目制定出标底。标底是招标人为准备招标的内容计算出的一个合理的基本价格，即一种预算价格，它的主要作用是作为招标人审核报价、评标和确定中标人的重要依据。因此，标底是招标单位的"绝密"资料，不能向任何人泄露。特别是我国国内大部分项目评标时，均以标底上下的一个区间作为判断投标是否合格的条件，标底保密的重要性就更加明显了。

由于标底是衡量投标报价竞争力的一把尺子，其好坏直接影响到招标工作的有效性。标底定得过高，进入合格范围内的投标人数量太多，就会使评价的工作量和难度大大增加；标底定得过低，又容易使所有的投标人都落空，从而导致招标失败。因此，标底制定得好，可以说是招标工作成功了一半，而编制一个先进、准确、合理、可行的标底需要认真细致和实

事求是。首先，标底的制定与招标文件的编制有着密不可分的关系。标底制定得是否正确很大程度上取决于招标文件中对项目工作量的说明是否正确，因此招标文件对项目的工作量进行说明时应尽量减少漏项，同时将工作量尽可能计算准确，力争将招标文件中计算出的工作量与实际量的误差控制在5%以内。其次，标底的制定应建立在一个比较先进的设计方案基础上，这样编制出的标底才切合实际。

二、围标

（一）围标概述

围标也称为串通招标投标，它是指几个投标人之间相互约定，一致抬高或压低投标报价进行投标，通过限制竞争，排挤其他投标人，使某个利益相关者中标，从而谋取利益的手段和行为。

围标行为的发起者称为围标人，参与围标行为的投标人称为陪标人，围标是不成熟的建筑招投标市场发展到一定阶段的产物。围标成员达成攻守同谋，通常在整个围标过程中，陪标人严格遵守双方合作协议的要求以保证围标人能顺利中标，并对整个围标活动全过程保密。围标成功后，围标人按照事先的约定支付陪标人好处或利益互换。有时候围标全过程为围标人一手操办，陪标人提供资质、人员和必要条件予以协助。有时候是投标人入围后将入围资格卖给围标人，围标人借用入围投标人资格操纵投标，而陪标人则保持沉默。

（二）围标的形式及危害

1. 围标的形式

围标的形式多种多样，比较典型的有以下两种形式：

（1）招标者与投标者之间进行串通。主要表现形式有：实施排挤竞争对手的公平竞争的行为，招标者在公开开标前，开启标书，并将投标情况告知其他投标者，或者协助投标者撤换标书，更换报价；招标者向投标者泄露标底；投标者与招标者商定，在招标投标时压低或者抬高标价，中标后再给投标者或者招标者额外补偿；招标者预先内定中标者，在确定中标者时以此决定取舍。

（2）投标者之间进行串通。主要表现形式有：投标者之间相互约定，一致抬高或者压低投标报价；投标者之间相互约定，在投标项目中轮流以高价或低价中标；投标者之间先进行内部竞价，内定中标人，然后再参加投标。这种不正当竞争是通过不正当手段，排挤其他竞争者，以达到使某个利益相关者中标，从而谋取利益的目的。

2. 围标的危害

围标的危害是不可忽视的，主要表现在以下三个方面：

（1）它使招标制度流于形式，危害社会主义市场经济秩序，影响社会主义法制建设。

（2）围标直接伤害了其他投标人的合法权益，围标现象实质上就是市场竞争异常激烈造成的一种无序、恶意竞争的行为。这必然会使中标结果在很大程度上操纵在少数几家企业手中，而使有优势、有实力中标的潜在中标人被挡在了门外，严重影响到招标投标的公正性和严肃性，而且会伤害大多数投标人的利益。

（3）参与围标的企业诚信度不高，企业自身素质差。由于赌博心理占了上风，这些企业编制的投标文件着眼点仅仅放在价格上，对施工方案不认真研究，无合理应对措施。即使中标，也不大可能认真组织项目实施，会给工程建设留下隐患。

3. 识破围标

首先，按有关规定认定，凡发现投标人之间，或招标人与投标人之间有下列三类行为的，均可认定为串标：①串通投标报价；②招标人与投标人串通投标；③投标人以他人名义投标。

其次，通过看投标报价来认定：

（1）总报价相近，但其中分项报价不合理，且没有合理解释的。

（2）总报价相近，且其中款项报价雷同，又不提出计算依据的。

（3）总报价相近，数项子目单价完全相同，且不提出合理的单价组成的。

（4）总报价相近，主要材料设备价格极其相近的。

（5）总价相同，没有成本分析，分项乱调的。

（6）几个投标人的技术标都雷同的。

除此以外，还应通过检查供应商的财务资料和在资质审定过程中发现蛛丝马迹。

4. 围标预防

（1）招标信息发布一定要广泛。如果投标的供应商能达到 10 家以上，那么投标人如果想通过围标来实现中标，围标的成本和中标的难度都将是投标人不得不考虑的问题。

（2）在评标方法上下功夫。比如，如果采用综合评分法的项目，就应在招标文件中规定一个报价幅度，不合理的投标报价将被拒绝。而对于货物和服务的招标，应严格按照《关于加强政府采购货物和服务项目价格评审管理的通知》要求，价格分统一采用低价优先法计算，即满足招标文件要求且投标价格最低的投标报价为评标基准价，其价格分为满分；定价格招质量，货物和服务招标项目可以在充分做好市场调查的基础上，定死合同价，然后只招质量，质量最好者为中标候选人。

（3）做好招标保密工作。根据《政府采购法》规定，招标采购单位不得向他人透漏已获取招标文件的潜在投标供应商的名称、数量以及可能影响公平竞争的有关招标投标的其他情况。但在具体操作中，一些代理机构常常在不经意间把潜在投标人的名称和数量透露出去，如投标报名登记以及购买标书中的登记处理不当（被后来报名和购买标书的投标人看到）、组织集中的现场勘查以及集中答疑等。

（4）合同条款一定要做到详尽。在合同中明确和强调违规参与招标采购应承担怎样的风险，在履约中出现违反招标文件中的有关规定应承担怎样的责任等。通过在合同中警示的方式，一方面可以给投标人造成一定的压力；另一方面还可以在一定程度上防止"万一投标人围标还中标了，质量却得不到保证"的情况发生。

（5）加快建立投标人的信誉体系。招投标管理部门对投标人建立诚信档案，制定出诚信评价标准，对诚信度差的投标人除依法给予必要的处罚外，还应禁止参加政府投资项目和重点工程建设项目的投标活动。对投标人围标的行为，在招标文件中应做出除法律规定以外的惩罚性约定，如投标人围标或提供虚假数据和材料，一经核实，无论中标与否均没收其投标保证金，并承担法律责任。

（6）加强对招标人的监督管理。加强招投标法律、法规的宣传，强化依法办事的意识，使招标人自觉遵守法律、法规。建立责任追究制，对违反法律、法规的人和事，要坚决依法予以处理。按照《招标投标法》《评标委员会和评标方法暂行规定》，严格规定招标投标程

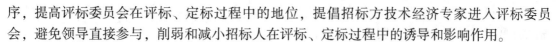

序，提高评标委员会在评标、定标过程中的地位，提倡招标方技术经济专家进入评标委员会，避免领导直接参与，削弱和减小招标人在评标、定标过程中的诱导和影响作用。

（7）加强招标代理机构的管理。任何形式的挂靠、出借、借用资质的行为，对代理机构违反资质管理规定的行为，一经查实从严处理。对招标代理机构实行从业人员注册登记备案制度，保持稳定的从业人员队伍。定期开展从业人员业务知识培训，不断提高从业人员的业务技能。加强从业人员的职业道德教育，培养职业精神和职业素养。

（8）网上投标。以招投标有形市场为依托，加大投入，加快网络建设，积极开展网上投标。

三、挂靠

（一）挂靠概述

何谓"挂靠"？从法律的层面上讲，就是一些自然人、合伙组织利用企业法人的资格和资质，规避了国家法律政策对企业法人以外的个人和团队在税收、贷款、业务范围等方面的限制，并且利用所挂靠的企业法人的资格和资质获得了自身难以取得的交易信用与经济利益的经营活动。

挂靠现象在建筑工程项目中尤为普遍。法律规定，承揽建筑工程的单位必须持有依法取得的资质证书，并在其资质等级许可的业务范围内承揽工程。于是，就出现了许多不具有施工资质的单位、团队或个人，挂靠到某些具有资质等级的施工单位，承揽相应的建筑工程，被挂靠单位收取挂靠单位一定数额管理费的现象。这种以挂靠方式承揽建筑工程是违法行为，《中华人民共和国建筑法》第二十六条明确规定："禁止建筑施工企业超越本企业资质等级许可的业务范围或者以任何形式用其他建筑施工企业的名义承揽工程。禁止建筑施工企业以任何形式允许其他单位或者个人使用本企业的资质证书、营业执照，以本企业名义承揽工程。"而一般因挂靠行为签订的两份合同：一份是以被挂靠单位名义与开发商签订的建筑施工合同；另一份是挂靠单位与被挂靠单位签订的交纳管理费合同，二者均因违反法律法规而属于无效合同。

（二）挂靠解决措施

虽然法律规定了"挂靠"行为的非法性，但是它还是以各种各样的形式存在。针对挂靠问题可以从以下几个方面入手：

（1）严格对投标人资格身份进行审查，要求"八一致"，即投标人营业执照、资质证书、安全许可证、投标保证金银行出票单位、人民银行基本户许可证、投标文件印章、项目经理及项目部和购买招标文件人员一年以上劳动合同甲方单位、养老保险手册缴款单位，达不到以上要求的，资格审查不予通过。

（2）严格对投标保证金结算进行管理，明确保证金结算和工程款转账一律通过中标人银行基本账户结算。

（3）执行中标公示期实地考察制度，主要考察其是否具备履约能力，在投标时提供的业绩证明材料是否属实，项目班子成员有无在建工程等。

（4）建立不出借资质承诺金制度，投标保证金在中标后不出借资质承诺金，如在对招标人现场检查和进行常规考勤时，发现进场人员与中标项目部人员不符，其承诺金一律不予退还，同时按规定处理。

（5）进一步明确招标人对施工单位入场检查的责任，招标人对进场施工管理人员的身份核查是堵住借资质挂靠的实质性关口。

（6）对项目部的人员实行签到制度，在合同中明确缺勤的扣罚标准。

第六节　招标采购中常见的争议及其处理

一、招标采购中常见的争议

招标争议是指在企业招标过程中所产生的各类争议问题。其范围包括但不限于以下四类，具体内容如表9-5所示。

表9-5　招标争议分类一览表

类　型	具　体　表　现
招标文件争议	招标文件以不合理的资格条件限制潜在投标人投标或明显倾向个别投标人
	招标文件出现专有技术、专利产品和特定品牌等倾向性内容或技术规格明显有利于个别投标人的产品
	招标文件的商务条款具有倾向性、歧视性或设置不合理
	招标文件具有其他违法、违规情形
招标过程争议	公开披露信息内容及其方式的争议
	资格预审和招标文件发售的争议
	投标文件递交和开标过程的争议
	评标过程或方法的争议
	具体操作中其他环节的争议
中标结果争议	没有按照招标文件规定的评标办法和评标标准评标
	对投标人实行区别对待
	对评标中的事实认定错误
	评标中的具体判定、评标价格和评标分数的计算错误等
	招标人、招标代理机构、评标委员会成员及其他投标人在投标中有违法行为影响中标结果
招标过程其他民事侵权争议	投标人财产权受到招标人侵害
	投标人知识产权受到招标人或其他投标人侵害
	投标人或其他利害关系人在投标中损害其他投标人或其他利害关系人利益
	投标人合同权受到侵害
	其他民事侵权行为

二、招标投诉争议处理方法

在招标采购中，一旦发生争议，应妥善处理，尽可能协商解决，避免不必要的时间浪费和经济损失。可以采取以下具体措施：

（1）招标委员会应该以理解的态度正确对待投标人的异议。

（2）招标委员会应当认真研究投标人的投诉事项，并根据接收到的投标诉讼制定解决方法。

1）协商和解。在发生了招投标争议之后，中标人员首先应当在平等自愿的原则基础上寻求和解，通过沟通了解，本着互谅互让的精神来共同承担责任，从而解决纠纷。

2）民事仲裁。招标人和投标人在经过协商解无效之后，可进入仲裁程序，由合法仲裁机构进行仲裁。

3）民事诉讼。假如仲裁的裁决被法院撤销或者不予执行，那么当事人可以向法院起诉。民事诉讼是企业解决招标争议的最后途径。企业可以选择向对该争议具有管辖权的人民法院提出起诉。

（3）当收到投标人或其他相关人员的投诉时，招标委员会需及时履行接收手续，书面出具接收证明或在投标人提供的回执上签字确认。能够立刻进行澄清和说明的，招标委员会应予以澄清、说明，并消除误解。如确实存在问题，则招标委员会需及时采取措施予以纠正，并答复投标人或主动向行政监督部门报告情况。

（4）评标人对评标结果提出异议和质疑时，招标委员会应请评标委员会提出答复意见答复投标人，具体处理办法如图9-4所示。给投标人的答复应使用书面形式并在合理的时间内做出。

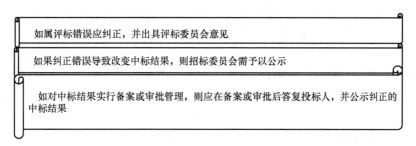

图9-4 投标结果争议处理

（5）在异议处理阶段，不能妥善解决的，则进入招标的投诉阶段，在投诉过程中，招标人需积极配合行政监督部门处理投诉，并对招标争议进行处理。

招标委员会应当认真研究投标人的投诉事项，配合调查；原评标委员会成员应根据监督部门的要求配合调查。

如果行政监督部门要求招标委员会在处理投诉期间暂停签订合同，那么招标委员会应暂停与拟中标人的合同洽商。如果合同已经签订，应暂停合同的执行，等待投诉处理结果。

招标委员会应向行政监督部门如实提交处理投诉所需的所有招标投标的相关资料，并报告有关情况。

在行政监督部门处理投诉过程中，招标委员会需主动与投诉人联系，澄清、说明事实，沟通认识，消除误解。

招标委员会对行政监督部门做出的投诉处理决定无异议的，应当执行行政监督部门的处理决定；对行政监督部门做出的投诉处理决定有异议的，可提出行政复议或行政诉讼。

第七节 招标采购相关法规

招标投标法规主要是为了规范关系国计民生的基础设施项目、各级政府参与投资的公共项目以及各级政府采购物资和设施。

我国目前与招标投标有关的法规有《招标投标法》《政府采购法》，利用世界银行贷款项目必须遵循世界银行颁布的《国际复兴开发银行贷款和国际开发协会信贷采购指南》。此外，还有联合国贸易法委员会制定的《货物、工程和服务采购示范法》、世界贸易组织（WTO）的《政府采购协议》。

一、世界贸易组织（WTO）的《政府采购协议》

世界贸易组织（WTO）的《政府采购协议》，要求成员方对政府采购合同的招标程序做出规定，以保证政府的各种规章制度不被用来偏袒和保护本国厂商及本国产品，而对外国供应者及其产品实行差别待遇。其采购的法律、规则、程序和措施，应无条件地向其他缔约国的产品和供应者提供优惠待遇。此种优惠待遇不得低于向国内和任何第三方产品和供应者所提供的待遇，采购所规定的技术要求，应是性能方面的，而不是设计方面的，并应以国际标准、国家技术规定或公认的国家标准为依据，不得借此给国际贸易设置障碍。

所谓国民待遇原则（National Treatment），是指缔约国在有关征收国家税和国内销售、购买、运输、分配等方面，或所适用的法令、法规、条例等方面，对进口产品和国产产品应一视同仁，也就是说缔约国一方保证缔约国另一方的公民、企业在本国境内享受与本国公民、企业同等的待遇。

对政府采购中的技术要求，不应转化为一种变相的非关税壁垒措施。协议要求采购实体在拟订、采购或适用说明所购买产品特征的技术要求时，如质量、性能、安全度、试验及试验办法、符号、术语、包装、商标及标签、相符证明等，既不得故意给国际贸易设置障碍，也不得在实际上给国际贸易设置不必要的障碍。采购实体规定的技术要求应是关于性能的而非关于设计的，应以国际标准或公认的国家标准为依据。采购规格不能含具体商标、商号、专利权、设计或型号、具体的原产地或生产者，除非无法准确、清楚地说明采购要求，或有"相当于"这类措辞。

招标程序分为三种：①公开招标程序，即任何合格的供应者均可参加投标；②选择性招标程序，即由采购方挑选并请部分合格的供应者参加招标；③单个招标程序，即由采购实体指定特定的供应者单独投标。为了保证协议的有效执行，各缔约方应保证其政府机构在进行采购时主要采用公开或选择性的招标方式。协定对这两种程序做了如下规定：

（1）审查供应商的资格时，采购方在条件上不得在外商之间或内外商之间实行差别待遇。招标文件在足够时间内公开发布，其中的程序及技术内容完整明确，不带歧视性。供应商参加的条件，包括财政担保、技术条件、能力证明的资料及资格审查不得存在歧视性行为。凡合格供应商均有参加投标和被考虑的机会。

（2）以公正和非歧视的态度最大限度地邀请国内外供应商参加投标，以保证充分的国际竞争。采购通知应在适当报刊上公布，通知内容包括产品性质、数量、公开或选择招标程序、申请投标、收标地址、授予合同与提供资料的采购方地址、经济技术要求、供应商提供的投标担保以及对招标文件的付款金额及付款条件等。投标期限的规定应使供应商能够有足够的时间进行准备工作。

（3）投标须以书面形式直接递交或邮寄，须以信函或签字的电传、电报等确认。在开标与授予合同期间禁止投标人修改投标书。采用公开和选择等招标程序时，收标和开标都应保证开标规则并提供开标情况，符合国民待遇和非歧视原则。合同的获得者应是符合投标条件并参加了投标的供应商，并符合通知和招标文件的要求。采购方有义务应供应者的要求提供一切有关资料，说明未被邀请投标或投标被拒绝的理由，并在合同授予后的7日内，通知未中标的供应者，涉及机密的资料除外。

（4）制定申诉与复查程序，供公正而迅速地解决有关采购方与供应商间争议之用。缔约方应将政府采购的任何法律、法规、司法决定、行政裁决及任何程序办法（包括标准合同条款在内）在报刊上公布，并解释有关做法及程序。各缔约方应收集有关购买及所签合同的年度统计数据与资料，提供给政府采购委员会。

政府采购委员会为本协议下设机构，由各缔约方代表组成，它负责为各缔约方提供机会，就本协议执行情况及为促进本协议各项目标进行磋商，并执行其他有关职责，当缔约方的国家利益受到损害时，首先可提出与有关缔约方谈判协商。在经发生争议的双方进行磋商不能达到满意解决3个月后，该委员会可根据争议任何一方的请求设立咨询委员会，对争议进行调查、提出建议，以促使争议圆满解决。如仍不能解决，则要成立特别小组，以审议纠纷或与当事方协商，写出报告供委员会裁决。在协议中对咨询小组的设立、职责及工作程序做了详细规定。

当公开招标和选择性招标均不能适用时，可采用单个招标方式。单个招标程序适用于下列情况：不是为了最大限度地避免竞争、歧视外商或作为保护国内生产者的手段；在公开招标或选择招标时，无人投标、串通投标或投标不符合要求；对于艺术品或因与保护专有权有关的原因，产品只能由某个特定的供应者供应，别无选择；对现有设备换件或扩充而增加订货，改变供应者会影响设备的互换性。

二、世界银行对工程项目采购的规定

世界银行针对工程项目采购发布了比较严格的规定，要求借款人遵照执行。这些规定主要包括：《工程采购招标文件样本》《货物采购招标文件样本》《国际复兴开发银行贷款和国际开发协会信贷采购指南》，以上三项规定都于1995年发布执行。

（一）《国际复兴开发银行贷款和国际开发协会信贷采购指南》的目的和原则

（1）《国际复兴开发银行贷款和国际开发协会信贷采购指南》的目的在于，使取得世界银行贷款资助的项目人员了解项目和货物采购的程序和做法。

（2）世界银行贷款项目采购中必须遵守的原则如下：

1）项目采购中必须注意经济效率。

2）世界银行愿为所有合格的投标者提供竞争合同的机会。

3）世界银行愿意促进借款国本国建筑业和制造业的发展。

4）采购过程要有较高的透明度。

（二）国际竞争性招标

世界银行认为，国际竞争性招标能充分实现资金的经济和效率要求，因此要求借款人采取国际竞争性招标方式采购货物和工程。

（1）合同类型和规模。单个合同的规模取决于项目大小、项目性质和项目地点。对于需要多种土建工程和货物的项目，通常对工程和货物的各主要部分分别招标，也可对一组类似的合同进行招标。所有单项和组合投标都应在同一截标时间收到，并同时开标和评标。

（2）公告和广告。在国际竞争性招标中，借款人应向世界银行提交一份采购总公告草稿。世界银行将安排把公告刊登于联合国发展商业报。其内容包括借款人名称、贷款金额及用途、采购的范围、借款人负责采购的单位名称和地址等。借款人还应将资格预审报告或投标通告刊登在本国普遍发行的一种报纸上。

（3）资格预审。在大型或复杂的工程采购或投标文件成本很高的情况下，借款人可对投标者进行资格预审。资格预审应以投标者圆满履行具体合同的能力和资源为基础，并考虑如下因素：投标者的经历和过去执行类似合同的情况，人员、设备、施工和制造设备方面的能力，以及财务状况等。

（4）招标。招标包括的内容有招标文件、投标保证金、招标文件的澄清、技术规格、报价及调价、运输与保险、货币规定、支付、履约保证金、合同条件。

（5）开标、评标和授标。

（三）世界银行审查

世界银行审查借款人的采购程序、采购文件、评标和授标、合同。对未按规定采购程序进行采购的，可宣布为采购失败。

三、《中华人民共和国招标投标法》

《中华人民共和国招标投标法》于1999年8月30日由中华人民共和国第九届全国人民代表大会常务委员会第十一次会议通过，自2000年1月1日起施行。

《中华人民共和国招标投标法》共6章68条，其中总则部分主要对招标投标法的立法宗旨、适用范围、强制招标的范围、招投标的原则、招投标中介机构的要求、开标、评标、定标、中标等方面做出了法律性规定，并明确了各自的法律责任。

《中华人民共和国招标投标法》的施行，维护了开放、统一、公平、规范的经济秩序和社会诚信、公正体系的运行；节省了资金，提高了经济效益，保证了工程项目、货物和服务质量，优化了实施方案；对促进廉政建设和政府职能转变以及企业经营机制的转变起到了积极作用。

四、《中华人民共和国政府采购法》

《中华人民共和国政府采购法》由中华人民共和国第九届全国人民代表大会常务委员会第二十八次会议于2002年6月29日通过，自2003年1月1日起施行。

《中华人民共和国政府采购法》规定，政府采购采用的方式包括：公开招标、邀请招标、竞争性谈判、单一来源采购、询价及国务院政府采购监督管理部门认定的其他采购方式。公开招标应作为政府采购的主要采购方式。

采购人采购货物或者服务应当采用公开招标的方式，其具体数额标准，属于中央预算的政府采购项目，由国务院规定；属于地方预算的政府采购项目，由省、自治区、直辖市人民政府规定；因特殊情况需要采用公开招标以外的采购方式的，应当在采购活动开始前获得市、自治州以上人民政府采购监督管理部门的批准。采购人不得将应当以公开招标方式采购的货物或者服务化整为零，或者以其他任何方式规避公开招标采购。

符合下列情形之一的货物或者服务，可以依照本法采用邀请招标方式采购：具有特殊性，只能从有限范围的供应商处采购的；采用公开招标方式的费用占政府采购项目总价值的比例过大的。

本 章 小 结

招标投标作为采购方确定价格和选定供应商的一种重要方法,在采购管理中发挥着重要作用。特别是在我国目前阶段,企事业单位还不同程度地存在着一些采购流程的不规范和采购过程中的暗箱操作现象,采用招标投标方式确实能够在很大程度上实现采购的公正、公平、透明和管理过程的规范化。

本章首先介绍了招投标的概念、分类,讨论了不同类型的招标方式的优缺点及适用范围。重点介绍了招投标的一般程序,对每个阶段的主要工作内容进行了简要介绍。

评标作为招标过程中的一个重要环节,对于招投标双方都非常重要,采用什么方法对投标者的投标书进行评估是招标投标过程中的一个重要问题,本章对主要的评标方法进行了比较详细的介绍,除了这些方法以外还有其他的评价方法,本文没有全部介绍,如果感兴趣的话可以参考一些专门介绍和研究招标投标问题的论著。

由于招标投标能够实现采购过程的公平、公正和透明,政府采购一般要求采取招标投标方式,各国对此都有立法,世界贸易组织为了各个成员方的政府采购活动,也有相关立法,本章最后对世界贸易组织的《政府采购协定》、世界银行的《国际复兴开发银行贷款和国际开发协会信贷采购指南》,以及《中华人民共和国招标投标法》《中华人民共和国政府采购法》进行了简要介绍。

习题与思考

一、简答题

1. 招标采购的概念和特点是什么?
2. 简述公开招标和邀请招标的区别,各自有什么优缺点。
3. 简述招标采购的一般程序。
4. 简述投标文件的制作及主要内容。
5. 常用的评标方法有哪些?各种方法的使用范围是什么?
6. 简述招标采购中的常见问题及解决措施。

二、填空题

1. 议标的主要方式有:直接邀请议标方式、比价议标方式和(　　　　　)等。
2. 开标阶段,如参与投标的厂商不足(　　　　)家,通常不得开标,并宣布延期开标,退还报价单及押金
3. 评标委员会人数为5人以上的单数,其中技术、经济等方面的专家不得少于成员总数的(　　　　　)。
4. 评标基本要求是公正性、(　　　　)、科学性。
5. 评标过程中,主要从三个方面进行评审,(　　　　)、技术评审和商务评审。

三、案例分析

某市属投资公司投资的大型会展中心项目,基础底面标高 −15.8m,首层建筑面积9800m²,项目总投资2.5亿元人民币,其中企业自筹资金2亿元人民币,财政拨款5000万元人民币。施工总承包招标时,招标文件中给定土方、降水和护坡工程暂估价为1800万元人民币,消防系统工程暂估价为1200万元人民币。

招标文件规定，这两项以暂估价形式包括在施工总承包范围的专业工程中，由总承包人以招标方式选择分包人。甲公司依法成为中标人，并按招标文件和其投标文件与招标人签订了施工总承包合同。甲公司是一家有数十年历史的大型国有施工企业，设有专门的招标采购部门。总承包合同签订后，甲公司自行组织土方、降水和护坡工程以及消防工程的施工招标。招标文件均规定接受联合体投标，投标保证金金额为20万元人民币，其他规定如下：

土方、降水和护坡工程（标包1）：投标人应具备土石方工程专业承包一级资质或地基与基础工程专业承包一级资质。

消防系统工程（标包2）：某控制元件金额不大，但技术参数非常复杂且难以描述，设计单位直接以某产品型号作为技术要求，允许投标人提交备选方案。

在招标过程中，出现以下情况：

标包1中，某投标人是由A公司和B公司组成的联合体。A公司具有土石方工程专业承包一级资质和地基与基础工程专业承包二级资质，B公司具有土石方工程专业承包一级资质和地基与基础工程专业承包一级资质。

标包2中，某投标人是由C公司与D公司组成的联合体。双方按照联合体协议约定分别提交了60%、40%的投标保证金。在开标时，主持开标的人员发现，E公司的投标函及附录中，提供了两套方案及报价，一套为德国产品，一套为美国产品，其中美国产品的方案写明"备选方案"。

问题：

1. 标包1和标包2是否属于依法必须进行招标的项目？甲公司是否可以自行组织招标？分别简要说明理由。

2. 如果项目的招标组织形式被项目审批部门核准为委托招标，那么甲公司是否可以自行组织招标？简要说明理由。

3. 标包1要求投标人具备的资质条件是否正确？由A公司和B公司组成的联合体能否承担标包1的施工？分别简要说明理由。

4. 标包2招标文件对控制元件的技术要求是否妥当？简要说明理由。

5. 标包2唱标时是否应当宣读E公司备选方案的投标报价？如果E公司未标明"备选方案"，唱标时应当如何处理？

6. 标包2中，由C公司与D公司按比例提交投标保证金的方式是否可行？简要说明理由。

7. 评标时如何处理E公司的主选方案和备选方案？如果E公司未标明"备选方案"，评标时应当如何处理？

（资料来源：考试吧.2011年招标师考试《招标采购案例分析》真题及答案.2012-08-05.http://www.exam8.com/gongcheng/zhaobiao/zhenti/201208/2395123.html）

第十章

采购管理发展的新趋势

学习目标

1. 掌握供应链环境下的采购与传统采购的区别。
2. 掌握集中采购和分散采购的特点及应用。
3. 掌握绿色采购的实现条件。
4. 了解绿色采购、供应链采购的含义和提出背景。

◆ 导入案例

利丰集团的供应链采购

总部位于中国香港的利丰集团（以下简称利丰）是一个标准的"百年老店"。成立于1906年的利丰如今拥有庞大的采购和生产网络，并为知名品牌及零售商提供全球供应链管理。历经全球商界百年风云，利丰集团从传统的贸易商转型为一家供应链管理运作的现代跨国商贸及分销集团，其供应链管理已经成为商学院管理案例的经典。

利丰认为，供应链管理就是把供应链最优化，以最少的成本，令供应链从采购开始，到满足最终客户的所有流程，包括工作流程、实物流程、资金流程和信息流程，均有效地操作。具体来说，有以下三个方面：①供应链由客户（或消费者）需求开始，贯通从产品设计，到原材料供应、生产、批发、零售等过程，中间经过运输和仓储，把产品送到最终客户的各项业务活动中；②供应链的参与者包括企业和企业内的部门单位，供应链是这些单位之间的互动关系；③供应链的业务过程和操作，可以从工作流程（有研究称为商流，Work Flow）、实物流程（Physical Flow）、信息流程（Information Flow）和资金流程（Funds Flow）四个方面进行分析。供应链的信息流动带动工作流程，工作流程决定实物流程，实物流程反馈为资金流程。这段话反映了利丰对供应链的理解。

为了能在全球范围内为客户制定最优化的供应链，利丰非常重视供应链各节点上企业的紧密合作。利丰通过其庞大的全球采购网络，与各种不同类型的生产商保持长期的密切合作，建立了互信关系，利丰能为其网络中的生产商带来一定数量、价格合理的订单，生产商也愿意在预订产能、快速生产和各种生产细节上与利丰配合，并提供最高的生产弹性，以便利丰能为客户量身定制最优化的供应链。利丰供应链管理的思想，就是强调各企业核心能力要素的优化组合。由于企业的资源有限，企业要在各种行业和领域都获得竞争优势十分困难，因此它必须集中资源在某个所专长的领域，即核心业务上，这样才能在供应链上取得一个位置。企业具有在核心业务上出色的竞争能力是伙伴们愿意合作的前提。供应链管理强调的是企业根据自己的核心业务能力，在供应链上扮演一个专门的、不可替代的角色，只有这样，其他企业才无法轻易取而代之。同时，企业应将非核心业务，以外包的模式交给其他更专业的企业，使整条供应链发挥更好的效果。如果企业缺乏或者不理解自己的核心业务，或把资源分散到没有优势的业务上面，那么将难以在供应链上明确定位，也会缺乏资源来不断强化其相关的核心竞争力，其在供应链上的位置便容易被其他企业所取代。企业的核心业务由多项核心竞争力支持，这些核心竞争力需要企业不断维护和强化，以保持与竞争对手的距离。跨国界生产体现了各个企业依其核心竞争力进行分工的情况，将供应链分拆，让每个企业集中于其专长的某一个或几个环节或生产工序，通过有效率的运输，使生产活动得以在世界各个角落进行配置，联结成为一个有竞争力的供应链。

（资料来源：利丰研究中心．供应链管理：香港利丰集团的实践经验［M］．北京：中国人民大学出版社，2003）

第一节　集中采购与分散采购

集中采购模式其实不单单包括集中采购，而是一种集中与分散相结合的采购模式，集中采购模式和分散采购模式各有侧重点。集中采购中存在的一些问题，如采购流程过长、时效性差、采购的灵活性较差等，在分散采购上却很好地得到了弥补。但分散采购模式存在响应性不强、采购过程的控制和库存的控制较差等问题。分散采购就是平时普遍意义上的采购。

一、集中采购

（一）集中采购的概念

集中采购是指企业在核心管理层建立专门的采购机构，统一组织企业所需物品的采购。通过组建内部采购部门的方式，来统一管理其分布于世界各地分支机构的采购业务，减少采购渠道，获得批量采购的价格优惠。尤其是随着连锁店、特许经营和 OEM（定牌生产合作）厂商的出现，更使其成为未来企业采购的主要方式之一，具有很好的发展前景。

（二）集中采购的优势和劣势

1. 集中采购的优势

（1）有利于通过采购的规模效应获得供应商的优惠、折扣，节约运费，降低进货成本、物流成本，争取主动权。

（2）有利于企业与供应商之间建立稳定的合作关系，得到供应商在技术开发、货款结算、售后服务等多方面的支持与合作。

（3）有利于采购决策中专业化分工和专业技能的发展，提高工作效率。

（4）集中采购采用公开招标、集体决策的方式，可以有效防止腐败问题的发生。

（5）有利于减少管理层的重复设置。如对汽车备件的需求，不必让每一个部门的负责人都去填请购单，只需采购部门针对企业的全部需求填一张订单就可以了。

（6）采购决策集中控制，比较容易使所购物品达到标准化。

（7）物品短缺时，不同的部门之间不会为了得到物品而进行不必要的竞争，从而引起价格的上涨。

2. 集中采购的劣势

（1）采购的组织层次多，采购流程过长，时效性差。

（2）企业内部单位与供应商缺乏直接的沟通，难以准确地了解企业的内部需求，降低了采购绩效。

（3）难以适应零星采购、地域采购、紧急情况采购这几种采购情况。

（4）非共同性物料集中采购，并无数量折扣。

（三）集中采购的实施步骤

（1）制定采购策略。根据企业所处的国内外政治、经济、社会、文化等环境及竞争状况，以及企业的战略，制定本企业的采购策略。

（2）编制采购计划。根据企业的采购策略，以及企业产品的销售状况、市场开发情况、生产能力来确定采购计划。

（3）集中采购决策。根据采购计划、定期或大宗货物采购要求、市场反馈意见、企业生产过程中的工艺情况和质量情况等实施集中采购决策。

（4）进行战术安排。集中采购决策制定后，由采购管理部门实施信息分析、市场调查及询价，并根据库存情况进行战术安排。

（5）采购部门根据资源供给状况、自身采购规模和采购进度安排，结合最有利的采购方式实施采购，并办理检验送货手续，及时保障生产的需要。

（6）采购结算。对于符合适时、适量、适质、适地的物品，经检验合格后要及时办理采购资金转账手续，保证信誉，以利后续合作。

二、分散采购

（一）分散采购的概念

分散采购是指企业下属各部门自行处理各自的采购业务，如子公司、分厂、车间或分店实施的满足自身生产经营需要的采购。分散采购是集中采购的完善和补充，是企业将权力下放的一种采购活动。

（二）分散采购的优势和劣势

1. 分散采购的优势

（1）供需双方易于沟通，采购迅速，容易应付紧急情况。

（2）权责分明，易于管理，可增强基层工作人员的责任心，调动他们的积极性。

（3）库存小。

（4）手续简单，过程短，有利于采购环节与存货、售货、供料等环节的协调配合。

（5）当企业的各个运营单位分布在不同地区时，分散采购通过就地购买的方式可以节约企业的运输成本。

2. 分散采购的劣势

（1）权力分散，采购批量小，不能得到价格折扣；容易出现交叉采购；人员费用较大，不利于降低采购成本。

（2）决策层次低，采购权力下放后使采购控制较难，采购过程中容易出现徇私舞弊的现象。

（3）企业内部部门之间的多头采购易造成资金占压。

（三）分散采购的实施步骤

分散采购的实施步骤与集中采购大致相同，只是取消了集中采购的决策环节，直接实施其他步骤。企业下属单位的生产研发人员根据生产、科研、维护、办公的需要，填写请购单，由基层主管审核、签字，到指定财务部门领取支票、汇票或现金，然后到市场或厂家购买、进货、检验、领取或核销、结算即可。采购时，一般采用现货交易方式进行。

三、选择集中采购或分散采购需要考虑的因素

（一）采购物品的通用性

企业所购买物品的通用性越高，从集中的或协作的方法中得到的好处就越多，采用集中采购方式就更为有利。

（二）地理位置的分布

当企业下属的经营单位位于不同的国家或地区时，由于不同国家或地区的商业贸易政策不同、管理实践不同、文化差异巨大等，都有可能极大地影响采购活动，此时，宜采用地区性的分散采购方式。

（三）供应市场结构的影响

有时候，企业会在自己的一些供应市场上选择一个或数量有限的几个大型供应商，这种情况肯定对供应商更为有利，为了使企业获得一个更好的谈判地位，企业应该采取集中或联合的采购方式。

（四）采购物品降低价格的潜力

有些原材料或零部件的采购价格与采购数量关系很大，如印刷品、标准产品或高科技元件等，在这种情况下，应将各单位的采购量集中起来统一采购以降低采购成本。

（五）专业技术的要求

有时物品的采购需要非常高的专业技术水平。此时应该集中起来由专业采购人员统一进行采购。

（六）价格波动的影响

如果所采购的物品价格对政治和经济的敏感程度很高，如小麦、咖啡、橡胶等，就十分适合集中采购的方式。

（七）客户的需求

有时，客户会对企业所用的原材料或零部件有指定性要求，如飞机制造业等，这就要求企业必须按照客户的要求，采取分散采购的方式。

除了以上需要考虑的因素外，选择集中采购时，还应该有利于资源的合理配置，减少层次，加速周转，简化手续，满足要求，节约物品，提高综合利用率，保证和促进生产的顺利进行，调动各方面的积极性，以促进企业整体目标的实现。

第二节　JIT 采购

JIT（Just in time，准时生产）起源于日本的丰田汽车公司，因而它曾被称为"丰田生产方式"。后来这种生产方式因其独特性和有效性被越来越广泛地认识、研究和应用，人们才称其为 JIT。这种方法的实质是保持物流和信息流在生产中的同步，实现以恰当数量的物料在恰当的时候进入恰当的地方，生产出符合质量要求的产品。这种方法可以减少库存，缩短工时，降低成本，提高效率。

一、JIT 采购的概念、原理及特点

JIT 的产生缘于 1973 年爆发的全球石油危机。危机引起了日益严重的自然资源短缺，这对于当时靠进口原材料发展经济的日本冲击很大。但后来日本企业纷纷崛起，这引起了西方企业界的普遍关注。西方企业家追根溯源，认为日本企业在生产经营中采用 JIT 技术和管理思想，是其在国际市场上取胜的基础。

（一）JIT 采购的概念

JIT 采购又称准时化采购。它是由准时化生产管理思想演变而来，是准时化生产系统的重要组成部分。它的基本思想是将合适的产品，以合适的数量和合适的价格，在合适的时间送到合适的地点。通过 JIT 采购可以实现零库存，提高采购商品的质量，减少因提高质量而增加的成本，降低采购价格。JIT 采购是一种先进的采购模式，也是一种先进的管理模式。

JIT 采购包括供应商的支持与合作，以及制造过程、货物运输系统等一系列的内容。JIT 采购不仅可以减少库存，还可以加快库存周转，缩短提前期，获得满意的交货等。

（二）JIT 采购的原理

JIT 采购的基本原理是以需定供，即供方按照需方对于品种、规格、质量、数量、时间、地点等的要求将物品配送到指定的地点。

1. JIT 采购原理的内容

与传统采购面向库存的方式不同，JIT 采购是一种直接面向需求的采购模式，它的采购送货直接送到需求点上。

（1）客户需要什么质量，就送什么质量，即品种和质量符合客户需要，拒绝次品和废品。

（2）客户需要多少就送多少，不少送也不多送。

（3）客户什么时候需要，就什么时候送货，不晚送，也不早送，非常准时。

（4）客户在什么地点需要，就送到什么地点。

以上几条即为 JIT 采购的原理。JIT 采购既做到了很好地满足企业对物资的需求，又使企业的库存量最小。客户不需要设库存，只要在货架上（生产企业是在生产线边）有一点临时的存放，在一天的工作完成时（生产线是在一天工作完、生产线停止时），这些临时存放的原材料就消失了，库存完全为零，真正实现了零库存。

2. JIT 采购原理的内涵

JIT 采购原理虽简单，但内涵却很丰富。

（1）品种配置。JIT 采购保证品种的有效性，拒绝不需要的品种。

（2）数量配置。JIT 采购保证数量的有效性，拒绝多余的数量。

（3）时间配置。JIT 采购保证所需时间，拒绝不按时的供应。

（4）质量配置。JIT 采购保证产品质量，拒绝次品和废品。

（5）地点配置。JIT 采购保证送货上门的准确性。

（6）JIT 采购是一种直接面向需求的采购模式。

（三）JIT 采购的特点

JIT 采购和传统的采购方式有许多不同之处，主要表现在以下几个方面：

1. 采用较少的供应商，甚至是单源供应

单源供应是指对某一种原材料或外购件只从一家供应商那里采购；或者说，对某一种材料或外购件的需求，仅由一家供应商供货。JIT 采购认为，最理想的供应商数目是对每一种原材料或外购件只有一家供应商。因此，单源供应是 JIT 采购的基本特征之一。传统的采购模式一般是多头采购，供应商的数目相对较多。从理论上讲，采取单源供应比多头采购有以下优势：一方面，对供应商的管理比较方便，而且可以使供应商获得内部规模效益和长期订货，从而使购买原材料和外购件的价格降低，有利于降低采购成本；另一方面，单源供应可以使制造商成为供应商的一个非常重要的客户，因而加强了制造商与供应商之间的相互依赖关系，有利于供需之间建立长期、稳定的合作关系，质量上比较容易保证。但是，采取单源供应也有风险，如供应商可能因意外原因中断交货。另外，采取单源供应使企业不能得到竞争性的采购价格，会导致企业对供应商产生过大的依赖性等。实际上，一些企业常采用同一原材料或外购件由两家供应商供货的方法，以其中一家供应商为主，另一家供应商为辅。

2. 对供应商的选择标准不同

在传统的采购模式中，企业是通过价格竞争来选择供应商的，与供应商的关系是短期的合作关系，当发现供应商不合适时，可以通过市场竞标的方式重新选择供应商。但在 JIT 采购模式中，由于与供应商是长期的合作关系，供应商的合作能力将影响企业的长期经济利益，因此对供应商的要求就比较高。在选择供应商时，企业需要对供应商进行综合评估，在评价供应商时，价格不是主要的因素，质量才是最重要的标准，这种质量不单指产品的质量，还包括工作质量、交货质量、技术质量等多方面的内容。高质量的供应商有利于建立长期的合作关系。

3. 对交货准时性的要求不同

JIT 采购的一个重要特点是要求交货准时，这是实施精细生产的前提条件。交货是否准时取决于供应商的生产与运输条件。作为供应商来说，要使交货准时，可从以下两方面着手：

（1）不断改进企业的生产条件，提高生产的可靠性和稳定性，减少延迟交货或误点现象。作为准时化供应链管理的一部分，供应商同样应该采用准时化的生产管理模式，以提高生产过程的准时性。

（2）为了提高交货的准时性，运输问题不可忽视。在物流管理中，运输问题是一个很重要的问题，它决定准时交货的可能性。特别是全球的供应链系统，运输过程长，而且可能要先后经过不同的运输工具，需要中转运输等，因此供应商要进行有效的运输计划与管理，使运输过程准确无误。

4. 对质量责任的分配不同

实施 JIT 采购后，企业的原材料和外购件的库存数量很少甚至为零。因此，为了保证企业生产经营的顺利进行，采购必须从根源抓物资的质量。也就是说，购买的原材料和外购件的质量保证，应由供应商负责，而不是企业的物资部门负责。JIT采购就是要把质量责任还给供应商，从根源上保证采购质量。为此，供应商必须参与制造商的产品设计过程，制造商也应该帮助供应商提高技术能力和管理水平。

5. 对信息交流的需求不同

JIT采购要求供需双方信息高度共享，保证供应与需求信息的准确性和实时性。由于双方的战略合作关系，企业与供应商在生产计划、库存、质量等各方面的信息都可以及时进行交流，以便出现问题时能够及时处理。

6. 制定采购批量的策略不同

小批量采购是JIT采购的一个基本特征。JIT采购和传统采购模式重要的不同之处在于：准时化生产需要减少生产批量，直至实现"一个流生产"，因此采购的物资也应采用小批量的办法。当然，小批量采购会增加运输次数和成本，对供应商来说，这是很为难的事情，特别是供应商在国外等远距离的情形下，实施JIT采购的难度就更大。解决这些困难的办法有采用混合运输、代理运输等方式，或尽量选择近处的供应商等。

二、JIT采购实施

（一）JIT采购的实施条件

从JIT采购的特点可以看出，JIT采购和传统的采购有一些显著的差别。实施JIT采购的主要条件如下：

（1）选择最佳的供应商并对其进行有效的管理，是JIT采购成功的基石。

（2）与供应商的紧密合作，是JIT采购成功的钥匙。

（3）卓有成效的采购过程、严格控制质量是JIT采购成功的保证。

（4）看板管理是JIT采购最实用有效的手段。

（二）JIT采购的具体实施方法

（1）创建JIT采购班组。JIT采购班组的作用是全面处理JIT采购的有关事宜，要制定JIT采购的操作过程，协调企业内部各有关部门的运作，协调企业与供应商之间的运作。JIT采购班组除了企业采购供应部门有关人员外，还要有本企业及供应商企业的生产管理人员、技术人员、搬运人员等。一般应成立两个班组：一个班组专门处理供应商事务，该班组的任务是培训和指导供应商的JIT采购操作，衔接供应商与本企业的操作流程，认定和评估供应商的信誉、能力，与供应商谈判、签订准时化供货合同，向供应商发放免检签证等；另一个班组专门协调本企业各个部门的采购操作，制定作业流程，指导和培训操作人员，进行操作检验、监督和评估。这些班组人员对JIT采购的方法应有充分的了解和认识，必要时要接受培训。

（2）制订计划，确保JIT采购策略有计划、有步骤地实施。要确保JIT采购有计划、有步骤地实施，企业就要有针对性地制定采购策略，制定出具体的分阶段改进当前传统采购方式的措施，包括减少供应商的数量、对供应商的评价、向供应商发放签证等内容。在这个过程中，企业要与供应商一起商定JIT采购的目标和有关措施，保持经常性的信息沟通。

（3）精选少数供应商，建立伙伴关系。供应商和企业之间互利的伙伴关系，意味着双方可以紧密合作、主动交流、相互信赖，共同承担长期协作的义务，在这种关系的基础上来发展共同的目标，分享共同的利益。企业可以选择少数几个最佳供应商作为合作对象，抓住一切机会加强与它们之间的业务关系。

（4）进行试点工作。企业可以先从某种产品、某条生产线或是某些特定原材料的试点开始，进行 JIT 采购的试点工作。在试点过程中，取得各个部门的支持是很重要的，特别是生产部门的支持。通过试点总结经验，为实施正式的 JIT 采购打下坚实的基础。

（5）搞好供应商的培训，确定共同目标。JIT 采购是供需双方共同的业务活动，仅靠采购部门的努力是不够的，还需要供应商的配合，只有供应商也对 JIT 采购的策略和运作方法有了认识和理解，才能获得供应商的支持和配合，因此需要对供应商进行教育和培训。通过培训，大家取得一致的目标，相互之间就能够很好地协调，做好采购的准时化工作。

（6）向供应商颁发产品免检证书。在实施 JIT 采购策略时，颁发免检证书是非常关键的一步。颁发免检证书的前提是供应商的产品 100% 合格。为此，在颁发免检证书时，要求供应商提供最新的、正确的、完整的产品质量文件，包括设计蓝图、规格、检验程序及其他必要的关键内容，经长期检验达到标准后，就可以将所有采购的物资从卸货点直接运至生产线使用。

（7）实现配合准时化生产的交货方式。企业向供应商采购的原材料和外购件，其目标是要实现这样的交货方式：当生产线正好需要某种物资时，该物资就到货并运至生产线，生产线拉动它所需的物资，并在制造产品时使用该物资。

（8）继续改进，扩大成果。JIT 采购是一个不断完善和改进的过程，需要在实施过程中不断总结经验教训，从降低运输成本、提升交货的准确性、提高产品质量、降低供应库存等各个方面进行改进，不断提高 JIT 采购的运作绩效。

（三）JIT 采购的意义

JIT 采购对于贯彻实施供应链管理思想具有重要的意义。JIT 采购与传统的采购模式相比，其不同之处在于 JIT 采购是采用订单驱动的方式来进行的。订单驱动使供需双方都围绕订单运作，也就实现了准时化、同步化运作。要实现同步化运作，采购方式就必须是并行的，当采购部门产生一个订单时，供应商即开始着手物资的准备工作。如果没有准时的采购方法，那么供应链企业很难适应这种多变的市场需求，因此准时化采购增加了产品供应链的柔韧性和敏捷性。

第三节　电子采购

一、电子采购的含义

所谓电子采购，是指用计算机系统代替传统的文书系统，通过网络支持完成采购工作的一种业务处理方式，也称为网上采购。英国皇家采购与供应协会（CIPS）定义电子采购为"通过互联网，从特定服务或产品的询价、授权、下订单、接受订单到支付的操作过程"。它的基本特点是在网上寻找供应商和商品，网上洽谈贸易，网上订货，甚至在网上支付货款。电子采购具有费用低、效率高、速度快、业务操作简单、对外联系范围广等特点，因而成为当前最具发展潜力的企业管理工具之一。

电子采购最先兴起于美国，它的最初形式是一对一的电子数据交换系统，即 EDI 系统。这种由大买家驱使，连接自己供应商的电子商务系统的确大幅度地提高了采购的效率。但早期的 EDI 解决方案价格十分昂贵，耗费庞大，且由于其封闭性仅能为一家买家服务，令中小供应商和买家望而却步。近年来，全方位综合电子采购平台出现，平台服务商可以通过充分整合买卖双方的信息，使得中小企业也可以便捷地使用电子采购这一新型的采购方式。

不同于传统的采购模式主要面对本地市场的特点，电子采购面对的是全球市场。通过电子商务建立起全球采购系统，连接国内国外两个资源市场，已经成为标准化的商业行为。

二、传统采购方式的问题和电子采购的优势

（一）传统采购方式的问题

为了能够在今天竞争越来越激烈的商业环境里生存，企业必须在生产管理中降低成本，提高生产率，并以一种更具有战略性的方式进行经营。虽然许多企业已经实现了办公自动化，但是大部分企业在采购领域仍然实行手工操作，如以电话、直接见面等方式进行信息交流。传统采购方式常常为以下问题所困扰：

（1）低效率的商品选择过程。在采购活动中，商品以及供应商的选择是一项费时费力的事情，采购人员需要到众多供应商的产品目录里查询产品及其定价信息。由于信息来源的多样性，如报纸、电视、熟人介绍等，搜集、过滤信息一般要花费较长时间，而且可能还要消耗不少的人力、物力。

（2）费时的手工订货操作。商品和供应商确定后，企业还要安排订货。以手工方式和纸质文件为基础的订货过程有时需要与供应商多次见面，以及通过多次传真、电话联系才能正式下订单，而且下订单后很可能还需要监督订单的执行过程。

（3）不规则采购，易产生腐败现象。在一些企业，购买资金使用不透明、不公开，随意性强，在采购过程中往往是个人因素起决定作用，因此容易发生相互利用、权钱交易的情况。有些不按照正常的采购程序采购，如没有合同的非授权采购，使采购无法获得其采购合同谈判所带来的好处等。这些都给企业带来了经济上的损失。

（4）昂贵的存货成本和采购成本。由于采购过程的低效率和浪费时间，一些企业尤其是大企业常常大量采购，以备未来之需。这样，很多企业需要大量的存货。而实际上，这些存货很可能在几个月后才能派上用场。此外，由于采购人员对供应商的选择不充分，采购商品和服务的价格很可能较高，使得采购商品和服务成本超出预期。

（5）较长的采购周期。由于采购过程中复杂的手工审批、评标过程，导致了较长的采购和订货周期，使得企业响应客户需求的能力不足，无法面对快速变化的市场，削弱了企业在"时间就是金钱"的商业社会中的竞争优势。

（6）复杂的采购管理。在传统的采购模式下，一般企业都会建立一套分级采购审批程序，以防止采购费用的过度支出及滥用职权，这种审批程序为本来就低效和费时的采购又加上了新的枷锁。

（7）难以实现采购的战略性管理。采购作为企业整体运行的一部分，需要纳入企业的整体战略管理，但是由于采购的数据搜集和处理费时，使得采购战略难以实现。

从整体上看，传统的采购方式还将面对中间商过多的问题。这增加了商品的流通费用，进而使贸易成本上升，损害了最终消费者和采购方的利益。

（二）电子采购的优势

电子采购将从根本上改变商务活动的模式。它不仅将间接商品和服务采购过程自动化，

极大地提高了效率、降低了采购成本，而且使企业在一定程度上避免因信息不对称而引起的资源浪费，有利于社会资源的有效配置，便于企业以更具有战略性的眼光进行采购。电子采购给企业带来的好处（对购买方而言）包括以下几个方面：

1. 节省采购时间，提高采购效率

企业实施电子采购是提高效率最直接，也是最易于实现的手段。计算机代替手工，减少了简单劳动的工作量，提高了速度。自动化系统替代了订单登记员、应付账部门等人员阅读、输入数据、计算、统计等人工劳动，节省了形式传递文件的时间，提高了效率。电子采购实现了采购信息的数字化、电子化、数据传送自动化，减少了人工重复录入的工作量，使人工失误的可能性降到了最低限度。电子采购实施过程中的流程再造，简化了业务流程。

2. 采购成本显著降低

电子采购由于建立了客户和商家直接进行沟通和比较、选择的平台，减少了中间环节，节省了时间，从而使采购成本明显降低。大量数据表明，电子采购迅速为企业带来了巨大的成本节约。

3. 优化了采购及供应链管理

电子采购管理提供了有效的监控手段。很多大型企业和企业集团都会面临这样的矛盾：由于企业规模大，部门多，采购物资种类庞杂，需求不定，严格监控必然导致效率低下，反之则管理混乱。电子采购在提高效率的同时，使各部门甚至个人的任何采购活动都在实时监控之下，有效堵住了管理漏洞，减少了采购的随意性，变事后控制为过程控制。同时提高了企业的供应链管理水平。由于电子采购的计划性加强，周期缩短，所以货物能够根据计划时间更准确地到达现场，实现零库存生产。

4. 加强了对供应商的评价管理

电子采购扩大了供应商资源。采购信息的公开化，吸引了更多的供应商。供应商静态数据库的建立为企业采购提供了方便的查询手段，帮助企业及时、准确地掌握供应商的变化，同时也为供应商选择提供了决策支持。

5. 增强了服务意识，提高了服务质量

质量可靠的原材料、零部件是企业产品质量的基本保证。电子采购杜绝人情、关系、回扣等因素的影响，促进了供应商的公平竞争。对供应商管理的完善也促使供应商重视质量和服务管理，以免在客户的供应商档案管理里留下不好的记录。企业通过互联网建立与生产商的直接联系，降低了对中间商的依赖程度。

6. 增加交易的透明度，减少"暗箱操作"的可能性

电子采购为采购管理提供了有效的控制手段，实现了公开、公平、公正的规范化采购。通过公平竞争，可以形成市场良性循环，带来的影响往往是连带性的和多方面的。

三、电子采购的风险

电子采购对采购信息的公开、采购市场的扩大、采购流程的简化、采购成本的降低和采购效率的提高等诸多方面有重要的作用，但同时，电子采购也存在一定的风险。

（一）安全问题

电子采购的安全问题主要是数据安全问题。大量的网络采购活动通过因特网服务提供商（ISP）和内容提供商（ICP）的站点接入，但实际上 ISP 和 ICP 站点的安全性问题是存在的，一旦"黑客"攻入服务器，篡改各种数据，如企业银行账户、信用证数据等，就会给企业带来巨大的损失。

（二）财税风险

电子采购面向全球市场，而全球各国的财税政策是不同的，电子采购难以对财税政策进行统一。出于促进贸易的需要，目前发达国家比较容易在免征关税和特别税方面达成一致，但商业税的征免及征收方法需要进一步协调。此外，电子采购涉及大量电子货币，电子货币的使用超出了传统的中央银行的货币控制范围，这也可能带来严重的金融问题。

（三）法律风险

与财税风险类似，在网络空间，传统的营销边界不再适用，而在规范网络贸易方面没有统一的全球性法律框架，很容易引发纠纷，产生风险。

四、电子采购的模式

基于网络的电子采购有以下几种主要的模式，不同的企业可根据自己所处的市场环境选择不同的模式。

（一）卖方一对多模式

卖方一对多模式是指供应商在互联网上发布其产品的在线目录，采购方则通过浏览来取得所需的产品信息，以做出采购决策，并下订单。卖方一对多模式如图 10-1 所示。

在卖方一对多模式中，作为卖方的某个供应商为增加市场份额，开发了自己的网站，允许大量的买方企业浏览和采购自己的在线产品。买方登录卖方系统通常是免费的。商店或购物中心就是这种模式最好的例子。

对买方企业而言，这种模式的优点在于容易访问，并且不需要任何投资，缺点是难以跟踪和控制采购开支。它们仍然不得不寻找供应

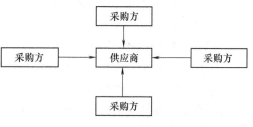

图 10-1　卖方一对多模式

商的网站，登录之后，通过目录手工输入订单。每个购买者每次都必须输入所有相关的扼要信息：企业名称、通信地址、电话号码、账户等。很明显，对于拥有几百个供应商的企业来说，要访问几百个网站，不停地重复输入信息，然后更新自己内部的 ERP 系统。

随着电子市场的普及，这种模式采用了新的以 XML（Extensible Markup Language，可扩展标记语言）为基础的标准，使购买者的 ERP 系统接受简单的文件形式（如采购订单、收据等）成为可能。同时，因为采购程序包括了其他许多相互作用的形式（如折扣、合同术语、买者、运输和接货安排），所以能够获得更高水平的相互操作能力，达成更加一致的信息交流议定书标准。

卖方在线销售模式的普及，使得材料采购变得简单易行，但这种采购方式容易导致滥用权力，如员工可能绕过企业采购政策随意从在线供应商那里采购。

（二）买方一对多模式

买方一对多模式是指采购方在互联网上发布所需采购产品的信息，供应商在采购方的网站上登录自己的产品信息，供采购方评估，双方通过采购方网站进行信息沟通，完成采购业务的全过程。买方一对多模式如图 10-2 所示。

与卖方一对多模式不同，买方一对多模式中采购方承担了建立、维护和更新产品目录的工作。虽然这样花费较多，但采购方可以更好地控制整个采购流程。它可以限定目录中所需产品的种类和规格，甚至可以给不同的员工在采购不同产品时设定采购权限和数量限制。另外，员工只需通过一个界面就能了解到所有可

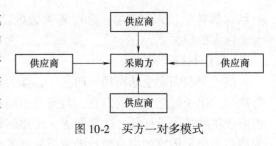

图 10-2　买方一对多模式

能的供应商的产品信息，并且能够方便地进行对比和分析。同时，由于供求双方是通过采购方的网站进行文档传递的，采购网站与采购方信息系统之间的无缝连接将使这些文档流畅地被后台系统识别并处理。

但是在买方一对多模式中，买方需要大量的资金投入和系统维护成本，并且需要大量买卖之间的谈判和合作，这是因为买方实际上已经负责维护当前产品的可获得性、递送周期和价格说明。

买方一对多模式适合于大企业的直接物料采购。其原因如下：首先，大企业内一般已运行着成熟可靠的企业信息管理系统，因此与此相适应的电子采购系统可以与现有的信息系统有着很好的集成性，保持信息流的通畅。其次，大企业往往处于所在供应链的核心地位，只有几家固定的供应商，且大企业的采购量占了供应商生产量的大部分，因此双方的关系十分密切，有助于保持双方紧密的合作关系。最后，大企业也有足够的能力负担建立、维护和更新产品目录的工作。

（三）第三方系统门户

门户（Portals）是描述在因特网上形成的各种市场的术语。第三方系统门户网站是通过一个单一的整合点，使得多个买方和卖方能够相遇，并进行各种商业交易的网站站点。门户网站模式是因特网上全世界范围内任何人都可进入的单个网站站点，它允许任何人参与或登录并进行商业交易，但是要交一定的费用，按交易税金或采购方交易费的百分比来计算。门户网站上的主要内容有查看目录、下订单（在线拍卖的情况下称为竞标）、循序交货、支付等。

为了改进市场中买卖交易的效率，有两类基本门户：

（1）垂直门户。垂直门户（Vertical Portals）是经营专门产品的市场，如钢材、化工产品、能源等。它通常由一个或多个本领域内的领导型企业发起或支持。

化工行业是在线市场发展的早期领导者。它与其他行业相比有一个明显的优势：它们的化工产品绝大部分都符合国际标准，如商标名称、质量、内容和数量等，因而可以更容易地采用在线交易方式。另外一些急需发展电子市场的行业包括汽车、能源、高科技制造和电子行业、信息技术、出版、冶金、航天、金融服务、卫生保健服务等。

垂直门户交易市场有一个明显的优势：买方或卖方（生产商）自己作为发起资助人，都倾向于从供应商向其行业的高效供应中获得巨额收益。

（2）水平门户。水平门户（Horizontal Portals）集中了种类繁多的产品，其主要经营领域包括维修和生产用的零配件、办公用品、家具、旅行服务、物业帮助等。水平电子市场一般由电子采购软件集团或这些间接材料和服务供应领域内的领导者发起资助。

（四）企业私用交易平台

企业私用交易平台类似 EDI（Electronic Data Intercharge，电子数据交换）系统，EDI 系统是大型企业长期以来使用的主机式应用程序，以电子方式交换订单、库存报表与其他资料。企业私用交易平台和 EDI 网络类似，能减少沟通的时间与成本，使合作厂商以标准格式实时分享文件、图表、电子表格与产品设计。同时，企业私用交易平台还能实现国际网络平台的功能与 EDI 系统的安全性的结合。

与开放式 B2B（由第三方策划）以及企业联盟（由买方、供应商或两者共同拥有）不同，企业私用交易平台能让积极参与者掌控大权，这样的安排能使企业将工作重点放在流程而非价格上。由于企业私用交易平台架构中的供应商仅包括受邀访客和网站站主，这就意味着买方可以选择交易对象，甚至可能已于网络外完成商谈。

（五）网上拍卖

网上拍卖网站通常会提供两种拍卖方式：一般拍卖方式和集体议价方式。有的拍卖网站还提供另一种拍卖方式——反向拍卖。一般拍卖是指供应商提供商品参加拍卖，购买方进行竞价购得商品，此时一般采用加价式竞价来决定最终的购买方和购买价格。集体议价是多个购买者联合购买同一类商品而形成一定购买规模，以获得优惠售价的交易方式。集体议价是一种由消费者集体议价的交易方式。作为动态定价的一种形式，集体议价将不同的投标者联合起来以便获得折扣价格。反向拍卖是指购买方到网站登记需求进行拍卖，而供应商进行竞价来争取订单。这时，一般会采用减价式竞价决定最终供应商和价格。

网上拍卖有以下两个主要的优点：

（1）速度快。对于经历过招投标这一烦琐过程的人来说，在线方法的优势就很明显了，不再需要花费几个月时间来接受和核定供应商的答复，整个流程一个多小时就可以完成。

（2）成本低。对于购买者来说，反向拍卖的方法避免了与成千上万小公司打交道的管理成本。同时，拍卖的方式也促使商品价格大幅下降。当然，反向拍卖也有其缺点：

1）过分关注价格，忽视与供应商的关系。拍卖透明、公开的特性以及只关注于价格的短期行为，很难保证所采购的商品具有竞争优势，供应商也很难与买方维持任何亲密关系。

2）预测的困难。采用在线反向拍卖这种形式，需求方很难预测最终价格，每天都可能产生一个完全不同的竞标价格。

网上拍卖通常适用的是间接商品，有时也会用于直接原材料。这种实时竞标的形式最适合批量大的普通商品，由于批量大，因此在价格上的一点点差别也会积累成一个可观的数目。

五、电子采购方案的实施

电子采购集计算机技术、多媒体技术、数据库技术、网络技术、安全技术、密码技术、管理技术等多种技术于一体，在电子商务中应用，因此要实现电子采购必须依靠下列技术支持：

（1）数据库技术。数据库的作用在于存储和管理各种数据，支持决策。数据库技术在电子商务和信息系统中占有重要的地位，是实现电子采购必不可少的技术条件。数据库技术随着业务流程的变化而不断改进，从最初的手工管理发展到现在的数据仓库。

数据仓库技术是因企业的需求和技术的成熟而产生的，它包括数据仓库技术、联机分析处理技术和数据挖掘技术。这些先进的数据仓库技术对提高整个信息系统的效率有很大的影响。大量的信息一般以数据的方式存储，各种数据的特点不同，被使用的情况也不同。在电子采购中，存在供应商数据、采购物资数据、内部物资需求数据等，有效地组织好这些数据才能更好地支持采购决策的制定和实施。随着企业上网进行商务活动，Web 数据库产生了，它结合了 Web 具有的数据量大、类型多的特点和成熟的数据库管理系统，前端是界面友好的 Web 浏览器，后台是成熟的数据库技术。

（2）EDI 技术。企业与企业之间的交易谈判、交易合同的传送、商品订货单的传送等都需要 EDI 技术。

EDI 是指具有一定结构特征的数据信息在计算机应用系统之间进行的自动交换和处理，这些数据信息称为电子单证。EDI 的目的就是以电子单证代替纸质文件进行电子贸易，从而在很大程度上提高商务交易的效率并降低费用。在 EDI 中，计算机系统是生成和处理电子单证的实体；通信网络是传输电子单证的载体；标准化则将生成的电子单证按规定格式进行转换，以适应计算机应用系统之间的传输、识别和处理。

（3）金融电子化技术。电子采购过程包括交易双方在网上进行货款支付和交易结算，金融电子化为企业之间进行网上交易提供了保证。在全球供应链网络中，交易双方可能相隔很远，双方货款只能通过银行系统来结算，银行在企业间的交易中起着重要的作用，它们处理业务的效率将直接影响到企业的资金周转，构成影响供应链的资金流动的因素之一。可见，银行是电子采购、电子商务必不可少的组成部分。

（4）网络安全技术。企业上网采购，在进行合同签订、合同传递、订购款项支付等行为过程中，网上信息是否可靠、真实，是企业十分关心的问题。安全问题极为重要，信息失真会给交易双方带来风险，甚至造成重大经济损失。

网络安全技术是实现电子商务系统的关键技术，其中包括防火墙技术、信息加密与解密技术、数字签名技术等。目前，一个安全的电子商务系统首先必须具有一个安全可靠的通信网络，以保证交易信息安全迅速地传递；其次，必须保证数据库服务器的绝对安全，防止网络黑客闯入窃取信息。在基于网络的电子交易中，由于交易各方不进行面对面的接触且不使用现金交付，这就对电子交易的可靠性和安全性提出了很高的要求。客户要求保证信息不被非法修改；保证只有其目标接收方才可能收到他发送的信息，而不被非法窃取；商户能够验证信息确实来自合法的客户，从而使对方对此信息的发送不能否认，双方均需对彼此合法身份进行验证。这就是网络安全的四大要素：传输保密性、数据完整性、信息不可否认性、证明交易原始性。

（5）计算机及网络技术。通过网络实现采购和企业内部与采购相关的信息传递、处理都离不开计算机。计算机硬件性能的增强，提高了信息处理的速度和准确性；软件功能的完善不但大大方便了操作，也使其操作界面更加友善。

电子采购的网络基础包括局域网技术、广域网互联、接入技术和网络通信协议。在局域网方面，一般参考和引用 ISO/OSI 模型，结合本身特点制定自己的具体模式和标准。

广域网互联是把跨地区、跨国的计算机和局域网连接起来，所涉及的技术有 ISDN、宽带、ATM 等。ISDN 是一种公用电信网络，与使用 Modem 设备接入相比，其传输速率具有不可比的优势。随着宽带网技术的成熟，提供的网络带宽不断增加，数据传输的瓶颈问题将逐步得到解决。

接入技术是负责将客户的局域网或计算机与公用网络连接在一起，对于企业来说就是企业的内部局域网同因特网连接。它要求有比较高的传输效率，随时可以接通或迅速接通，且

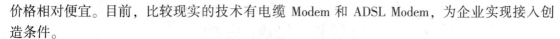

价格相对便宜。目前，比较现实的技术有电缆 Modem 和 ADSL Modem，为企业实现接入创造条件。

网络通信协议为连接不同操作系统和不同硬件体系结构的互联网络提供支持，是一种网络通用语言。

六、企业实施电子采购的步骤

企业实施电子采购是大势所趋，具体的实施步骤如下：

（一）进行应用技术培训

许多企业只在系统开发完成后才对使用者进行应用技术培训。但是国内外成功企业的做法表明，事先对所有使用者提供充分的培训是电子采购成功的一个关键因素。培训内容不仅包括技能方面，更重要的是让员工了解将在什么地方进行制度和流程革新，以便将一种积极的、建设性的态度灌输给员工，有助于减少未来项目进展中的阻力。

（二）建立数据基础

建立数据基础的目的是在互联网上进行采购和为供应管理积累数据，主要包括供应商目录、供应商的原材料和产品信息、各种文档样本、与采购相关的其他网站、可检索的数据库以及搜索工具等。

（三）成立正式的项目小组

项目小组需要由高层管理者直接领导，其成员应当包括项目实施的整个进程所涉及的各个层面，包括信息技术、采购、仓储、生产和计划等部门，甚至包括互联网服务提供商、应用服务提供商和物料供应商等外部组织的成员，企业的实践证明，事先做好组织上的准备是保证整个过程顺利进行的前提。

（四）广泛调研

为做好电子采购系统，应广泛听取各方面的意见，除了项目小组成员外，还应包括有技术特长的人员、管理人员和软件供应商等。每个成员应对各种方案选择的意见（通常包括风险、成本、程序安装和监督程序运行的职责分配等方面）进行充分的交流和讨论，以取得共识。同时要借鉴其他企业行之有效的做法，在统一意见的基础上，制订和完善有关的技术方案。

（五）建立企业内部管理信息系统

在企业的电子采购系统网站上，设置电子采购功能模块，使整个采购过程始终与管理层、相关部门、供应商及其他相关内外部人员保持动态的实时联系。

（六）做好功能模块测试

在电子采购系统正式应用之前，必须对所有的功能模块进行测试，因为任何一个功能模块在运行中如果存在问题，都会对整个系统的运行产生很大的影响。

（七）培训使用者

对电子采购系统的实际操作人员进行培训也是十分必要的，只有这样才能确保电子采购系统得以很好地实施。

（八）网站发布

利用电子商务网站和企业内部网收集企业内部各个单位的采购申请，并对这些申请进行统计和整理，形成采购招标计划，并在网上进行发布。

第四节　绿色采购

一、绿色采购的兴起

绿色采购理论最早诞生于有关减少企业经营活动对社会和环境的负面影响的研究。20世纪70年代，提出了企业的社会责任概念，企业的社会责任是企业对除了狭隘的经济技术和法律要求之外的议题的考虑和反应。企业不能仅仅追求经济利益的最大化，在求得生存的同时，应该担负起更多的社会责任。

所谓绿色采购，是指包含在供应链管理中的考虑环境因素的采购行为，有利于再循环、再使用和资源减少。相对于一个企业而言，它的绿色采购是应对自然环境相关问题而制订的一系列方针，采取的一系列行动和形成的相应关系、相关问题，并涉及原材料的获取，包括供应商的选择、评估和开发，供应商的运营，以及内向物流、包装、再循环、再使用、资源的减量使用和企业产品的最后处置等。

二、绿色采购的特点

绿色采购相比传统采购而言，主要的不同在于"绿色"，也就是强调了采购应当着眼于采购与整个环境系统的协调。

（一）绿色采购强调对环境的影响最小化

人类生产不免会对自然环境产生一些负面影响。传统的采购是在对环境的不利影响形成以后才开始采取各种补救和治理措施，而绿色采购是要尽量预见可能产生的环境问题，边生产边从源头上杜绝和治理污染。

在选择外购的原材料或半成品时，应尽量选择已通过环境认证的供应商或者产品，运用采购绿色原材料的方法，加强对采购物品的管理，以降低生产活动中后期的成本，避免了诸如最终产品达不到相关部门的要求而被罚款、品牌形象受损、消费者流失、遭遇其他国家进口绿色壁垒等情况的发生。

在选用包装物时，绿色采购的理念要求避免过度包装，尽量选择绿色包装，既能发挥对产品的正常保护功能，又对环境很友好，也为消费者提供了具有更高性价比的产品，避免天价月饼等这类热衷于豪华、复杂但不实用又不利于后续回收利用的产品包装。

在采购物资的运输阶段，绿色采购倡导仓储物流中心、货运网点、工厂等地理位置的合理布局，建立电子化的零件调度需求系统，减少运输工具往返次数，提高空间利用率，选择相对节能的车型以及相对清洁的燃料。尽可能减少在运送传输过程中对自然资源的消耗，减少对环境造成的污染。

（二）绿色采购强调总成本最小化

绿色采购不仅关注采购物品的价格，更强调与采购发生相关的总成本。绿色的总成本观念就是要充分考虑供应过程对周围环境和人员产生的影响，合理利用资源，节约能源，处理与回收废弃物和排放物，评价环境影响等。

（三）绿色采购强调考察产品的整个生命周期

绿色采购鼓励采购者选择那些具有尽可能多的生命循环阶段的产品和服务。在决定采购

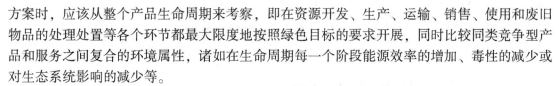

方案时，应该从整个产品生命周期来考察，即在资源开发、生产、运输、销售、使用和废旧物品的处理处置等各个环节都最大限度地按照绿色目标的要求开展，同时比较同类竞争型产品和服务之间复合的环境属性，诸如在生命周期每一个阶段能源效率的增加、毒性的减少或对生态系统影响的减少等。

（四）绿色采购强调建立良好的供应商合作关系

绿色采购倡导和供应商建立一种长期的、互利互惠的合作关系，并通过各种方式对供应商进行评价和激励。首先，要注重建立长期合作关系。长期的合作关系有利于降低寻找供应商的管理成本。其次，要加强与供应商的沟通，参与产品质量控制。采购者可以通过多种手段实现与供应商的信息交流，积极对供应商提供教育培训支持和相关反馈信息，比如有关产品设计和质量控制过程的建议，减少生产中的有毒有害物质，从而减少大量治污费用。最后，需要关注供应商环境绩效。通过选择和评估绿色供应商，与供应商建立战略合作伙伴关系，定期召开供应商会议，在获得较好的经济效益的基础上，提升供应链的环境效益。在评估供应商时，要注重对环境指标的考察，如表 10-1 所示。

（五）绿色采购强调同时关注公平和效率

绿色采购注重公平，不仅包括代际公平，即当代人的采购活动不应当损害下一代的利益，而且要代内公平，即同一代中一部分人的采购不应当损害另一部分人的利益。绿色采购也是效率更高的采购，表现在将传统采购方式与信息、网络技术相结合，实现更多采购业务各环节的在线操作，在线订购、订单的电子化处理，大大提高了采购业务处理的速度和准确度。双方信息的共享，有利于建立完备的供应商库、商品信息库、交易资料库等，全面实现信息共享，资源共用。这种先进技术的运用也可以最大限度地降低采购管理成本，提高效率，抑制采购中可能出现的腐败行为。

表 10-1　供应商环境指标考察表

一级指标	二级指标	评价指标
环境指标	环境质量指标	生产中污染物的排放情况
		主要环境质量指标的达标率
		各种环境资源（包括水、木材、矿产等）的耗用量
		"三废"排放量
		废弃物的处理和循环利用
		包装物的回收率等
	环境管理指标	环境纠纷数量
		建立的环境管理制度和管理体系的情况
		排放未达标的污染物
		排污费缴纳
		参与或承担的污染管理控制
		通过相关认证体系（如 ISO14000、环境标志产品认证）等
	环境投入指标	清洁生产技术开发费用
		新型设备购买投入
		环境管理技术开发和维护人员投入
		员工绿色知识教育培训费用等

第五节　供应链下的采购

一、供应链采购与传统采购的区别

供应链是围绕核心企业，通过对信息流、物流、资金流的控制，从采购原材料开始，制成中间产品以及最终产品，最后由销售网络把产品送到消费者手中的将供应商、制造商、分销商、零售商直到最终用户连成一个整体的功能网链结构模式。它不仅是一条连接供应商到用户的物料链、信息链、资金链，而且是一条增值链，物料在供应链上因加工、包装、运输等过程而增加其价值，给相关企业带来收益。

供应链采购与传统采购的区别如下：

（一）从为库存而采购向为订单而采购转变

在传统的采购模式中，采购的目的很简单，就是补充库存，即为库存而采购。但是，在供应链管理模式下，采购活动是以订单驱动方式进行的，制造订单是在用户需求订单的驱动下产生的，然后制造订单驱动采购订单，采购订单再驱动供应商。

（二）从采购管理向外部资源管理转变

供应链管理模式下的采购管理将事后把关转变为事中控制——供应管理或者叫作外部资源管理。为此，制造商的采购活动需要采取以下改进措施：

（1）与供应商建立一种长期的合作关系、互惠互利的合作关系。

（2）通过提供信息反馈和教育培训支持供应商，促进对其所提供产品质量的改善。

（3）参与供应商的产品设计和产品质量控制过程。

（4）协调供应商的计划。

（5）建立一种新的有不同层次的供应商网络，并通过逐步减少供应商的数量，致力于和少数供应商建立合作伙伴关系。

外部资源管理并不是采购一方（制造商等下游企业）的单方面努力就能取得成效的，需要供应商的配合和支持，为此，供应商也应提供相应的协作。

（三）从一般买卖关系向战略协作伙伴关系转变

在传统的采购模式中，供应商与需求企业是一种简单的买卖关系，无法解决一些涉及全局性、战略性的供应链问题。而在供应链管理模式下，供应与需求的关系是战略协作伙伴关系，可以解决如下一些问题：①库存问题；②风险问题；③便利问题；④降低采购成本问题；⑤组织障碍问题。

二、供应链下采购管理的实施

传统的采购流程存在以下几个弊端：采购过程缺乏有效的信息沟通；物料采购周期过长；存货积压和待料停产并存，响应客户需求的能力迟钝；职能式管理，供需关系松散，质量控制难度大。

（一）供应链下的采购流程

在供应链管理下，需要对原有的采购流程进行根本性的变革。供应链管理需要采购流程以供应链的整体效益为着眼点，避免部门间本位主义；由过去强调职能管理向强调过程管理转变；加强信息技术在采购流程中的作用。

在供应链管理下，采购流程可以就以下几个方面进行根本改变。

（1）通过与供应商建立战略合作伙伴关系（供应链关系），双方基于签订的长期协议进行订单的下达和跟踪，不需要再次询价或者报价的过程，有效降低了采购流程的运作成本。

（2）在电子商务、EDI等信息技术的支持和协调下，双方的制造计划、采购计划、供应计划能够同步进行，形成需求方和供给方的外部协同，提高了供给方的应变能力。

（3）可实现客户需求订单—制造订单—采购订单—供应商的准时化（Just in Time）的订单驱动模式，采购物料直接进入需求方的生产部门，减少了需求方采购部门的库存占用和相关费用。

（二）供应链下的采购决策

1. 供应链采购决策

所谓采购决策，是指企业的决策者根据对市场的需求预测以及某些客户的特殊要求，在对企业的内部环境尤其是竞争环境和供应源进行分析的基础上，制订多个可行的方案并选择一个较满意的方案，进而制订相应的采购计划，向供应商购买符合市场需求和客户要求的产品，实现销售利润等一系列目标的过程。

传统的采购决策主要是时间和数量决策，时间决策要解决的问题是针对某项物品决定什么时候采购，不同物品会有不同的决定方法。比如，对于昂贵物品会时刻关注库存量，当库存量低于某个数量时开始采购，而一些价值低的物品则会采取固定采购周期的方法来进行。数量决策则是决定每次的采购量。对不同物品来说，不同的经营策略会影响每次的采购量，传统的采购决策还包括采购地点、供应商策略等方面。

相对于传统采购，供应链下采购的最大特点是供需双方是合作伙伴，工作原则是双赢，采购决策同样是时间和数量，但在供应链环境下需要考虑的是，在加快库存周转速度的原则下，使用哪种库存策略更好，更多的是沟通和协商。价格决策变为双方怎样共同努力降低成本，供需双方的关系更加稳定，趋向于建立长期的战略伙伴关系，双方考虑的是如何才能使得双方共同发展。

2. 供应链采购策略的影响因素

在传统物流的采购模式下，采购活动主要围绕价格而展开。价格因素是采购活动考虑的最为重要的因素之一，甚至很长一段时间以来，是采购考虑的唯一因素。企业为了取得价格上的优势，采取多货源采购策略，通过增加供应商的数量来降低采购的价格。

在供应链管理下，采购考虑的因素发生了明显变化。考虑的主要因素除了价格以外，还包括质量、交货及时性和交货提前期等。在竞争日趋激烈、市场环境越来越复杂的情况下，越来越多的企业意识到物品的初始采购价格只是总成本的冰山一角，采购品的质量对总成本也有相当的影响。高质量的原材料或零部件将有更长的生命周期，导致较低的总生产成本或较高的产成品价格和质量。而且在当前买方市场下，产品的高价格或者低质量都将极大地影响产品在市场中的竞争力。交货及时性和交货提前期也是制定采购策略所需要考虑的重要因素，企业面对激烈的竞争，需要快速应对客户需求，此时交货及时性和交货提前期就显得尤为重要。因此，在供应链管理模式下选择和评价供应商时，交货及时性和交货提前期被看作是重要的指标，如果这两者得不到保证，那么供应链的整体优势将得不到体现。

以上分析反映了企业制定采购策略时具有重大影响的三个方面，即价格、质量、交货情况。而其他因素都与这三个因素有紧密联系，或可由这三个方面间接地反映出来。在策略制定时，可以根据以上三个方面对企业采购品进行分类，通常分为战略物资、重要物资、一般物资、"瓶颈"物资四个大类。对于提供这些商品的供应商将采取不同的策略，如对于战略物资，应该与供应商建立一体化的战略联盟关系；对于重要物资，必须与供应商建立长期合作伙伴关系；对于一般物资，应该采用成本最低化策略，使得采购成本和库存成本最低；而对于"瓶颈"物资，则应该力求供货稳定，并寻求替代品。其中，战略物资和重要物资是采购管理的重点。

（三）供应链下的合作采购模式

1. 建立长期的合作伙伴关系

企业不再使用传统的拼命压价的采购方式逼迫供应商让步，应该寻找多个供应商并采取分而治之的方式。在供应链环境下建立长期稳定的合作关系，相互信任，双向的信息交流，制造商以员工培训、专门小组的技术指导等方式有体系地向供应商提供生产技术、管理技术的支持；供应商则以及时供货、技术改进反馈、增加对共同事业投入等方式向制造商提供支持；供应商参与零部件设计和制造商的新产品开发过程，供应商成为制造商在产品制造、设计、新产品开发等各层面上信息共享、风险共担、共同获利的合作伙伴。

2. JIT 的订单驱动模式

采购活动是以订单驱动方式进行的，制造订单的需求是在客户的需求订单的驱动下产生的。JIT 的订单驱动方式使得采购物料直接进入制造部门，减少了采购部门的库存占用和相关费用，供应链系统得以及时响应客户的需求，降低了库存成本，增加和供应商的信息联系和相互之间的合作。

（四）采购管理实施的策略

确定产品供应商与采购模式后，执行采购计划应根据采购物资的具体条件来决策。如图 10-3 所示，企业内部在做具体采购决策时，可以从以下四个方面进行考虑：一般情况下，有能力的供应商并不多，而对于买家而言，采购的供应商也不是很重要时，应选择直接购买策略，通过市场了解行情，评估供应商即可做出决定。然而，当有能力的供应商较多时，由于采购的产品在科技上标准比较容易界定，所以采购会使用倍数策略，注重价格分析，采用公开招标的方式，其目的自然是减少价格成本。选用杠杆性策略的条件是，有能力的供应商较多，而这些供应商对买家而言价值较高，所采购的物料可能贯穿整个企业生产，影响产品品质，因此采用谈判等手段，以达到降低成本、巩固供应商合作的目的。当有能力的供应商较少，对公司的价值又较重要时，应该采用策略性的办法，这时采购的物料可能是独特的、定做的、高额的产品。采购的成功对企业尤为重要，而价格与成本可能就较为次要了。

图 10-3　采购策略的确定

本 章 小 结

从计划经济到市场经济再到全球一体化的网络新经济，采购对企业的贡献越来越具有战略意义，它已经成为企业核心竞争力的重要组成部分。随着科学技术的进步和社会生产力的发展，世界经济、政治、社会环境发生了巨大的变化。特别是WTO与信息时代的到来，市场竞争越来越激烈，于是出现了绿色采购、电子采购等新型的采购方式，作为企业的采购人员，要熟悉并掌握全新的采购模式，面对机遇与挑战并存的新局面，企业的采购管理也必须与时俱进，突破传统的思维模式，以全新的思路和更高的境界来开创采购管理模式的新篇章。

习题与思考

一、简答题

1. 集中采购的优势有哪些？
2. 集中采购的劣势有哪些？
3. 简述集中采购的实施步骤。
4. 分散采购的优势有哪些？
5. 分散采购的劣势有哪些？
6. 选择集中采购或分散采购需要考虑的因素有哪些？
7. 简述供应链采购与传统采购的区别。
8. 简述JIT采购原理的内容。
9. 简述JIT采购原理的内涵。
10. 简述JIT采购的特点。

二、填空题

1. JIT方法的实质是保持物流和信息流在生产中的同步，实现以恰当数量的物料在恰当的时候进入恰当的地方，生产出符合质量要求的产品。这种方法可以（   ）、（   ）、（   ）、（   ）。

2. JIT采购的基本原理是（   ），即供方按照需方对于品种、规格、质量、数量、时间、地点等的要求将物品配送到指定的地点。

3. 电子采购最先兴起于美国，它的最初形式是一对一的电子数据交换系统，即（   ）。

4. 在供应链管理下，采购考虑的因素发生了明显变化。主要因素除了价格以外，还包括（   ）、（   ）、（   ）等。

三、案例分析

吉利集团利用电子采购平台开展采购

吉利集团电子采购平台是吉利集团公司基于互联网建立的用于采购的工具，该平台将吉利集团公司的采购员与供应商联系起来。吉利集团公司利用该平台实现网上的招投标竞价采购和询价采购的过程：供应商在线注册、提交企业资料，经吉利集团公司供应商管理员审核确认；吉利集团公司的采购人员在线发布招标书等采购信息，符合条件的供应商可以查看标书、购买标书、在线投标，采购方在线评标、议标、公布预中标，最后发布中标公告。经吉利集团公司审核通过的合格供应商也可以将自己的产品发布到电子采购平台上供吉利集团选择采购。

吉利集团公司电子采购平台为了保障采购的可靠性和平台的安全性，为每个平台的供应商分配一个用

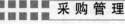

户名和密码，输入正确后才能登录平台进行投标和报价，新供应商可以在线注册。符合条件的供应商可以查看标书、购买标书并在线投标。

该电子采购平台的其他功能如下：

（1）发布招标公告。由采购方发布的最近一段时间的网上招标采购项目信息。未登录供应商可看到招标公告，如需查看标书的详细信息需要购买标书或与采购员联系。

（2）发布竞标公告。采购方发布最近一段时间的最新竞价采购项目，未登录供应商可看到竞标公告，如需查看标书的详细信息需要购买标书或与采购员联系。

（3）查询采购动态。采购方最近一段时间的采购需求情况。

（4）发布中标公告。采购方完成一次招标或竞价项目后，就会在线发布该项目的中标公告，查看中标公告详细信息需供应商登录后方可。

（5）信息查询。为供应商提供可在采购平台上查询的相关资料。

问题：采用电子采购平台有什么好处？

第十一章

政 府 采 购

学习目标

1. 了解政府采购的发展和演变。
2. 掌握政府采购的定义。
3. 熟悉政府采购的主体和客体。
4. 掌握政府采购的目标和原则。
5. 掌握政府采购的特点。
6. 了解政府采购的程序和方式。
7. 熟悉国内政府的现状。
8. 了解政府采购中容易出现的问题。
9. 掌握政府采购问题的防范策略。
10. 熟悉政府采购的法律法规。

◆ 导入案例

一次失败的政府采购

    某大型中央级招标公司代理某国家机关监护仪的招标采购。由于采购量大，参加投标的公司非常多，竞争异常激烈。参加投标的公司中包括具有丰富投标经验的甲公司（投标产品为世界500强的美国某著名公司生产）和在国内市场占有率相当高的位于中国南方的乙公司。投标价格甲公司为每台3.7万元，乙公司为每台2.3万元，其他公司投标价格从2.1万元到5.2万元不等。招标文件规定评标采用综合打分法，价格30分，技术水平50分，售后服务承诺15分和业绩5分。结果甲公司中标。

    得知中标结果后，乙公司认为，其产品完全满足招标文件，而且某些指标优于招标文件，在专家打分时乙公司产品技术得分最高，同时价格比中标产品低38%，因此，对评标结果提出了质疑。

    招标公司收到质疑以后认为，评标委员会是按照招标文件和既定的评标细则进行评标的。乙公司产品尽管技术得分最高，但价格得分低，综合得分低于甲公司，因此不能中标。

    案例思考：此次政府采购工作中存在哪些问题？

第一节 政府采购概述

政府采购（Government Procurement）也称公共采购，是指各级政府及其所属机构为了开展日常的政务活动或为公众提供公共服务，公共资金的支配者利用公共资金取得货物、服务或工程的行为。它是目前世界各国规范公共资金使用的一种重要方式，不仅针对采购的具体过程，还包括了对采购政策、采购方式、采购程序、监督机制、权利救济等各方面的规制。

一、政府采购的发展和演变

政府采购制度的推行，是公共消费领域的一种制度性的创新，目前已成为绝大多数国家管理公共支出的重要手段，在社会经济生活中起着举足轻重的作用。由于政府采购的采购主题主要是各国的中央及地方政府，所以采购的金额往往十分巨大，占据了本国贸易的一大块市场。在过去的100多年中，政府采购作为一种制度，在一些发达国家得到了完善和很好的发展，也相应地建立起了较为完善的政府采购法律体系。随着经济全球化和世界经济一体化发展的不断深入，政府采购已演变成了国际贸易的一块重要阵地。

政府采购政策是各国经济政策的重要组成部分，然而在我国这还是一个崭新的领域。尽管采购规模越来越庞大，但对应的法律体系还不是很健全。因此，本章首先介绍西方国家政府的采购制度，然后重点介绍我国政府采购的情况。

（一）西方国家政府采购制度的起源与发展

政府采购出现较早，但政府采购制度却建立较晚。在资产阶级民主政体确立以前的专制社会（奴隶制社会和封建社会）中，政府采购由相应的采购机构在封闭状态下分散进行，采购规模较小，采购对象的范围较窄，采购行为受到专制者个人偏好的约束，随意性很大，公开性不强，不可能形成完善的制度。

政府采购制度发源于18世纪末和19世纪初的资本主义形成初期，其主要的特点是对政府采购问题进行法制化、规范化的管理，开始对政府采购问题进行制度建设和机构建设。当时主要资本主义国家采取的都是收支平衡的财政政策，并以预算方式来保证这种平衡。政府依靠税收、借款和发行钞票来支付所消费的产品和服务，但它们各有其局限性而不能无限制地使用，因此政府在制定政策时就不得不考虑如何最大限度地发挥资金的使用效率。于是，由政府中的某一个部门来集中购买政府运转所需要的产品，通过规模效应以同样的资金获得更多的产品，成为政府的必然选择，而政府采购的最初形式就成为通过设立专门的机构来从事政府采购，按照公共资金所有人的意愿来使用公共资金，使财政资金获得有效使用。同时，在当时的自由商品经济形态下，市场是资源配置的绝对力量和方法，政府固守其"守夜人"的角色，基本上不参与、不干涉经济生活。既然没有市场要求，那么政府采购也就不可能市场化，只需要考虑专门机构负责采购，而不需要考虑更多的经济和政策目标。

西方国家政府采购制度形成于自由市场经济时期，公认的说法是，政府采购制度最早形成于18世纪末19世纪初的英国。1782年，英国政府设立文具公用局，负责政府部门办公用品的采购。该局后来发展成为物资供应部，专门负责采购政府各部门所需物资。英国政府当时设立专门负责政府采购机构的目的就在于满足政府日常管理职能的需要，提高资金的使用效率。

美国的政府采购最早可以追溯到独立战争时期，当时的采购对象主要是军事部门所需的战时物资。由于战时的物资短缺以及采购金额的巨大，采购官员的权利迅速膨胀，致使政府采购过程中丑闻不断。1761 年，美国通过一项联邦方案，即《联邦采购法》，要求超过一定金额的联邦政府采购必须使用公开招标的方式。之后，美国不断完善其政府采购立法。1947 年，国会通过《武装部队采购法》，确立了国防采购的程序和方法，并将军事采购的责任赋予了国防部的后勤局，在军事国防领域内实现了政府集中采购。1949 年，美国国会又通过《联邦财产与行政服务法》，为联邦服务总署（General Services Administration，GSA）提供了统一的采购政策和方法，并将联邦政府绝大多数民用部门组织集中采购的权力赋予了 GSA，为现代政府采购制度的建立打下了基础。由此可以看出，美国自 1949 年起就确立了集中采购的管理体制，时至今日，GSA 仍然承担为联邦政府的民用部门集中采购的责任。

法国也是世界上实行政府采购制度较早的国家之一，可以追溯到公共征收和公共征调制度。19 世纪，法国进行运河、道路、铁路等重要工程建设，大量进行公共征收。依据法国法律，公共征收是政府为了公共利益，按法定的形式和事先制定的公平补偿原则，以强制方式取得私人不动产的物权和其他物权，该制度主要适用于采购不动产。后来，法国政府又通过公共征调制度将采购扩大到动产和劳务。公共征调是公共机关为了公共利益，在公共征收外依照法定程序，强制取得财产权或劳务的行为。因此，公共征收和公共征调只是类似于政府采购，并不是完整意义上的政府采购。

经过 200 多年的实践，英、美等西方发达国家的政府采购制度已经比较完善，为欠发达国家政府采购制度的建立提供了很多的借鉴。

（二）国际政府采购制度的形成

国际政府采购制度是随着国际贸易一体化的进程而产生的，但其发展速度却落后于这一进程。在 1946 年起草的关税与贸易总协定中，政府采购被排除在外。随着国际贸易的发展，政府采购的规模越来越大，每年的政府采购金额达数千亿美元，占到国际贸易总额的 10%以上。与此同时，歧视政府采购越来越成为国际贸易的严重阻碍。因此，1976 年东京回合谈判成立了专门小组来讨论政府采购问题。接下来，东京多边贸易谈判于 1979 年在日内瓦签订了《政府采购守则》，标志着国际政府采购制度的初步形成。由于《政府采购守则》的适用范围仍然非常有限，从 1991 年开始，各国又在乌拉圭回合举行了新的政府采购谈判，分别就政府采购范围、适用原则、政府采购市场准入资格与程序等问题进行深入讨论。谈判于 1993 年 12 月 16 日结束，对《政府采购守则》的内容进行了大幅修改，最终形成了世界贸易组织的《政府采购协议》（Agreement on Government Procurement，GPA）。协议于 1996 年 1 月 1 日正式生效，并于 1998 年进行了部分调整，主要包括补偿贸易、透明性原则、争端处理机制、技术规格等内容。《政府采购协议》的形成，标志着国际政府采购制度的正式形成。

如果说自由商品经济和政府"守夜人"角色的定位促进了政府采购制度的萌芽，并形成雏形，那么现在市场经济和政府干预政策的推行则使得完整意义上的政府采购制度得以全面形成。

由欧盟建立的区域内的国际政府采购制度比《政府采购守则》要早得多。为了实现在欧共体范围内消除贸易壁垒，促进货物、资本和人员自由流动的这一目标，欧共体早在1966年就在《欧共体条约》中对政府采购做出了专门规定。后来欧盟在该条约的指导下，相继颁布了关于公共采购各领域的"委员会指令"，构成了独具特色的公共采购法律体系，其中包括四部实体性法律和两部程序性法律。实体性法律分别是1992年颁布的《关于协调授予公共服务合同程序的指令》和1993年颁布的《关于协调授予公共供应品合同程序的指令》《关于协调授予公共工程合同程序的指令》以及《关于协调水、交通运输和电信部门采购程序的指令》，程序性法律分别是1989年颁布的《关于协调有关对公共供应品合同和公共工程合同授予审查程序的法律、规则和行政条款的指令》和1992年颁布的《关于协调有关水、能源、交通运输和电信部门采购程序执行共同体规则的法律、规则和行政条款的指令》。欧盟通过这六部指令建立了欧盟范围内的国际政府采购制度。

为了加强对政府采购的管理，实现政府采购的政策目标，各国都制定了一系列有关政府采购的法律和规章。

各国的基本法规为政府采购法或合同法，如美国的《联邦采购法案》《联邦采购条例》《合同竞争法案》等，新加坡的《政府采购法案》，英国的《通用合同及商业法》等。

除了基本法规之外，各国还制定了大量的配套法规，如美国的《合同纠纷法案》《小额采购法案》《购买美国产品法案》等近20个配套法规，新加坡的《政府采购指南》，英国的《非公平合同条款》《贪污礼品法案》等。

为了保证其贷款资金的有效利用，也为了管理借款国的政府采购行为，世界银行于1985年颁布了以强化对招标采购的严密监管而著称的《国际复兴开发银行贷款和国际开发协会贷款采购指南》，并采取了一系列监管措施，从而大大促进了世界银行成员国政府采购制度的建立和完善。

二、政府采购的定义

政府采购在国际上没有统一的定义。世界各国结合本国的实际情况，主要从两个方面对政府采购进行界定：一是资金来源，二是采购主体。如澳大利亚、菲律宾、新加坡对政府采购界定为政府在涉及国计民生的领域运用财政拨款进行的采购，以及私人在专属于政府采购的领域中进行的采购。

我国的《中华人民共和国政府采购法》第二条第二款给政府采购的定义为：各级国家机关、事业单位和团体组织，使用财政性资金采购依法制定的集中采购目录以内的或者采购限额标准以上的货物、工程和服务的行为。

世界贸易组织《政府采购协议》中将政府采购定义为：成员国的中央政府、次中央政府租售、购买货物、服务、工程及公共设施的购买营造。

由此可见，政府采购是指一国及政府机构或其他受政府控制的企业事业单位，为实现其政府职能和公共利益，使用公共资金获得货物、劳务和工程的行为。这一定义，从横向看克服了各国从自己法制现状出发定义政府采购所造成政府采购概念的歧视性缺陷；从纵向上看透视出了政府采购概念在其历史演进中所呈现的恒定的要素，即主体、行为目的及所使用的资金性质等要素，进而使政府采购概念科学化。"政府"的含义在这里不仅仅局限于政府部门，而是公共部门的一个代名词，因此，政府采购也被称为公共采购。

三、政府采购的主体和客体

（一）主体

政府采购的主体是指在政府采购过程中负有直接职责的参与者。从我国政府采购的实践看，政府采购的主体包括：政府采购管理机关、采购单位、政府采购机关、政府采购社会中介机构、供应商和资金管理部门。

政府采购管理机关是指在财政部门内部设立的，制定政府采购政策、法规和制度，规范和监督政府采购行为的行政管理机构。不参与、不干涉政府采购中的具体商业活动。

采购单位即政府采购中货物、工程和服务等的直接需要者。主要包括各级国家机关和实行预算管理的政党组织、社会团体、事业单位及政策性的国有企业。

政府采购机关是指具有执行政府采购政策，组织实施政府采购活动的执行机构。采购机关分为集中采购机关和非集中采购机关。

政府采购社会中介机构是指取得政府采购业务代理资格、接受采购机关委托代理政府采购业务的中介组织。具体来讲，中介机构是具有独立法人和政府采购资格的各种采购事务所，或有能力从事该项业务并经政府采购中心资格审查认可的其他机构，在接受政府采购中心委托的前提下，主要通过招标或其他有效竞争方式，选择合格的供应商推荐给客户。同时，接受政府采购中心所反馈的有关供应商提供商品（劳务）的质量或标书中规定的相关指标存在问题的投诉，并负责向仲裁机构对供应商提出质询乃至诉讼。常见的中介机构有：招标代理机构或采购代理机构、仲裁机构、法律援助与服务机构等。

供应商是指在中国境内外注册的企业、公司及其他提供货物、工程、服务的自然人、法人。采购单位的任何采购都必须从合格的供应商处获得。除法律另有规定的外，未经批准，各采购机关不得采购外国货物和服务，或由外国供应商承包公共工程。外国货物是指最终货物为进口货物及最终货物虽在本国生产或组装完成，但本国增加值含量不足其中价值的50%的货物。

资金管理部门是指编制政府采购资金预算、监督采购资金使用的部门。我国现阶段政府采购资金管理部门包括政府采购部门和各采购单位的财务部门。

（二）客体

政府采购的客体也就是政府采购的内容，它包括的种类和项目非常广泛，既有标准产品也有非标准产品，既有有形产品又有无形产品，既有价值低的产品也有价值高的产品，既有军用产品也有民用产品。按照国际上的通常做法，可粗略地将采购客体分为三类：货物、工程和服务，其中，以货物和工程为主。

1. 货物

货物是指各种各样的物品，包括原料产品及设备、器具等。具体可分为六类：

（1）通用设备类。大、中型客车、面包车、吉普车、小轿车、微型车、摩托车、电梯、大型工器具等。

（2）专用设备类。医疗设备、教学仪器、体育器材、大型乐器、摄影器材、农机机械及水利设施、环保设备、消防设备等。

（3）办公家具类。办公桌、办公椅、文件柜、保险柜、电风扇、空调、沙发等。

（4）现代化设备类。电视机、扩音器、电话机、寻呼机、移动电话、计算机及网络设备、稳压电源（UPS）、打字机、传真机、复印机、打印机、速印机、碎纸机软件及系统集成等。

（5）日常办公用品类。大宗的纸、笔、墨、文件袋、订书机、磁盘、电源插座、照明器材、工作服装等。

（6）药品类。成品药、注射器等。

2. 工程

工程是指在新建、扩建、改建、修建、拆除、修缮或翻新构造物及其所属设备以及改造自然环境，包括兴修水利、改造环境、建造房屋、修建交通设施、安装设备、铺设下水道等建设项目。具体包括：

（1）工程投资与房屋维修类。道路、桥梁、房屋建设和维修等。

（2）设备安装类。设备购置及安装。

（3）锅炉购置改造工程类。锅炉、管道等。

（4）市政建设类。植树、花草种养、街道养护等。

3. 服务

服务是指除货物或工程以外的任何采购，包括专业服务、技术服务、维修、培训、劳动力等。

第二节　政府采购的目标、原则及特点

一、政府采购的目标

（一）物有所需

政府采购中首先要保证采购到的物品确实是非常需要且恰当需要的。政府采购需要严格的采购程序，从采购预算、采购计划、采购委托和招标文件制定等，每一个程序都必须规范采购所需货物或服务，保证钱不乱花、钱不多花。

（二）物有所值

集中采购机构进行政府采购活动，应当符合采购价格低于市场平均价格、采购效率更高、采购质量优良和服务良好的要求。政府采购要保证财政支出的优化和高效，服务经济工作，节约财政支出，做到物有所值。

（三）保护民族工业和促进经济社会发展

政府采购应当有助于实现国家的经济和社会发展政策目标，包括保护环境、扶持不发达地区和少数民族地区、促进中小企业发展等。政府采购应当采购本国货物、工程和服务。但有下列情形之一的除外：

（1）需要采购的货物、工程或者服务在本国无法获取或者无法以合理的商业条件获取的。

（2）为在本国境外使用而进行采购的。

（3）其他法律、行政法规另有规定的。

二、政府采购的原则

政府采购的原则是贯穿在政府采购计划中为实现政府采购目标而设立的一般性原则。一般情况下，政府采购应该遵循以下原则：

（一）公开透明原则

政府采购的公开透明原则要求政府采购的各类信息必须公开，凡是涉及采购的法规、规章、政策、方式、程序、采购标准、开标活动、中标或成交结果、投诉和司法处理决定等，都要向社会公众或相关供应商公开，以增加政府采购的透明度。公开、透明的政府采购制度和采购活动，既可以使供应商能计算其参加投标的成本和风险，提出最具有竞争力的投标价格，又可以切实强化采购监督，防止欺诈、腐败等不正当行为的发生。

为实现政府采购的公开透明，各国都采取了一些相应措施，如颁布政府采购法及与之相关的法律和规章制度；解释规章制度的具体执行办法；采购项目与合同条件公开刊登广告；事先公布于众、资格预审和评价投标的标准和办法；做好采购记录以供社会公众和有关机构审查和监督；向未能签约的供应商公布签约供应商的名称、数量；接受供应商的质疑和申诉；聘请监督人员定期检查政府机构的采购活动。

（二）公平竞争原则

公平竞争原则要求政府采购活动在确保公平的前提下充分引入竞争机制。采购人可以根据采购项目的特殊要求，规定供应商的特定条件，但不得以不合理的条件对供应商实行差别待遇或者歧视待遇。政府采购应对所有的参加者一视同仁，给予其同等的待遇。

（三）公正原则

公正原则主要是指采购人、采购代理机构相对于作为投标人、潜在投标人的多个供应商而言，政府采购主管部门相对于作为被监督人的多个当事人而言，应站在中立、公允、超然的立场上，对于每位相对人都要一碗水端平，不偏不倚、平等对待、一视同仁，而不能厚此薄彼，因其身份不同而施行差别对待。

（四）诚实信用原则

市场经济既是法制经济也是信用经济，需要以当事人的诚实信用形成良好的社会风气，保障市场经济的有序运行。诚实信用原则约束的是政府采购活动中的各方当事人，一方面，要求采购主体在项目发标、信息公布、评标和审标的过程中要真实，不得有所隐瞒；另一方面，要求供应商在提供物品和服务时达到投标时做出的承诺，树立相应的责任意识。

（五）防腐倡廉原则

政府采购当事人不得相互串通损害国家利益、社会公共利益和其他当事人的合法权益，不得以任何手段排斥其他供应商参与竞争。

供应商不得以向采购人、采购代理机构、评标委员会的组成人员、竞争性谈判小组的组成人员、询价小组的组成人员行贿或者采取其他不正当手段谋取中标或者成交。

采购代理机构不得以向采购人行贿或者采取其他不正当手段牟取非法利益。

三、政府采购的特点

政府采购与私营采购相比，显然它的历史较之后者要短得多。但是，政府采购相对来讲比较规范，有其自身一整套不断成熟和完善的规则，这与私人采购的相对随意性、发展空间大等特点相得益彰。它们共同组成了采购这个概念。当然，它们之间有其相似和不同之处。

政府采购与私人采购的相似之处在于，它们都是识别所需材料的来源，并在需要的时候以尽可能经济的方式按可接受的质量标准获得这些商品。采购部门必须能够快速有效地满足需求，并且采购政策和程序必须同商业惯例相吻合。采购部门利用专业技术和现代方法，聘用专业的采购员和管理人员，以保证采购项目能完全符合使用部门的需要。

政府采购与私人采购之间由于目标取向、操作主体等的迥异，造成了它们存在着许多本质的不同，政府采购具有其自身的特点，具体表现在以下各个方面：

（一）政府采购的政策性

公共支出管理是国家管理经济的一个重要手段，而作为公共支出管理重要执行环节的政府采购，必然承担着执行国家政策的使命。同时，一国政府也可以利用政府采购作为保护本国产品和企业的手段。而私人采购则没有这种责任。如果说私人采购以近期或长远利润为出发点的话，那么政府采购则是以实现公共政策为主要出发点。政府采购从最初开始制订计划到合同的履行，都要体现当时政府的政策，实现政府某一阶段的工作目标，为国家经济和社会利益及公众利益服务。政府采购的政策性特征在以下几项采购项目中体现得更充分：①涉及国家安全和国家秘密的采购项目；②国家遇到战争、自然灾害、瘟疫，需紧急处理的采购项目；③人民的生命或财产遭受危险，需紧急处理的采购项目；④经采购委员会认定的其他采购项目。

另外，政府采购是一种集体选择，即集体决策。私人采购中可以按照个人的爱好、企业的需求做出决定，买贵一点的或便宜一点的，技术先进或中等水平的等。但是，政府采购作为组织的选择，不能以个人意志行事。既然政府采购从政策出发、集体决策，那么政府采购决策运用的就是政府部门办公的决策过程，是一种行政运行过程。例如，采购中要遵守组织的规则、制度及程序，体现集体的作用，而不能像一些私人企业一样，鼓励发挥采购人的主观能动性和创造性。尽管现代政府的决策提倡运用现代化管理手段，但是公共采购买什么、怎么买需以国家的利益实现为目的，完成多重目标，符合多重标准。所以，在进行政府采购管理的过程中，无论国内还是国外，都或多或少地具有政策和行政色彩。因此，采购实体在采购时不能体现个人的偏好，必须遵循国家政策的要求，包括最大限度地节约支出、购买本国产品等。

（二）采购规模巨大

从实践上看，政府始终是各国国内市场最大的用户。一个国家，政府采购平均规模一般占本国 GDP 的 10% 以上，或为财政支出的 30% 左右。美国、欧盟等发达国家和地区每年的政府采购金额已突破 5000 亿美元。而我国的政府采购规模在 GDP 中所占比例还很低。2005年全国政府采购规模达 2927.6 亿元，占 GDP 的 1.6%。其后，政府采购每年都以 20% 左右的速度增长。因此，政府采购成了公众关注的一个热点问题，各国也通过立法和建立完善的政府采购制度来保证政府采购资金的使用达到经济有效。

从本质上讲，政府采购是公共支出管理的一个重要手段。国际货币基金组织财政发展部主任普雷姆詹德在《公共支出管理》一书中对此有恰到好处的描述："从一定意义上讲，公共支出管理被看作是一个长长的价值链，起始于预算编制，经由通过政府采购和工程承包执行预算，终结于彬彬有礼地向公众提供服务。"政府为了实现政府职能和向公众提供公共服务而向纳税人征税从而形成了公共资金。政府采购正是政府使用公共资金采购政府所需的货物、工程和服务的行为。可见，政府采购是公共支出管理的一个重要执行阶段。公共支出管理的一个核心问题是如何对公共资金资源进行合理配置和有效使用，作为公共资金管理的一个重要环节的政府采购，正是要保证实现公共资金合理有效使用的目标。因此，加强对政府采购的管理和调节就显得尤为重要。

（三）采购效果的社会性

政府采购的实体在进行购买活动时，作为消费者，它是权利行使主体，当它购买了所需物品，用于履行它的职能，提供公共服务时，同时又是义务主体的承担者。政府采购的资金主要来源于向个人和企业的税收。因此，采购的过程和结果都要向国家和公众负责，承担社会责任。

政府要承担社会责任或公共责任，也就是说，政府部门的所作所为，包括采购行为，要向国家和社会负责，并且要在工作的同时，为人民树立一种形象和榜样。比如，政府采购要满足社会在某一时期对某一种服务的需要。私营企业董事会虽然也要向股东负责，向股东大会解释，但就其受监督检查的广泛性和程度来说，都远不及公共部门所要承担的责任。

为了保证社会性得到真正发挥，还要考虑环境问题、就业问题等其他对社会的影响。为此，政府采购首先强调采购部门的责任性，即部门内部的上下级负责制、采购结果对社会和国家的负责制。总之，部门对所做的工作承担全部责任，而不管这项工作最终是属于哪个办事人员。其次，政府采购受到社会的监督。采购过程随时受到外界的监督检查，政府管辖内的社会成员有义务对采购的程序和结果进行评论。很多国家都制定了系统的政府采购法律，并建立了完善的政府采购制度，政府采购活动几乎毫无例外地在严格的法律和管理限制下进行，而私人采购则没有这么多限制。为了确保政府公共资金能够得到合理有效的使用，即实现物有所值的目标，财政部门对从采购计划的编制到采购项目验收的采购全过程进行监督管理，当然这种监督管理不是指财政直接参与每项采购活动，而是通过制定采购法规和政策来规范采购活动，并检查这些法规政策的执行情况。财政监督的对象不仅是采购实体，还包括采购中介机构、供应商等参与采购活动的机构和个人。

（四）操作的守法性和规范性

在现代法治国家，任何实体和个人都必须在法律允许和规定的范围和领域内活动，政府采购作为一项行政行为，更应该做带头守法的表率。政府采购制度属于国家行政法，要求有关采购部门和人员必须守法，即在采购时只能按法律授权的范围去工作，政府采购人员的行为不能超出他们的职权范围，不能超出政策和法令的规定。私人部门在采购销售等经济活动中运用的是合法的手段，即它可以做法律允许的事情，也可以做法律没有明令禁止的事情，这些都在合法的范围内。但是，对于政府部门来说，守法是第一位的。公共部门只能做法律授权给他们的工作，法律没规定的事，即使未被法律禁止，一般也不能做。因此，政府采购人员的行为绝不能超出他们的职权范围，不能超出政策和法令的规定。比如，一国的政府采购规定了四种固定的采购方式，采购员就只能在这四种方式中选择一种。

此外，在具体的操作过程中，政府采购不是简单地一手交钱一手交货，而是要按有关政府采购的法规，根据不同的采购规模、采购对象及采购时间要求等采用不同的采购方式和采购程序，使每项采购活动都按规范操作，体现公开、竞争的原则，接受社会监督。为此，政府一般由财政部门根据有关政府采购的立法精神，制定相关的政府采购法规和实施细则，从采购的程序、方法、评估等具体环节方面进行规范。

（五）采购内容的广泛性

政府采购对象品种繁多，这是由政府职能的广泛性导致的。政府采购的对象既有标准产品也有非标准产品，既有有形产品又有无形产品，既有价值低的产品也有价值高的产品，既有军用产品也有民用产品。

政府采购对象从汽车、家具、办公用品到武器及航天飞机等无所不包，涉及货物、工程和服务等各个领域。没有一个私营组织的采购能与政府采购相比。因此，采购专业已成为政府采购的一个重要特点。努力建设一支懂技术、懂管理、懂专业的采购队伍也就成了当务之急。同时，正是由于采购对象的广泛性，使政府采购方式也向多样化发展，既可以购买，也可以租赁。

第三节　政府采购的基本程序和方式

一、政府采购的基本程序

政府采购方法是政府采购主体在进行采购时所使用的方法和依据的程序。政府采购主体在进行采购活动时，需要严格按照法定的程序进行。这一要求贯穿在整个采购过程中，包括从采购需求的确定和采购计划的制订，采购计划的审批和采购资金的安排，到适当的采购方法和程序的选择与适用，采购合同的授予与签订，直到采购合同履行完毕。实质上，整个政府采购法本身就主要是一个有关政府采购如何进行的程序性的法律。

尽管在政府采购的每一个阶段，程序性的要求都十分重要，但政府采购的方法及程序却在政府采购活动中居于中心地位。政府采购的流程如图 11-1 所示。

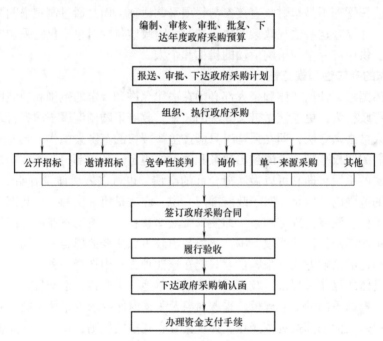

图 11-1　政府采购的流程

政府采购是公共资金的使用，因此无论采取什么样的方式，涉及多大的金额，都必须按照一定的程序进行。一个项目的完整采购程序包括以下几个阶段：

（一）对采购项目进行综合分析

采购机构接待采购单位委托的采购项目后，应根据政府采购计划或采购单位提出的采购需求（或采购方案），从资金、技术、生产、市场几个方面对采购项目进行全方位综合分析，为确定科学的采购清单提供保证。必要时可邀请有关方面的政府采购咨询专家或技术人员参加，对采购项目进行论证、分析，同时也可以组织有关人员对采购项目的实施现场进行考察，或者对生产、销售市场进行广泛的调查，以提高综合分析的准确性和完整性。

（1）预算分析。主要分析采购项目资金来源及落实情况，如在采购资金中预算内资金、预算外资金、其他资金所占的比例，预算内资金是否有预算批复文件，预算外资金及其他资金是否已落实到位等。凡采购资金不落实的一律不予采购。

（2）需求分析。会同有关专家对采购项目的技术要求、供货期等采购要求进行论证、分析，通过分析准确掌握采购单位的采购需求。

（3）生产分析。主要通过各种渠道调查，掌握所需货物的生产企业情况、工程和提供服务的供应商情况等，如生产企业或供应商的数量、规模、经营、分布情况等。

（4）市场分析。主要分析所需货物、工程和服务的市场价格、供求关系等，通过分析应明确当前市场是卖方市场还是买方市场，以便为制定相应的谈判策略提供依据。

（5）风险分析。主要通过对采购项目预算、需求、生产及市场等因素的分析，进一步分析采购风险，为预防风险的发生制定相应的措施。

（6）成本分析。主要根据采购项目的特点和技术要求，对采购过程的各种因素进行分析，预测采购费用，以便使采购成本得到合理控制。

（二）确定采购需求

通过进行项目分析会同采购单位及有关专家确定采购需求及有关技术要求。对有些较大的项目在确定采购需求时有必要对项目进行分包。

对采购项目进行分包时，应注意掌握以下原则：

（1）根据采购对象的品目分包。同一品目归为一包。

（2）根据采购对象的数量分包。同一品目的采购对象，如数量较大，为扩大中标面可划分为若干个包。

（3）根据经销企业分包。只有专门公司才经营的采购对象不要同其他采购对象放在同一个包。

（4）根据企业生产能力分包。同一品目的采购对象采购数量较大的，由于企业的生产能力有限，可以划分为若干个包。

（三）选择采购方式

采购方式选择得当，不仅可以加快采购速度，而且还可以节约采购资金，真正实现物有所值。选择的原则就是针对不同的情况，选择合适的采购方式。

（四）资格审查

为了保证公共资金使用方面的安全以及实现某种社会目标，政府在采购的过程中必须对供应商进行资格审查，并建立有关信息库。

（五）执行采购方式

当采购方式确定以后，采购部门就无权擅自改变采购方式了，如果遇到非常情况，采购部门可以向财政部门提出申请，重新选择合适的采购方式。

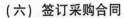

（六）签订采购合同

在供应商资格评审之后，按照既定的采购方式，选择出合适的供应商，并与之签订合同，在签订合同的同时，供应商应该交纳一定的履约保证金。

（七）履行采购合同

合同签订之后，就开始履行。在这期间内，无论是采购主体还是供应商，都不能擅自更改合同，供应商必须按照合同上的约定按时提交符合合同的物品。

（八）商品验收

在合同执行完毕后，采购实体要对结果进行检验和评估。合同的验收一般由专业人员组成的验收小组来进行。

（九）资金结算

财政部门将按照验收小组的验收结果与合同的有关规定，向供应商支付货款，同时采购实体要把事先收取的履约保证金退还给供应商。

（十）效益评估

采购实体及有关管理监督部门对已采购的项目的运行情况及效果进行评估，检验项目运行效果是否达到了预期目的。

在以上十个阶段中，前六个阶段称为合同形成阶段，后四个阶段称为合同管理阶段。

二、政府采购的方式

（一）政府采购方式的分类

按政府采购的公开程度划分为，分为公开招标采购、选择性招标采购、竞争性谈判采购、询价采购和单一来源采购五种方式。

1. 公开招标采购

公开招标采购是指采购方以招标公告的形式邀请不确定的供应商投标的采购方式，是一种国际公认的良好采购方法。其有效运行的主要要求和特点在于公布采购需求，其有效性在于它正好符合了政府采购的基本原则。因此，公开招标作为一种采购方法，无论是在各国政府采购法中，还是在采购实践中，都已经确立了其牢固的，甚至是优先的地位。发布采购公告和公开招标的政策要求反映了政府采购的公开性原则；将合同授予报价最低的、最负责的投标商体现了政府采购的效率性和公正性原则。而公开招标效率性、公开性和公正性反过来又可以增加愿意参与政府采购的合格供应商的数量，从而促进政府采购竞争性原则的实现。

但是，公开招标也并非完美无瑕。这一方法的有效性取决于对特定需求描述的清楚程度、潜在投标商是否能够及时获得准备投标需要的数据以及是否有多个潜在投标人能完成所需要的工作。换句话说，这种采购方法的有效性需要以采购市场的竞争状况、采购的时间要求、采购的技术复杂程度和采购的经济性等指标来检验，并且设计和选择其他方法来予以补充。

2. 选择性招标采购

选择性招标（限制性招标或限制程序）采购与公开招标采购的不同之处在于，采购机构邀请投标的方式不是通过公布广告，而是将投标邀请直接发给一定数量的潜在投标商，其他程序则与公开招标完全一样。

就其本质特点而言，选择性招标主要是为了弥补竞争性招标由于客观上供应商的数量不足而产生的市场竞争有限性而设计的一种方法。因此，此类采购方法也可以被看成是公开招标方法的变体，是针对不同的采购环境对公开招标方法的修正和补充。其一，存在着客观上的竞争限制，即使采用了公开招标的广告邀请方法，实际上能够符合采购要求响应的供应商数量也依然可能是直接邀请的几家。其二，存在一定的竞争，一般至少存在三家以上供应商，否则就适用其他采购方法进行采购。

当然，选择性招标也有其潜在缺陷性：①它对采购者的要求高，要求采购者对供应商市场的竞争状况有充分的了解（这是采购者决定适用此方法的依据）；②它与公开招标方法类似，很容易获得采购管理者的好感，容易被不加严格限制地采用，为采购者留下较大裁量空间；③如果管理不严，很容易被采购者作为规避公开招标方法的途径而滥用。因此，对这种方法的适用应施加严格的限制条件和要求。

3. 竞争性谈判采购

竞争性谈判采购是指采购人或者采购代理机构直接邀请三家以上供应商就采购事宜进行谈判的方式。竞争性谈判采购作为一种独立的采购方式，已经被各地广泛应用于政府采购项目中，这种方式是除招标方式之外最能体现采购竞争性原则、经济效益原则和公平性原则的一种方式，同时也是政府采购的国际规则所确认的、各国普遍采用的方式。

竞争性谈判实质是在"竞价谈判"为主的同时敲定采购合同主要条款的过程，是采购人或代理机构通过与多家供应商分别进行多轮讨价还价，同时就货物的制造厂商、品牌、技术规格以及供应、运输、安装、调试和售后服务、交易条件、其他相关条款等合同要素达成共识的过程。谈判要求谈判人要综合运用判断、谋略和相关常识。因此，竞争性谈判要求采购人或采购代理机构和供应商就采购方案的细节进行面对面的商谈，而不仅仅是交换采购文件。

与招标采购对象的特点相比，竞争性谈判采购的对象具有特殊性：一方面，采购对象具有特别的设计者或者特殊的竞争状况，这种情况下很少能形成市场竞争，价格也不能确定，因此，采购人或采购代理机构与供应商对采购对象的制造、供应、服务的成本存在不同的估价，从而不可避免地要采用谈判方法；另一方面，采购对象过于通用、通常，市场竞争过于成熟，设置趋于老化，并且采购对象成品化、模式化，这种情况下，采购人员或采购代理机构对采购对象没有更多的对比、评选的内容，而只是通过谈判使价格、服务等要素更为理想，无论哪种情况，在多家供应商参与的情况下，采用竞争的方式，通过多轮谈判报价，对多种采购因素及内容细节在谈判过程中均可以充分分析讨论，并能加以调整，最终使总体方案报出更优惠的价格。

4. 询价采购

对合同价值较低的标准化货物和服务的采购，可采用一种简单而又快速的采购程序，即询价采购，又称邀请报价或"选购"。询价采购是对几个供货商（通常至少三家）的报价进行比较以确保价格具有竞争性的一种采购方式。邀请报价是一种非正式的邀请形式，包括供应商的口头（电话）或书面报价，而无须正式的广告和密封投标。它被认为是一种良好的政府采购实践，因为邀请报价促进了价格竞争、灵活性以及对快速变化的时间和条件的适应性。

5. 单一来源采购

单一来源采购是指在适当的条件下向单一供应商征求建议或报价进行的采购，是一种没有竞争的采购方式。适用条件比较严格，条件如下：只能从特定供应商处采购，或供应商拥有专有权，且无其他合适替代商的；原采购项目的后续维修、零配件供应、更换或扩充，必须向原供应商采购的；在原招标项目范围内，补充合同的价格不超过原合同价格50%的工程，必须与原供应商签约的；采购方有充足理由认为只有从特定的供应商处采购，才能促进实施相关政策目标的。

按政府采购的集中程度，可以划分为集中采购、分散采购和半集中半分散采购三种方式。在规定限额以上或采购目录范围内的采购应采用集中采购方式。在规定限额以下或采购目录范围之外的采购一般由采购实体分散采购。目前，各地推行的定点采购实际属于半集中半分散采购。

按政府采购机构的参与程度划分，可以分为政府采购机构直接组织的采购和委托招投标机构采购两种方式。前者适用于技术规范和要求相对稳定，批量大，规模效益显著的商品、服务和小型工程采购；后者适用于技术性能复杂且升级换代快的大型设备、专用设备和高新技术产品以及大型建筑工程的采购。

根据选择的标准不同，政府采购还可分为其他的类型，比如按采购对象的不同可分为货物采购、工程采购和服务采购三类；按采购规模可分为小额采购方式、批量采购方式和大额采购方式；按照采购手段的不同可分为传统采购方式和现代化采购方式等。传统的采购方式是指依靠人力来完成整个采购过程的采购方式，如通过报纸杂志公开发布采购信息，采购实体和供应商直接参与每个环节的具体活动等。而现代化采购方式是指主要依靠现代科学技术的成果来完成采购过程的采购方式，如采购卡采购方式或电子采购方式。采购卡一般适用于小额采购，由于这种采购方式不需要签订合同，对于每年数以万计的小额采购来说，能够节约大量的文书费用。电子采购本书中有专门章节进行讲解，这里不再详细介绍。

以上几种采购方法的优缺点及在政府采购中的适用范围可参考表11-1。

表 11-1 我国政府采购方式及其比较

方式	概　念	适 用 条 件	特点	供应商范围	采购对象	采购时间
公开招标	采购人按照法定程序，通过发布招标公告的方式，邀请所有潜在的不特定的供应商参加投标，采购人通过某种事先确定的标准从所有投标中择优选出中标供应商，并与之签订政府采购合同的采购方式	达到公开招标限额（公开招标限额详见年度政府采购目录）	程序复杂、规模大、竞争性强	不限定	不限定	较长
邀请招标	采购人员根据供应商的资信和业绩，随机选择若干供应商向其发出投标邀请书，由被邀请的供应商投标竞争，从中选出中标者的采购方式	具有特殊性，只能从有限范围的供应商处采购，费用占政府采购项目总价值的比例过大	竞争有限、招标工作量相对较轻	有选择	来源于有限范围	较长

（续）

方式	概　念	适用条件	特点	供应商范围	采购对象	采购时间
竞争性谈判	采购人通过与多家供应商进行谈判，最后从中确定最优供应商的一种采购方式	招标后没有供应商投标或者没有合格标的或者重新招标未能成立的；技术复杂或者性质特殊，不能确定详细规格或者具体要求的；采用招标所需时间不能满足客户紧急需要的；不能事先计算出价格总额的	灵活、协商性强	有选择	技术复杂、性质特殊或不能事先计算出价格总额	较短
单一来源采购	采购人员只向一家供应商进行采购的方式	只能从唯一供应商处采购；发生了不可预见的紧急情况不能从其他供应商处采购；必须保证原有采购项目一致性或者服务配套的要求，需要继续从原供应商处添购，且添购资金总额不超过原合同采购金额10%	竞争性差	唯一	来源唯一或满足配套	较短
询价	采购人向有关供应商发出询价单让其报价，然后在报价的基础上进行比较并确定最优供应商的一种采购方式	采购的货物规格、标准统一，现货货源充足且价格变化幅度小的政府采购项目，一般采购金额较小	程序简单、方便快捷、竞争性较强	不限定或有选择	规格、标准统一，现货货源充足且价格变化幅度小	较短
国务院政府采购监督管理部门认定的其他采购方式	为适应不同情况下政府采购的实际需要，经国务院政府采购监督管理部门认定的采购方式					

（二）政府采购方式的发展趋势

1. 竞争性招标采购仍是主要的采购方式，但比例逐渐下降

竞争性招标采购虽然有很多优点，但也存在很多不足之处，突出表现在：周期太长，费时太多；需要的文件非常烦琐；可能造成设备规格多样化，影响标准化的实现等。

尽管竞争性招标采购在公开、公正、公平和竞争性方面有其优势，但由于其自身的缺陷，使得招标采购虽然作为一种非常理想的方式，也被世界各国大力推崇，但在实际工作中，真正使用竞争性招标采购方式的比例却不大。资料表明，真正使用竞争性招标采购方式进行的政府采购一般占30%～40%。从总体上来说，竞争性招标采购方式所占的比例还将不断下降。

从国际实践来看，在一个国家内部，实行竞争性招标采购方式的范围在缩小，比例在下降。一方面是由于竞争性招标采购方式费时费力，有些采购方式如竞争性谈判采购方式，既有竞争性招标采购方式的优点，又能克服其缺点，可以替代竞争性招标采购方式；另一方面，采用其他采购方式还可以规避国民待遇原则和非歧视性原则，为国内供应商提供更多的中标机会。但是，国际性或区域性经济组织对竞争性招标采购却日益重视起来。例如，在世界贸易组织的《政府采购协议》中，强制规定中央政府在采购的商品、服务和工程价值达到一定金额时，必须实行竞争性招标采购。国际性或区域性经济组织的这些强制性规定，是由于各国更多是使用其他采购方式，这些方式客观上成为一种非关税贸易壁垒，使政府采购市场不能彻底地得到开放。更深层次的原因，是一些发达国家欲借此成功占领发展中国家政府采购的市场。

2. 竞争性谈判采购方式逐步占据主导地位

除竞争性招标采购以外，还有很多的采购方式，包括限制性招标采购、单一来源采购、竞争性谈判采购、自营工程等。其中，单一来源采购和自营工程等方式均为特例，它们都是在特定的环境下适用，而且所占的比例非常小，任何国家或国际组织都不主张过多地采用这些方式。在竞争性招标采购方式比例不断下降的同时，限制性招标采购和竞争性谈判采购所占的比例正在不断提高，尤其是竞争性谈判采购，在很多国家非常流行。

竞争性谈判采购既有竞争性招标采购方式的优势，还可以弥补其不足之处：

（1）缩短准备期，使采购项目更快地发挥作用。竞争性谈判采购方式由于不是广泛进行招标，不存在准备标书、投标、等标的情况，采购实体可以直接与供应商进行谈判或协商，大大缩短了采购周期。

（2）减少工作量，省去了大量的开标、评标工作，有利于提高工作效率，减少采购成本。

（3）供求双方能够进行更为灵活的谈判。采购实体可以根据实际情况，就拟购商品的品牌、数量、性能、价格、售后服务等情况进行多次谈判，最终买到符合预期要求的商品。

（4）更有利于对民族产业进行保护。实行竞争性谈判采购方式，可以对供应商的范围和数量进行限制，这就可以让采购实体充分选择国内供应商，并购买国货。

（5）竞争性谈判采购方式还具有其他任何采购方式所不能具备的一个优点，即这种采购方式能够激励供应商将各自的高科技应用到采购商品之中，同时又能转移采购风险。采购实体事前提出拟采购商品的性能要求，参与竞争的供应商可以各显神通，充分展现各自的科技优势，最终得到的商品的性能很可能超过了采购实体的预期要求。同时，采用这种方式政府还可以转移采购风险，即供应商最终提供的商品如果达不到预期的性能，采购实体将拒收，损失将由供应商承担。

3. 采购手段的电子化趋势

信息产业的高速发展和信息产品的普遍应用，将会为传统的采购手段带来一次彻底的变革，今后的采购手段以电子化为主，通过电子媒体发布采购信息并进行交易。电子贸易将会最大限度地节约人力和财力，缩短采购周期，加快采购进度。目前，在发达国家基本上已经实现了采购电子化。

第四节　我国的政府采购

我国目前在借鉴国际惯例的基础上，从我国现有的相关法律、法规和政策出发，建立一个适合我国国情的政府采购制度。

一、我国政府采购制度的发展过程

按照市场公开竞争方式进行政府采购是 20 世纪 90 年代中期在起草《中华人民共和国招标投标法》的过程中从国外引进的。从 1996 年开始，深圳、上海等地相继开始了政府采购的试点实践。由于这种方式有利于加强财政支出管理，节约财政资金，遏制采购过程中的腐败，政府采购从试点转入了大面积推广，各省、直辖市、自治区都不同程度地施行了政府采购制度，但直到 1999 年，我国都没有建立全国统一的政府采购系统，也没有集中的政府采购管理机构。

1999 年以后，我国先后发布了一些全国性的政府采购规则，构成了中国政府采购制度的框架。当时，最具影响力的是财政部 1999 年 4 月 17 日根据《预算法》制定发布的《政府采购管理暂行办法》。该办法对我国的政府采购制度建设及操作规范做出了较为系统的规定，并授权各省级地方财政部门制定具体的实施办法。在同年 6 月，财政部还发布了对该办法的配套规定：《政府采购合同监督暂行办法》和《政府采购招标投标管理暂行办法》，分别规定了对政府采购合同的监督规则以及对招标过程的管理和监督方案。2000 年 9 月，财政部又发布了《政府采购信息公告管理办法》和《政府采购品目分类表》，前者具体规定了采购过程中信息公开的方式和手段，后者规定了采购的对象和目标。1999 年 8 月 30 日，第九届全国人民代表大会常务委员会第十一次会议通过了《中华人民共和国招标投标法》，用来调整工程采购的招标投标方式和过程。为了更好地执行《招标投标法》，2000 年 4 月 4 日，国务院批准发布了《工程建设项目招标范围和规模标准的规定》，7 月 1 日又发布了《招标公告发布暂行办法》和《工程建设项目自行招标试行办法》。这些办法和规定对招投标过程做出了具体和细化的规定，为实际操作提供了很大的帮助。

由于我国政府行政管理和公共服务职能广泛，公共支出和需求巨大，政府采购数额逐年增加，在整个国民经济中占据了重要的地位，因此，需要建立统完善的政府采购法律体系，规范政府采购的各个方面，提高财政资金的使用效率。同时，虽然我国没有加入世界贸易组织的《政府采购协议》（GPA），但作为加入经济全球化进程的世界贸易组织成员，我国仍然面临着开放国内市场的巨大压力。

在市场没有对外开放以前，政府采购可以暂时成为保护国内产业的贸易壁垒，为培养和提高国内企业的竞争力提供一定的时间和空间，这也需要一套完善的法律来帮助我国建立起充满竞争活力的政府采购制度和帮助国内企业取得应对有序竞争的能力。于是，1999 年 4 月 9 日，全国人大财经委员会成立了《政府采购法》起草小组，标志着我国政府采购立法正式启动。2000 年 10 月，起草小组提出了《政府采购法》的初稿，并于 12 月召开了政府采购立法国际研讨会，来自全国一些省级单位和中央国家机关的政府官员以及美国、德国、挪威、澳大利亚和丹麦的学者参加了研讨会。起草小组根据国际研讨会和有关方面的意见，对初稿进行了修改。2002 年 6 月 29 日，全国人大常委会通过了《中华人民共和国政府采购法》，我国建立了以《政府采购法》为核心，包括《招标投标法》《合同法》等在内的政府采购法律体系。《中华人民共和国政府采购法》自 2003 年 1 月 1 日起开始施行。这是一部针对政府采购的专门性法规。

我国《政府采购法》是在我国政府采购实践有了一定的发展和我国加入贸易全球化进

程的背景下制定的，因而它肩负了两个重要的任务：一是建立起以竞争为核心的高效、廉洁的政府采购制度，提高政府采购资金的利用效率，推进国内的廉政建设；二是构建合法的贸易壁垒，在我国加入世界贸易组织之后为民族产业提供合法的保护，推动和扶持相关民族产业，尤其是稚嫩产业和关系国计民生的基础产业的发展。然而，虽然我国在加入世界贸易组织时没有承诺签署 GPA，但我国政府奉行对外开放、参与经济全球化进程的战略，希望将我国经济融入世界经济一体化之中，那么加入政府采购贸易自由化的全球性安排就成为我国改革开放进程中的一个重要发展目标，也是政府采购发展的一个必然归宿。2014 年 12 月 31 日，国务院总理李克强主持召开国务院常务会议，审议通过了《中华人民共和国政府采购法实施条例（草案)》。除此之外，还有各部委和各省市制定的配套法规，如《政府采购供应商投诉处理办法》（财政部令第 20 号)、《财政部关于加强政府采购供应商投诉受理审查工作的通知》（财库 [2007] 1 号）和《辽宁省政府采购供应商质疑投诉处理暂行规定》等。

针对当前电子招标采购技术的迅速发展，为实现招标投标行业转型升级和市场规范化发展，国家认监委、发展改革委、工业和信息化部、住房和城乡建设部、交通运输部、水利部和商务部联合印发《电子招标投标系统检测认证管理办法（试行)》，与 2013 年国家发展改革委会同国务院 7 部门印发的《电子招标投标办法》，一起共同形成了电子招标投标的法律、法规和技术规范的基本框架。当前，政府采购正积极探索建立电子招标投标信息公开共享服务体系和创新招标投标监管体制机制，推动电子招标采购的发展。

二、我国政府采购管理体系的建立

政府采购机制是世界经济一体化的要求，建立政府采购制度最初旨在优化财政支出。随着世界经济一体化格局的形成和发展，政府采购制度已延伸到国际贸易领域，开放政府采购市场已成为贸易自由化谈判的一个重要方面。企业要生存和发展，必须走向世界市场，也就必然会进入他国的政府采购市场。由于开放政府采购市场是相互的，因此，也就迫使各国必须建立与国际惯例相衔接的政府采购制度。目前，对于国内政府采购存在的问题，可以采用以下措施加以解决：

（一）构建完备的制度

完整、有效的政府采购不仅包括专门的法律法规，还包括大量直接或间接与政府采购相关的法律法规。从我国当前的政府采购实际情况来看，一方面，要修改、完善现有的政府采购规章制度，修改与《政府采购法》不适应或冲突的地方性法规和规章，同时实施细则以及配套的规章制度也应尽早出台，以适应开放的政府采购市场的要求。

另一方面，应加快政府采购立法。当前，我国政府采购立法所要解决的两个问题：一是建立起以竞争为特色的高效、廉洁的政府采购制度，提高政府采购资金的利用效率，推进国内的廉政建设；完善机构设置、监管主体与监管范围、采购人权力控制、合同履行与验收管理、评标、集中采购目录范围与执行、评标定标制度、付款制度等方面。二是构建合法的贸易壁垒，在我国加入世界贸易组织之后为民族产业提供合法的保护，推动和扶持相关民族产业，尤其是稚嫩产业和关系国计民生的基础产业的发展。

（二）扩大规模和范围

我国政府采购规模虽然目前仍偏小，但这也同时意味着其在未来会有较大的增长空间。

按照政府采购领域开放的要求并根据我国政府采购的现状，可以逐步扩大政府采购的规模和范围。首先，按照科学的标准制定政府采购中长期发展规划，对政府采购的范围和规模的增长做出科学的要求。其次，逐步扩大政府采购的范围。一方面，扩大政府采购的项目范围，使有条件参加政府采购的项目全部纳入，尤其是要提高工程采购在政府采购中的比例；另一方面，还可以扩大政府采购的实体范围，参照国际经验，可以将准公共部门也纳入政府采购范围。最后，应加强对采购的横向、纵向管理，通过对各地区、各行业的政府采购项目进行协调和整合，加大集中采购的力度，提高单次采购的规模。

（三）规范采购流程

规范采购流程，建立起公平的竞争环境，不仅是开放条件下政府采购的必然要求，也是我国政府采购实践的目标。当前，要研究和了解国际采购的一般操作规程，按照市场经济的原则设立我国政府采购的各个环节，并制定相关的管理办法，逐步改变我国政府采购行为中诸如信息发布不规范、审批手续繁杂等问题。同时，也要尽快打破我国政府采购市场地域封锁的现状，建立起有利于公平竞争的市场环境，培养我国企业的竞争意识。

（四）加强人才培养

政府采购是一项专业性、政策性很强的工作，采购类别多、涉及面广，随着今后我国政府采购市场的进一步开放，面对国际政府采购新形势，必然要求我国政府采购工作人员熟悉国际采购惯例和相关知识，掌握现代采购技巧，准确把握市场信息。因此，当前须抓紧时机培训政府采购从业人员，提高其综合素质。

第五节　政府采购的问题及防范措施

一、政府采购中容易出现的问题

（一）招标文件编制过程中的问题

在政府采购过程中，如果招标文件的编制出现问题，那么会给政府采购工作带来较大的影响。一般情况下，招标文件编制过程中易出现的问题有以下几个：

（1）招标文件编制得不够完善、完整，不便于投标人阅读和评审委员会开展评审工作，增加了工作的复杂程度。

（2）招标文件编制过程中存在明显的漏洞，导致容易出现废标，如必备资质又出现在评审打分的项目中。

（3）招标文件编制过程中出现明显偏向某特定供应商的内容，导致招标无效，如产品图样参照某一特定供应商的产品绘制。

（4）随意更改招标文件，导致前后不一致，使招标工作难以顺利开展。

（二）评审专家选取的问题

在政府采购的专家评审过程中，如果评审专家选取失误，则有可能造成采购评审结果失去权威、不合理。在专家选取的过程中，容易出现以下问题：

（1）按照相关法律规定，评标时应从专家库中随机抽取评审专家，但实际抽取时可能并非随机抽取。

（2）专家库中的专家可能并不了解本部分招标的内容，不满足招标要求。

（3）抽取时的专家数量和比例不符合招标规定的安排。

（4）部分专家因被采购人或代理机构利诱而违背职业精神，对投标人区别对待，影响政府采购的公平性。

（三）政府采购中的暗箱操作问题

政府采购制度实施以来，政府采购还是存在一些暗箱操作问题。

（1）政府采购机构、评审专家和监督部门在实际执行过程中"钻空子"，就有可能丧失政府采购制度原有的防腐功能。

（2）在实际采购中，采购人为让中意的供应商入围，降低采购竞争难度，将项目化整为零达不到公开采购的标准，规避公开招标。

（3）部分单位增加"只有裁量权"，将本在集中采购目录中的货物改为自行采购，而不委托集中采购组织实施采购。

（4）在选取社会中介机构时，没有考虑其资质和实力，导致社会中介机构沦为个人谋利的工具。

（5）部分单位故意在节假日和受众少的媒体上发布招标公告，导致公开招标的范围过小。

（6）在编制招标文件时，玩文字游戏，在不起眼的地方设置陷阱和细微偏差，使得部分投标人因标书错误被废而丧失竞争机会。

（7）政府采购监督侧重于对采购程序和形式的监督，对招标过程中的违法、违规行为不深入探究，导致监督无效。

二、政府采购问题防范措施

（一）建立政府采购评估体系

企业必须建立较为完善的政府采购评估体系，对政府采购的效益做出评价，为采购决策提供重要依据。在政府采购的决策过程中，必须考虑以下因素：

（1）确定是否该采购，采购总额是否合适，每一笔采购是否必要。

（2）就整体和个体考察，节支率是否够高，即是否最大限度地节约了采购资金。在对采购情况进行统计评价时，还应对整个采购活动的投入及预期实现程度进行评价。

（3）考察采购方式是否适当，在政府采购的成本和效益之间，投入产出比是否实现了最大化。

（4）在采购项目的购买标准上，要制定行政事业单位用品配备标准，严格在标准内配备；在满足需要的前提下尽量降低购买档次，尽量使用国产设备，缓解财政压力。

（5）在购买的次数方面，政府采购要体现方便客户的原则，在此前提下，尽量减少采购次数。因此，在项目的审查上，要注意同类项目的归并，尽可能减少购买次数，形成政府采购的规模效应，最大限度地节约采购资金。

（6）注意政府采购成本，尽可能降低政府采购的显性成本和隐性成本。

（二）加强风险控制

开展政府采购工作时，必须增强风险意识和忧患意识，对政府采购工作中可能存在的风险及其危害性保持清醒的认识。在实施采购活动前，要精心准备、周密安排，充分考虑可能发生的风险，加强事前、事中、事后的预报、监管与挽救，采取防范和化解风险的有效措施。具体的风险控制措施如下：

（1）设立政府采购风险准备金，在采购合同不能正常履行，给对方造成损失且需要承担责任的情形下，使用风险准备金给予对方补偿。

（2）采用道歉、重审、取消采购决定、终止合同、重新招标和暂停采购活动等形式修正政府采购过程中存在的问题。

（3）建立和严格执行内部风险控制制度，包括管理机构内部职责制度等。

（4）完善政府采购决策，实施阶段内监管措施，在政府采购决策阶段，要严格按照法定程序进行审核和审批，保证政府采购预算的规范性。

（5）在实施阶段，要建立健全监督制度，合理划分合同签订权与合同质量验收权。

（三）加强廉政风险防范

廉政风险是政府采购的主要风险之一，加强政府采购廉政风险的防范工作，是做好政府采购的关键点。

1. 强化制度建设并贯彻落实

（1）靠制度规范政府采购监管和操作行为。

（2）进一步规范采购流程，完善项目牵制和监督检查机制。

（3）推动政府采购人员轮岗交流，实行政府采购信息反馈、举报和通报制度等。

2. 加强宣传教育，营造良好氛围

（1）要对采购人、采购监管机构、采购执行机构、供应商和评审专家等政府采购当事人加大宣传教育力度，强化守法、诚信、廉洁和服务意识。

（2）要通过以先进典型做榜样把反面教材当镜子的"正反典型"宣传教育方法，帮助政府采购人员把好廉政关。

3. 加强对采购方式和采购形式的管理

增加集中采购目录项目，扩大集中采购的范围，增强集中采购机构的实力和人员的专业素质，切实发挥集中采购机构在规范采购行为中的引领作用，对应纳入集中采购而未纳入的项目，一经查实，责令其重新履行集中采购程序并追究相关人员的责任。

4. 选取社会中介机构引入竞争机制

社会中介机构在政府采购利益链条中往往居于承上启下的重要一环，杜绝社会中介机构腐败的要点在于运用随机抽取、差额投票等竞争性方式选取中介机构。

规定采购人委托同一社会中介机构不能超过两次，以切断中介机构的长期利益预期。

5. 评审专家评标电子化

（1）在评审专家库中，各专家被赋予一个虚拟的编号，专家库由政府采购监管部门管理，专家的真实身份不能被中介机构和供应商获取。

（2）在评标时，随机抽取的专家在网上对标书独立打分，避免在现场评标受到各类因素的诱导。

（3）加强多层次监督。政府职能部门要敢于监督，对"零处罚"的职能部门要启动倒查程序，同时邀请社会各界对政府采购工作进行监督。

6. 严格的处罚措施

（1）对查实的政府采购案件，通过重罚增强威慑力，如对严重违规的社会中介机构，取消其代理资质。

（2）对违反职业道德的评审专家，永久取消其入选专家库的资格，并在其单位通报批评。

（3）将违规的供应商列入黑名单，直至清理出政府采购市场。

本 章 小 结

20世纪中后期以来，世界各国及相关国际组织十分注重致力于政府采购管理的制度化与科学化。目前，我国政府采购的制度化与科学化尚处于起步阶段，人们对政府采购的性质、内容、功能作用、目标定位等的认识还有待深化。科学认识政府采购，树立科学的政府采购观念，是做好政府采购工作的重要基础，对于经济发展和社会和谐必将起到积极的促进作用。

本章详细介绍了政府采购的概念和特点，阐述了政府采购的主体和客体、政府采购的目标及原则、采购的基本程序和方式以及我国政府采购制度的发展、政府采购容易出现的问题及防范措施。

习题与思考

一、简答题

1. 简述政府采购的概念。

2. 简述政府采购的主体和客体。

3. 简述政府采购的目标原则及其特点。

4. 简述政府采购的基本程序和方式。

5. 简述国内政府采购中容易出现的问题及解决措施。

二、填空题

1. "政府"的含义在这里不仅仅局限于政府部门，而是公共部门的一个代名词，因此，政府采购也被称为（　　　　）。

2. 按照国际上的通常做法，可粗略地将采购客体分为三类：货物、工程和服务，其中以（　　　）和（　　　）为主。

3. 政府采购的资金主要来源于（　　　　）。

三、案例分析

日前，某采购单位就其办公用房装修改造工程项目委托一家代理机构实施公开招标采购。在项目评审过程中，经评委会评审，符合资格要求且投标方案满足招标文件要求的供应商只有两家，评委会的意见是按《政府采购法》第三十六条应予废标。但采购人提出，本项目时间紧，须尽快完成，如废标再重新组织招标恐怕来不及，提议直接与这两家供应商进行谈判，在这两家供应商中选取一家。也有专家建议，可按照《政府采购非招标采购方式管理办法》（财政部第74号令）的有关规定，转为竞争性谈判方式与这两家供应商进行谈判。评委会经研究后同意按采购人及部分专家的意见处理。采购人遂现场提出申请，经在现场进行监督的财政部门工作人员签字同意，转为竞争性谈判方式。在此后进行的谈判过程中，原评委会成员即为谈判小组成员，经与两家供应商分别进行谈判，两家供应商提交了最后报价。谈判小组经过评审，出具了评审报告，推荐确定了成交候选供应商的排序名单。

问题：在评审过程中，符合资格要求且投标方案满足招标文件要求的供应商只有两家，应如何处理？该项目竞争性谈判方式的报批程序是否符合规定？

第十二章

国 际 采 购

📖 **学习目标**

1. 了解国际采购的概念、原因和作用。
2. 熟悉国际采购战略与计划的制订。
3. 掌握国际采购的基本流程。
4. 掌握国际采购的相关成本。
5. 了解国际采购风险类型以及规避策略；熟悉国际采购未来发展的总体趋势。
6. 掌握外包市场的新趋势。
7. 熟悉中国企业面对国际采购时的对策。

◆ **导入案例**

全球采购加速 WEM 公司的发展

WEM 公司是全世界零售业销售收入名列前茅的巨头企业，素以精确掌握市场、快速传递商品和最好地满足客户需求著称。

2017 年，WEM 官方旗舰店正式入驻京东商城。WEM 根据中国消费者的购物习惯，特别精选出 1700 多种生活必需品在京东 WEM 官方旗舰店销售。消费者在此同样可以享受 WEM 推出的"90 天无忧退换货"服务。2018 年，WEM 与京东到家共同宣布，双方展开深度合作，在深圳上线京东到家，成为首个入驻京东到家的付费会员制商家。5 月，上线上海京东到家平台，提供约 1000 款高频次购买和高渗透率的商品，涵盖生鲜、母婴、个护、干货等日常商品，以及网红爆款休闲零食类商品。为了让更多会员享受 1 小时送达的服务，将设立多个前置仓，覆盖上海核心区域。

WEM 公司的全球采购网络首先由大中华及北亚区、东南亚及印度次大陆区、美洲区、欧洲中东及非洲区等四个区域组成。其次，在每个区域内按照不同国家设立国别分公司，其下再设立卫星分公司。国别分公司是具体采购操作的中坚单位，拥有工厂认证、质量检验、商品采集、运输以及人事、行政管理等关系采购业务的全面功能。卫星分公司则根据商品采集量的多少来决定拥有其中哪一项或哪几项功能。

WEM 把全球采购总部从香港搬至广东，并以深圳为基地，再向世界延伸 20 个采购据点。采购网络负责为 WEM 的连锁店采购在质量、包装、价格等方面均具有竞争力的优质商品并全面负责 WEM 超过 2000 亿美元的全球采购任务。需要注意的是：在这个全球采购中心里不发生实际的购买行为，它所做的主要工作是在全球范围内为 WEM 公司搜寻新的商品与合适的供应商，然后把搜寻到的商品和供应商们集合起来，召集分布在全球各个区域的买家过来挑选采买，达成交易。

WEM 在采购方面严格采用全面压价方式并与供应商结成战略伙伴关系，排斥了大量的中间商，同时也尽可能最大限度地从供应商身上获取最大利润，这在一定程度上损害了供应商的利益，从而造成零售业供应商的两大不幸：一是作为 WEM 的供应商；二是不被 WEM 选为其供应商。

一、WEM 发展全球采购网络的组织

（一）WEM 的全球采购

在 WEM，全球采购是指某个国家的 WEM 店铺通过全球采购网络从其他国家的供应商进口商品，而从该国供应商进货则由该国 WEM 公司的采购部门负责采购。

1. 全球采购网络的地理布局

WEM 结合零售业务的特点以及世界制造业和全球采购的总体变化趋势，在全球采购网络的组织上采取以地理布局为主的形式。四大区域中，大中华及北亚区的采购量最大，占全部采购量的 70% 多，其中中国分公司又是采购量第一的国家级别的分公司，因此，WEM 全球采购网络的总部就设在中国的深圳。

2. 全球采购总部

全球采购总部是 WEM 全球采购网络的核心，也是 WEM 的全球采购最高机构。在这个全球采购总部里，除了四个直接领导采购业务的区域副总裁向总裁汇报以外，总裁还领导着支持性和参谋性的总部职能部门。WEM 在深圳设立全球采购总部意味着 WEM 不仅能在这里采购到质量、包装、价格等方面均具有竞争力的优质产品，更重要的是，深圳顺畅、便捷的物流系统及发达的海陆空立体运输网络，特别是华南地区连接世界市场的枢纽港地位，将为 WEM 的全球采购赢得更多的时间，带来更多的便捷。

（二）WEM 全球采购网络的职责

WEM 的全球采购网络相当于一个"内部服务公司"，为 WEM 在各个零售市场上的店铺买家服务。

1. 商品采集和物流

全球采购网络要尽可能地在全球搜索到最好的供应商和最适当的商品——WEM 的全球采购网络实际上担当了商品采集和物流的工作，对店铺买家来说，他们只有一个供应商。

2. 向买家推荐新商品

对于新商品，WEM 没有现成的供应商，它通过全球采购网络的业务人员参加展会、介绍等途径找到新的供应商和商品。店铺买家会到全球采购网络推荐的供应商那里和他们直接谈判以及购买。

3. 帮助其他国家的 WEM 采集货品

WEM 的全球采购为全世界各个国家的 WEM 店铺采集货物。而不同国家之间的贸易政

策往往不一样，这些差别随时都需要加以跟踪，并在采购政策上做出相应的调整。

4. 调查、比较厂商和商品

WEM 的全球采购中心同时还对供应商的注册资金、生产能力等进行查证，对商品的价格和质量进行比较。对满意的厂商和商品，他们会安排买家直接和供应商进行谈判。

二、WEM 的全球采购流程

采购是一个比较复杂的过程，为了提高采购活动的科学性、合理性和有效性，必须建立和完善系统的采购流程，从而保证采购活动的顺畅进行。下面从宏观和微观方面说明 WEM 的采购流程：

（一）宏观方面

全球采购办公室是 WEM 进行全球采购的负责组织。但是这个全球采购办公室并没有采购任何东西。在 WEM 的全球采购流程中，其作用就是在 WEM 的全球店铺买家和全球供应商之间架起买卖之间的桥梁。因此，WEM 的全球采购活动都必须以其采购的政策、网络为基础，并严格遵循其采购程序。

在全世界商品质量相对稳定的情况下，只有紧密有序的采购程序才能保证 WEM 采购到足够量的货物。

（二）微观方面

WEM 的商品采购是为保证销售需要，通过等价交换取得商品资源的一系列活动过程。具体包括以下几个方面：

1. 筛选供应商

WEM 在采购中对供应商有严格的要求，不仅在提供商品的规格、质量等方面有要求，还对供应商工厂内部的管理有严格要求。

2. 收集商品信息及报价单

通过电子确认系统（EDI），向全世界 4000 多家供应商发送采购订单及收集商品信息和报价单，并向全球 2000 多家店铺供货。

3. 决定采购的货品

WEM 有一个专门的采办会负责采购。经过简单的分类后，该小组会以电子邮件的方式和 WEM 全球主要店面的买手们沟通，这个过程比较长。在世界各大区买手来到中国前（一般一年 2~3 次），采办会的员工会准备好样品，样品上标明价格和规格，但绝对不会出现厂家的名字，由买手决定货品的购买与否。

4. 与供应商谈判

买手决定了购买的商品后，和采办人员对被看上的商品进行价格方面的内部讨论，定下大致的采购数量和价格，再由采办人员同厂家进行细节和价格的谈判。谈判采取地点统一化和内容标准化的措施。

5. 审核并给予答复

WEM 要求供应商集齐所有的商品文献，包括商品目录、价格清单等，选择好样品提交，并会在审核后的 90 日内给予答复。

6. 跟踪检查

在谈判结束后，WEM 会随时检查供应商的情况，如果供应商达不到 WEM 的要求，则根据合同，WEM 有理由解除双方的合作。

三、WEM 的全球采购政策

WEM 的全球采购中心总部中有一个部门专门负责检测国际贸易领域和全球供应商的新变化对其全球采购的影响，并据以指定和调整公司的全球采购政策。WEM 的采购政策大致可以分为以下三方面：

（一）永远不要买得太多

WEM 提出，减少单品的采购数量，能够方便管理，更主要的是可以节省营运成本。WEM 的通信卫星、GPS 以及高效的物流系统使得它可以以最快的速度更新其库存，真正做到零库存管理，也使"永远不要买得太多"的策略得到有力的保证。

（二）价廉物美

"WEM 采购的第一个要求是价廉物美。"在 WEM 看来，供应商都应该弄清楚自己的产品跟其他同类产品有什么区别，以及自己的产品中究竟哪个是最好的。供应商最好尽可能生产出一种产品专门提供给 WEM。WEM 希望以会员价给顾客提供尽可能多的、在其他地方买不到的产品。

（三）突出商品采购的重点

WEM 一直积极地在全球寻找最畅销的、新颖有创意的、令人动心并能创造"价值"的商品，达到一种令人高兴、动心的购物效果，从而吸引更多的顾客。

WEM 的商品采购价格决策和品项政策密不可分，它以全面压价的方式从供应商那里争取利润以实现天天低价。

四、WEM 全球供应商的选择

优秀的供应商是零售企业的重要资源，它对零售企业的成长具有重大影响。对 WEM 来说，选择了合适的供应商，才有可能采购到合格的商品。因此，在全球采购战略中，WEM 挑选供应商的条件和标准都是一样的。

WEM 对全球供应商的选择条件是非常严格的，要成为它的供应商，必须满足以下九个条件：

（1）所提供的商品必须质量优良，符合国家以及各地方政府的各项标准和要求。

（2）所提供的商品价格必须是市场最低价。

（3）文化认同：尊重个人、服务客户、追求完美、城市增值。

（4）首次洽谈或新品必须带样品。

（5）有销售记录的增值税发票复印件。

（6）能够满足大批订单的需求。在接到 WEM 订单后，如有供应短缺的问题，应立即通知。连续三次不能满足 WEM 订单需求将结束与该供应商的合作关系。

（7）供应商应提供以下折扣：①年度佣金：商品销售总额的 1.5%；②仓库佣金：商品销售总额的 1.5%～3%；③新店赞助费：新店开张时首单商品免费赞助；④新品进场费：新品进场首单免费。

（8）供应商不得向采购人员提供任何形式的馈赠，如有发现，将做严肃处理。

（9）WEM 鼓励供应商采取电子化手段与其联系。

WEM 在确定资源需求方面看重的是供应商提供的商品质量以及价格，必须符合高品质的要求，又要求最低价格，以此来实现天天低价。

在采购涌向低成本国家的浪潮中，许多中国供应商获得了前所未有的机遇。就目前趋势来看，机会的确很多，增长空间也很广阔。然而，随着中国制造行业与全球经济更紧密地相连，明智的供应商必须不断提高自身能力，方能立于不败之地。

20 世纪 90 年代以来，随着科学技术的发展和冷战的结束，现代科学技术快速发展，经济全球化进程加快。英国、美国、德国、法国等国家通过航海贸易在全球范围内采购原材料，满足机械化大生产的需要。国际采购可以使企业以有竞争力的方式进行管理，在全球市场上成功地运营。跨国公司管理模式由"纵向一体化"发展为"横向一体化"，这一系列变化赋予"国际采购"以全新的意义。成功企业的示范作用，使得在更广泛的地域内配置资源成为可能。这对世界各国的经济生活都产生了非常重要的影响，越来越多的跨国公司将其国际采购网络迅速向中国延伸。

第一节　国际采购发展概述

一、国际采购的背景

20 世纪 90 年代以来，随着科学技术的发展和冷战的结束，经济全球化出现了加速发展的势头，这对世界各国的经济生活都产生了非常重要的影响。国际化采购快速发展的背景主要表现在以下几个方面：

（1）科技革命带动现代技术快速发展。在科学技术发展史上，20 世纪的科学技术占有十分重要的地位。这一时期科学技术本身发生了一系列广泛而深刻的革命性变革。20 世纪初，以相对论和量子力学为代表的物理学革命，促成了整个人类科学观念的根本性变化，带动了化学、生物学、天文学等学科的发展。科学理论上的重大突破又带来一系列的技术革命。20 世纪四五十年代开始的以原子能技术、航天技术和电子计算机为主要标志的第三次技术革命，使人类逐步从工业文明进入科学技术文明的新时代。新技术革命促进了社会政治、经济结构的变革，孕育了新的思维方式和新的世界观，使人类社会向更高境界发展。历史证明，科学技术是第一生产力，是推动现代社会进步的决定性力量。

现代科学技术的迅速发展，使社会的各个领域都发生了深刻的变化，科学技术是第一生产力。科学技术的发展对社会制度的革新起着推动作用，同时也促进了文化的大发展、大繁荣。科学技术的突飞猛进，对世界生产力、人类经济社会的发展起到了极大的推动作用。当前，以微电子技术为基础，以计算机、网络和通信技术为主体的信息技术，已渗透到经济的各个领域。信息技术的发展，已给人类经济生活方式带来质的变化。电子计算机、互联网技术、信息通信技术与交通技术的发展，缩短了地域间的距离，扩大了人类的活动空间，未来的科技发展还将产生新的重大飞跃。

（2）经济全球化进程不断加快。信息通信技术促进了人类社会的相互了解，人类文明的发展打破了宗教与文化差异的障碍，这些变化加速了经济全球化的进程。经济全球化的形成和发展是社会生产力发展的客观要求。伴随着经济全球化深入发展，国际分工不断深化，各国比较优势得到充分发挥，国际经济交流合作日益广泛。经济全球化为世界经济增长提供了强劲动力，促进了商品和资本流动、科技和文明进步以及各国人民的交往。经济全球化是科技进步的必然结果。以互联网为代表的信息技术快速发展，使经济全球化在新的领域以新的形式加速推进，把各国经济和各国人民更加紧密地联系在一起。

（3）成功企业的示范作用。到 2005 年，波音及其子公司在美国本土以外拥有约 5300 名员工，占波音员工总人数（174 000 人）的 3%，他们分布在 61 个国家和地区，其中在澳大利亚约有 3000 名，在英国、德国及俄罗斯有数百人。利用国际化采购，建立全球供应链，使其仅用了二十几年的时间获得了巨大的成功和迅猛的发展。这些企业的成功，起到了明显的示范效果，使得有条件的跨国企业纷纷效仿。

（4）使在更广泛的地域内配置资源成为可能。近年来，企业产生的数据量呈指数级增长，信息资源爆炸式激增，面对当今世界全球化、信息化的发展趋势，传统的交通技术和手段已不适应经济社会发展的要求。智能交通系统是交通事业发展的必然选择，是交通事业的一场革命。通过将先进的信息技术、通信技术、控制技术、传感技术、计算器技术和系统综合技术有效地集成和应用，因特网成为世界上最大的信息宝库，是全球范围内传播和交流科研信息、教育信息、商业和社会信息的最主要的渠道，使得企业在全球范围内获取资源的信息更加畅通，成本更加低廉，使在更广泛的地域内配置资源成为可能。

（5）跨国企业的全球化经营。随着世界经济和国际贸易的快速发展，企业的运营也出现了国际化运营趋势。在以商品、资本、服务、劳动和信息跨国界流动为主要内容的经济全球化中，企业尤其是跨国企业正在以前所未有的规模和速度加速发展。在经济全球化和供应链网络形成的背景下，竞争从单体竞争转向了企业之间的网络竞争和供应链的竞争。竞争的范围从局限于国内市场转向了区域市场乃至全球市场。基于经济全球化加速发展的背景，以及跨国公司寻求全球扩张和最大限度利用全球优势资源的内在要求，国际采购市场一枝独秀，每年国际采购量高达 4500 亿美元，年均增长速度达到 7% ~ 8%。

（6）国际贸易结构走向高级化，服务贸易和技术贸易发展方兴未艾。国际贸易结构的高级化与产业结构的升级互为依托，从其变化趋势看有以下两个突出特点：一是伴随着各国产业结构的优化升级，全球服务贸易发展迅猛。二是高科技产品在制成品贸易中的地位大大提高，尤其以信息通信技术产品出口增长最快。与此同时，由于跨国公司纷纷把以信息技术为代表的高新技术产业向发展中国家转移，导致发展中国家技术密集型产品出口占全球的比重快速上升。

二、国际采购的原因

国际采购与其他形式的国际贸易比较而言，既有相似和相交部分，也有它的独特性。在国际采购实施中，除了应注意市场调查和是否具有良好的法律环境外，还要确保产品具有良好的质量和标准控制机制。是否进行国际采购，还需要充分利用国际采购的特点，从企业的实际情况出发，保证购买人产品符合合同和企业的商业规划，适合它的生产流程、组装程序和成品的需要，符合企业标准，满足物流和顾客需要。

企业开展国际采购有许多原因，不同的企业对采购地的选取各有不同，但是选取国际化供应商最基本、最简单的原因是从国外购买原材料可以获得更多的利益。总结起来，企业进行国际采购的原因主要有以下几点：

（1）成本优势。通过国际采购，可以获得买方国内没有的原材料、零部件或制成品；

可以从价格最低廉的区域，或在给定价格相同时，从质量或者标准最高的原材料基地获得货物或原材料。

（2）拓宽产品供应范围。有些产品买方在国内可能无法买到，或者能买到但质量较低劣，而从境外购买原材料等资源使得买方的购买范围和标准都得到提高，增强了企业产品的竞争力。对于新兴企业，通过国际采购进口产品使启动资本大大降低，远远低于投资建厂的资本。

（3）质量因素。很多产品更新换代，国外供应商的质量要比国内供应商的好，而且质量更稳定，比如说，石油工业所用的钢管。影响质量的因素有很多，像性能优良的新式设备、更精细的质量控制系统等。国外供应商能够激励其员工，使员工接受一次性做好的理念与责任（无缺陷概念）。同时，一些北美国家从国外采购以完善其产品线，因为国内供应商提供的是精加工、技术含量高的物件，而国外供应商提供的物件技术含量低，如原材料等。

（4）降低风险。可以更广泛地选择供应商的产品而不必承担运输的费用和风险：所有的研发费用和相关的资本投资风险都由出口商承担。有时这些活动也可由买卖双方共同合作，卖方承担投资风险，买方通过降低风险，可以减少开发方面的投资，从而进一步获得较多的利润。这样，买方可以根据市场调查结果和顾客的需要，把精力集中在产品规格、标准和质量上。

（5）完善企业的发展战略。成功的企业应拥有自身的战略计划和战略重点，网络信息资源共享使得买方在产品开发上始终保持领先，于是便可以综合考虑定价、运输、组装和分配地点。越来越多的商家选择在第三国家组装或分配产品，这使得产品更有竞争力，还可以通过自由贸易港和配送港来实现配送。例如，鹿特丹就采用这种方式，最大化进口货物，然后通过互联网，根据顾客的需要分配给欧盟各个单一市场。

（6）服务质量因素。如果国外厂家在国内有一个组织完善的分销网络，那么它对零件的供应、担保服务及技术咨询及支持会做得比国内厂家更好。

（7）增强企业能力。通过国际采购，可以增强企业的灵活性、适应性和对市场机会的反应能力，这些是商业战略中的重要因素。企业必须采取全面积极的而不仅仅是消极应对反应的策略。因此，通过选择供应商，企业可以时刻适应时代潮流的变化，并相应对产品范围进行修正。与供应商不同的是，买方不必承担开发费用。

（8）竞争因素。面对越来越大的竞争压力，国内供应商为了迎合购买厂商的长期利益，总是要想办法提高自己的生产效率。购买者以进口或者以进口威胁作为砝码，向国内供应厂商施加压力，以获得其让步。

（9）国际采购会使商业活动范围大大扩大，使服务部门深受欢迎。随着高科技信息技术的发展，发达国家许多商业活动都被转移到劳动力价格低廉、人力资源丰富的发展中国家。信息网络技术为这些国际采购活动提供了无限的机会，并在相关领域附有卫生检查记录、财务、预定、销售和统计数据。

三、国际采购的发展阶段

（一）国际采购的几个阶段

在许多先进的公司，国际采购被更为广泛的"全球供应管理"的理念所替代。约瑟夫·科特（Joseph Cater）描述了国际采购的三个阶段：

第一阶段：国际购买组织把重心放在增大产量、降低价格和管理存货成本上。处于这一阶段的组织刚刚加入国际购买的竞争。

第二阶段：全球化采购关注全球机会的组织，重心放在供应商能力、产品供给战略以及顾客服务市场上。除了偶尔在国外采购的组织，大多数组织处于这个阶段。

第三阶段：全球供应管理在这个阶段。组织通过有效的物流和战略管理来选择供应网络系统。这些组织能有效地减少国外采购的风险，并且对领先技术进行世界范围内的采购。克里斯托弗·A. 巴特里特（Christopher A. Bartlett）指出，跨国公司是全球供应管理革命中的下一阶段，并加入了改变全球环境的行列，其特征有：①瞬间电子传递；②瞬间存款转移；③分布式及高度自治的当地运作；④知识财产在关注产品和服务的供应成员中进行全球化的、实时的流动，并在价值链中流动；⑤在高度限制的市场，满足特定顾客需求的特殊产品；⑥原材料和制成品在全球范围内流动。跨国公司以矩阵模型的结构运转，产品细分和地区因素对这种结构有着重大的影响，产品创新与更新分布在整个跨国企业范围内。

（二）全球采购和供应链的发展

从全球范围内的供应商采购重要物资对企业比较有利，可以保证采购物料的质量，选择更为灵活的发货期。同时，可以比较不同供应商之间的价格差别，降低采购成本。全球供应链的运作比较复杂，对推行全球采购策略的企业而言，需要从全球供应链的角度重新审视采购流程，通过整合或重组采购流程，减少采购流程中不合理的环节，提高运作效率。这种全球供应链上的采购再造流程，不仅需要信息技术的有力支撑，而且需要全球供应商的积极配合，使供应链上的采购管理逐步走向合理、协调。在此过程中，需要遵循以下几个原则：

（1）了解企业能够承受的内部成本减少的数额是有限度的，不能仅仅局限在企业内部的采购流程再造和无休止的内部成本精简。

（2）采购成本一般占企业销售收入的50%以上，因而，需要加强对供应商的管理和控制，在价值改进和目标成本降低上给予足够重视，而不是简单地将降价压力转嫁给供应商。

（3）供应商是合作伙伴关系，不是单纯的买卖关系。更多情况下，与供应商有效的合作和协调能够为企业带来丰厚的回报。

（4）对采购成本进行系统分析和管理。从供应商分析、供应商选择、采购成本分析和订货配送等方面入手，从而对采购流程做出根本性的改造。

（5）运用科学的采购原则和方法，充分发挥信息技术的优势，从根本上重组企业的采购流程，重新确定双方的责任、权利和义务。

在全球供应链上重新设计企业的采购流程，为推行国际采购策略和进行采购管理打下了良好的基础。首先，企业已经认识到采购管理职能在全球供应链的重要地位。其次，一定程度上的采购流程重组为全球采购开辟了新的途径。最后，信息技术已经成为企业进行国际采购的有力支撑，能够实现全球供应链的协调运作。

第二节　国际采购理论概述

一、国际采购的含义

国际采购是指工业和服务业内的大型多国联合企业跨国界的，从一个或多个国家（市

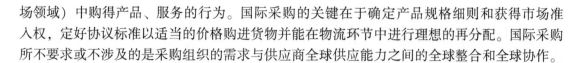

场领域）中购得产品、服务的行为。国际采购的关键在于确定产品规格细则和获得市场准入权，定好协议标准以适当的价格购进货物并能在物流环节中进行理想的再分配。国际采购所不要求或不涉及的是采购组织的需求与供应商全球供应能力之间的全球整合和全球协作。

二、国际采购的特点

国际采购与国内采购相比有其特殊性，国际采购的特点主要有以下几个方面：

（1）采购地距离遥远。由于国际采购一般距离比较远，所以对货源地市场情况不易了解清楚，给选择供应商造成一定困难，并且供应物流的过程也比较复杂。

（2）国际采购的程序比较复杂。国际采购从采购前的准备，采购合同磋商、签订和履行，以及争议的处理各个方面都较国内采购复杂得多，需要了解许多国际贸易的专业知识，才能顺利完成采购任务。

（3）国际采购的风险比较大。国际采购时间长、距离远，又涉及外汇汇率的变化，所以国际采购在运输、收货和结算等方面都面临着很大的风险。由于是跨国采购，要跨越不同的国家、不同的文化、不同的政治经济制度，特别是对他国市场信息的了解远远少于国内市场信息，所以国际采购通常都会面对比国内采购更大的风险。这些风险包括语言和文化差异带来的风险、外汇风险、贸易手续复杂性与限制性带来的风险、时间差异带来的风险、运输成本带来的风险、交货准确性带来的风险、交货后服务困难带来的风险，本章在后面将进行详细论述。

（4）国际采购需要掌握国际贸易的相关知识。国际采购伴随的必然是交易双方进行的国际贸易，具备国际贸易的相关知识是进行国际采购的必要前提。国际货物贸易除了交易双方之外，还需要运输、保险、银行、商检、海关等部门的协作，还涉及中间商、代理商以及为国际贸易服务的商检、海关、港口、仓储、金融、运输、保险等部门。协调和处理好企业内部、外部的经济关系，避免产生纠纷，需要具备国际贸易方面丰富的知识和经验。

（5）国际采购受供应商所在国和国际环境的影响。国际采购受交易双方所在国家的政治、经济、双边关系及国际局势变化等条件的影响，受供应商所在国政治经济环境（例如政府换届、工人罢工、经济波动等）的影响。同时，由于国家间的双边关系的变化，也会影响采购的价格和时间绩效。有些干扰可以通过国际贸易法则协调解决，但对购买方的生产原材料供给仍将产生影响。

三、国际采购需要注意的几个问题

进行国际采购时，可能遇到许多潜在的问题，必须认识这种风险，采取措施将其每一部分的影响最小化。国际采购可能遇到如下方面的问题：

（一）供应商的选择

进行采购的关键问题应该是选择高效、负责的供应商。选择国际供应商的方法基本上和选择国内供应商的方法相同。为了获得更多的背景资料，最好的办法就是到供应商所在地进行实地调查。对国外的供应商进行这种评估既耗时又耗力，采购方在异乡他乡人生地不熟，很容易上当受骗。例如，通常一个公司如果拟购买价值几百万美元的石油开采设备，负责的采购主管就会花上其工作时间的30%以上去供应商所在地进行调查，并与潜在的和正在供货的供应商进行磋商。

（二）交货时间

虽然运输和通信的发展使全球采购中的交货时间得以缩短，但是还会有一些因素会引起国际采购交货时间的延长：

（1）采购者在首次进行全球采购时，通常需要开立信用证，一般需要几周的时间。

（2）交通运输虽然快速发展，但是采购者在运输过程中还是难免会延误几天，尤其是货物在国外运输的过程。

（3）货物在港口存放的时间取决于在港口等待卸载的船只的数量，船只的卸载只有在规定工作时间内才可进行。

（4）各国各地区的通关时间不一，会造成一定的延误。

（三）政治问题

供应商所在国的政治问题可能会使供应产生中断，例如，供应商所在国发生战乱或者暴动等。采购者必须对这些风险做出估计，如果风险过高，那么购买者必须采取一些措施监视事态的发展，以便及时对不利事态做出反应并寻找替代办法。

（四）隐含成本过高

在将国内采购和国际采购做比较时，往往会忽略国际采购中的某些成本计算，或者有时也会出现一些突发事件使国际采购的成本增加，这些都是国际采购的隐含成本。影响国际采购隐含成本的可能因素包括：以采购方所在国货币表示的价格、支付给报关行的佣金、支付方式费用及财务费用、供应商所在国征收的税金、额外存货及其存货成本、额外的劳动力和货运单据带来的费用、商务考察费用、包装和集装箱的费用、咨询费用、检验费用、保险费用、报关费用、进口税率、应对突发事件设立的风险费用等。如果交款时间比较短，就不会出现汇率波动问题。如果交款时间比较长，那么汇率会产生比较大的变动，交货结算时的价格相对合同签订时也会有很大的出入。

（五）付款方式

国际采购和国内采购在付款方式上有很大差异。资金的国际转账有一定的困难，也会产生一定的费用。某些时候，国际供应商往往要求采购方在订货时或发货前支付货款。和购买者已经建立长期合作关系的供应商可能同意提前发货，但供货方一般不会在货款未付前转让货物的所有权。

四、国际采购的准备工作

企业在进行国际采购之前，必须先建立国际采购管理制度。

（一）定义国际采购需求

当企业进行国际原材料采购时，先要根据企业的具体策略与目标，定义需要进行国际采购的原材料项目，并拟定采购所需的各项支持与协调事宜。

（二）规划国际采购工作

采购工作规划分为三部分：寻求跨部门的支持、国际采购人才的培养以及整合采购与制造规划。进行国际采购时原材料补给线拉长，采购复杂性增大，同时牵扯到企业各个不同的部门，需要各部门共同规划和协调。因此，在规划国际采购工作时，必须连同其他各部门明确在国际采购作业中的职责；国际原材料采购人员必须具有国际领域丰富的知识和经验，能够应付国际采购过程中由于补给线拉长而产生的不确定突发情况，了解各国法令规章的不同，熟悉进出口业务，并具有与不同文化、语言背景的人沟通的能力；采购系统必须与制造系统紧密结合，制造系统所需的原材料信息必须正确地传递到采购系统，让采购系统得到正确的需求信息，企业才有机会保持原材料存货的最低水平。

（三）成立国际采购组织

不论企业是进行偶然性的国际采购，还是长期性的国际采购，都需要建立一个专门处理国际采购事务的组织。该组织应当包括企业内部的国际采购部门以及海外采购部门。并且，该组织需要与国际贸易公司、报关行、运输业者进行紧密联系，形成联盟，形成全球性的原材料采购体系。

（四）评估国际采购的策略和执行结果

随着企业采购策略以及国际市场环境的变化，企业的国际采购规划小组需要持续评估和检查国际采购执行的效果，根据经验环境和企业战略演变及时调整采购策略，以确保企业持续竞争优势的保持和提升。

第三节 国际采购流程

在许多情况下，公司涉足国际采购是迫于外部环境的压力，而不是事先制定好的策略。有时，这样的结果使公司的资源不能得到经济有效的利用，也不能很好地设计其战略。

因此，高级管理人员必须在了解国际采购特点的基础上，投入足够的时间和精力制定一套完善的全球采购流程，用于指导企业的全球采购活动，以保证全球采购活动的顺利进行。不同类型的企业的国际采购流程存在一定的差异，大体过程如下：

（一）编制计划

国际采购计划根据国际采购商品的种类、用途不同，所编制的国际采购计划的内容也不同，主要包括采购单位名称，采购目的，采购商品的名称、品质、实际需要的采购量、单价、总价、采购国家、贸易方式、到货口岸以及经济效益分析等。采购面临较长的提前期（一般为 3~4 个月），因而准确的市场预测是进行国际采购的前提。

（二）市场调研

市场调研包括企业国际采购的历史数据、对采购商品的调研、对已有供应商和潜在供应商相互合作情况和对出口商资信的调研。供应商的市场环境和未来的发展趋势，对不同的行业应当定期进行必要的市场分析。调查采购商品的适用性、可靠性，以及价格、质量、成分、货源等内容，并予以全面分析和综合考虑。调研采购货款的外币选择、支付交易情况。对出口商资信的调查包括：出口商对我国政府的态度，目前的经营状况，以往交往中信用、生产能力、技术水平等。采购总成本主要包括供应商提供产品的报价、货物运输价格和保险成本、货物装卸和驳运成本、资金的时间成本、关税和增值税等附加成本。

（三）拟订方案

国际采购方案是采购公司在国外市场测研和价格成本核算的基础上，为采购业务制定的经营意图和各项具体措施安排。其内容包括：采购数量和时间安排，采购交易对象的选择和安排，对采购成交价格的掌握，以及对采购方式和采购条件的掌握。

（四）交易协商

交易协商是国际采购业务的重要阶段，国际采购商与交易对象通过适当的形式（口头、

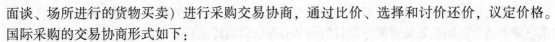

面谈、场所进行的货物买卖）进行采购交易协商，通过比价、选择和讨价还价，议定价格。国际采购的交易协商形式如下：

1. 询盘（询价）

询盘（询价）是指交易双方中的买（卖）方向卖（买）方询问购买（出售）某几种货物的各项交易条件的表示。在买卖活动中，多数是询问价格。买（卖）方询价，在法律上没有约束力，它是询盘一方愿意进行交易的一种表示，在实际采购中，常常由买方发出询盘。

2. 发盘

发盘是指交易的一方向另一方提出购买或出售某种货物的各项交易条件，并愿按这些条件签订合同的一种肯定表示。发盘具有法律效用，发盘构成有四项必要条件：

（1）向一个或一个以上特定的人提出。

（2）表明发盘人订约意图。

（3）内容必须十分确定。

（4）送达受盘人。

发盘一般都规定有效期，只有在有效期内受盘人接受才有效。发盘在送达受盘人之前，可以撤回或撤销。

3. 还盘（还价）

还盘是指受盘人收到发盘后，对发盘的内容不同意或不完全同意，而提出修改建议或新的限制性条件的表示。一笔交易，有时要经过多次发盘、还盘才能敲定。

（五）成本分析

采购成本分析主要是确定最佳的成本基准，需要结合供应商的产品报价、相关的运输成本、关税和增值税等附加成本，从而计算出到各供应商地点进行采购的总成本。国际采购能够使企业获得优良的采购质量和较低的采购价格。

（1）共同成本。国内采购和国际采购都会发生的成本就是共同成本。共同成本包括供应商的单位购买报价、加工费、供应商的运输费用等。

（2）交易成本。包括长距离运输、装运、国际交易中发生的关税和经纪人费用、国际装运保险费、港口停泊费和装卸费。

（3）国际采购总成本的要素。包括基本价格、加工费、包装、运输、关税、保险费、支付条款、附加费和佣金、港口停泊费和装卸费、报关行费用、税款、沟通费用（电话费、旅费、邮费、传真、网费）、支付和流通费用、存货成本。

（六）评价决策

传统的采购评价方式主要集中在对供应商的产品报价单进行简单的比较上，这种方法在单一区域的供应市场进行采购时比较适用。当在两个不同区域的供应市场上进行采购时，这种方法将不能提供准确的结果，正因为如此，需要对相关的数据资料、供应商和采购成本进行系统分析。

（七）合同谈判

企业全面实施国际采购战略，必须与供应商进行沟通和谈判。在此阶段，需要投入足够的人力和精力来制定、组织、安排与供应商就采购目标、运输配送、货款支付等条款进行谈判，以此为自己争取最大的利益，获得供应商的配合。特别值得注意的是，与海外供应商谈

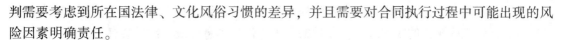

判需要考虑到所在国法律、文化风俗习惯的差异，并且需要对合同执行过程中可能出现的风险因素明确责任。

（八）持续改进和评估

持续改进和评估的主要目的是进一步降低采购成本，提高采购质量，维持与供应商良好的合作关系。可以从以下几方面加以考虑：

（1）使采购标准不断合理化。当企业采购一种新的原材料或零部件时，通常需要制定合理的产品采购标准（包括对采购产品的技术要求、价格要求、服务要求等）。一般情况下，采购方只能先从供应商那里获得该产品的数据资料和性能说明，而这些数据资料和性能说明不一定能够完全满足采购方的要求，这就要求双方通过谈判和协商，共同制定与设定一套评估和选择标准。该项标准一旦确认，将直接决定该项产品的成本结构和技术参数，只有在市场情况发生改变时，才能得到修正或改进的机会。

（2）加强供应商过程分析。成本结构改善的另一个途径是进行供应商过程分析，即分析供应商生产制造过程的各个环节，主要包括供应商采用的生产技术、原材料的消耗和劳动力资源使用等方面的信息，进而考察供应商的资源利用情况和可能的利润空间。在不同供应商之间寻找其生产情况和资源利用过程中的共同点，如果存在共同的资源利用，则需要调查供应商资源的获得情况以及与供应商的协作情况。如果存在潜在的协作或更好的资源利用的机会，则需要重新设计供应商的供应链流程，并分析这种重新设计后的流程能够给供应商带来何种程度的成本降低或利润上升。如果实际操作可行，则需要与供应商协调谈判，重新改进标准参数，使之逐渐趋向合理。这种对供应商生产过程的分析，有利于企业与供应商结成战略同盟关系，从而让双方获得更多的收益。

第四节　国际采购的风险管理

在国际采购中，因为买卖双方分别处于不同的国家，文化背景、政治、经济、法律制度等都会影响采购过程，所以有必要对采购过程中的风险进行分析，采取正确的风险规避策略，使整个国际采购过程中的风险降到最低。

一、国际采购风险

从以上国际采购的特点和一般流程可以看出，多种原因的存在决定了国际采购会具有很多风险，各种各样的风险的存在会或多或少地影响国际采购的效率和其职能的发挥。

下面分析一下国际采购具体存在哪些风险。

（一）语言文化差异

各个国家的语言差别、文化背景的不同会给国际采购的顺利进行造成困难，会引发许多采购障碍。不同国家或地区的发展历史和文化差异影响着人们的商品交易方式、礼仪、习惯、价值观、交流方式和谈判风格等。不同地域的文化，必定存在着差异，会给国际采购活动中的谈判和业务沟通带来障碍，有时甚至是成本风险、质量风险、时间风险乃至采购失败的根源。

（二）外汇风险

在国内采购，供应商与采购方都使用本国的货币，不存在计价货币选择和货币兑换的问

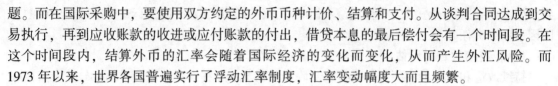

题。而在国际采购中，要使用双方约定的外币币种计价、结算和支付。从谈判合同达成到交易执行，再到应收账款的收进或应付账款的付出，借贷本息的最后偿付会有一个时间段。在这个时间段内，结算外币的汇率会随着国际经济的变化而变化，从而产生外汇风险。而1973年以来，世界各国普遍实行了浮动汇率制度，汇率变动幅度大而且频繁。

（三）政治制度风险

一些国家因政治变动，贸易政策法令不断修改，常常使经营贸易的厂商承担很多政治变动带来的风险。为了保护本国工业的领先地位和市场占有率，各国往往采取多种政策来限制先进产品的出口。出口的国家垄断，就是对某些商品的出口规定由国家机构直接经营，出口的专营权给予某些垄断组织。出口许可证就是各国政府限制某些产品出口制度经常使用的。出口许可证是指出口国规定某些商品出口必须事先领取许可证，才可出口，否则一律不准出口，办理出口许可证的周期往往不可预测，有的为6~8周，有的为1年，更有石沉大海、遥遥无期的，导致出口被限。这给国际采购造成了巨大的障碍。

（四）贸易手续复杂性与多限制性带来的风险

国际采购除了包含国内采购几乎所有的手续和程序外，还涉及进出口许可证的申请、货币兑换、保险、租船订舱、商品检验、通关以及争议处理等烦琐复杂的手续和相关事宜。国内采购一般较少受到限制，商品、劳务往往能自由地从一个地区流向另一个地区。国际采购则受到较多的限制，不同的国家经济发展水平、商品竞争能力存在较大差异，因而实施不同的关税和非关税保护措施，而且随着经济状况和国际收支状况的变化，其保护措施还会实行动态的调整。因此，在进行国际采购时，必须了解本国对所采购商品的进口管制，供应商所在国对商品的出口管制，以便采取相应的对策。国际惯例、国际贸易法规、国际公约和国际条约规范所有的国际贸易行为，凡参与到国际贸易中进行国际采购，就必须遵照执行。此外还应了解供应商所在国的经济和贸易法律。

（五）信誉风险

在国际贸易中，自买卖双方接洽开始，要经过报价、还价、确认然后定约，直到履约。在此期间，买卖双方的财务经营可能发生变化，有时危及履约，出现信用风险。在贸易中，货样不符、交货期晚、单证不符等，都会造成商业信誉风险。

（六）物权风险

有的国家以风险在合同订立时转移为标准，即合同一经订立，即使未付款也未交货，风险也立即转移给买方承担；有些国家把所有权同风险转移联系在一起，以所有权转移的时间确定风险转移的时间，以所有权转移这种抽象的、难以确定的概念来决定风险转移是不符合国际贸易惯例的；交货是指占有从一个人到另一个人的自愿转移。交货的核心是转移占有，这是买卖合同履行过程的一个重要环节。通常，当买方或其代理人取得货物的保管权，或能为它们实施控制时，货物就已经交给买方。因此，在签订合同时，一定要注意国际货运风险转移的标准，充分利用当代国际贸易间普遍适用的国际性原则，即交货时转移物权的做法，以降低不必要的损失。

二、国际采购的风险管理

企业从世界范围内的供应商采购重要物资对企业比较有利，可以保证采购物料的质量，选择更为灵活的发货期，同时可以比较不同供应商之间的价格差别，降低采购成本。但是，企业推行国际采购战略，将不可避免地面对变化迅速的国际市场环境和风格各异的国际经营环境，各种不确定因素和风险也随之而来。在全球供应链环境下，采购过程中发生的各种风险和不确定因素成为影响采购成本控制的重要因素，如果不能及时有效地采取风险规避措施，那么将会导致采购成本的急剧增加，严重影响全球供应链的正常运作。因而，有必要对国际采购过程中可能发生的风险做具体的研究和分析，以便于企业能够采取相应的规避措施，做到防患于未然，对采购成本进行有效的控制。

（一）国际采购风险的类型

由于稀缺资源的采购、采购提前期等方面原因，企业为加强对采购风险的考虑，寻求原材料采购低成本的方法，开始注重对采购风险的控制和研究。

1. 采购提前期风险

国际采购活动涉及的范围较广，关系到跨国运输、海关滞留、检查审核和中途转运等环节，运作过程比较复杂，采购批量也较大，因而采购提前期相对较长，一般为 3～4 个月。在这段较长的提前期内，会产生诸多不确定因素，导致采购提前期风险的发生。

2. 原材料价格波动

世界经济一体化进程加速，任何企业都不能脱离国际市场，一方面，国际市场由于受地区战争、金融危机等诸多因素的影响，价格波动十分剧烈，如石油价格。这种价格波动对企业的经营会造成极大的影响，如果处理不当，将会给企业造成巨大的损失。另一方面，随着新技术的广泛采用，使得某些原材料或设备的更新换代速度加快，价格也迅速下跌，如计算机的价格。

3. 国际采购合同风险

国际采购合同与一般采购合同相比，无论是在合同内容上还是在合同形式上都存在很大的不同。由于国情不尽相同和语言障碍的存在，同一个国际采购合同，双方对合同内容中有关条款的理解也可能存在偏差；采购合同中规定的支付货币的选择和支付期限也是容易产生歧义的地方，因而需要认真加以审核。在大多数情况下，往往都是由于轻率签订合同而产生了日后的合同纠纷。

（二）国际采购风险的规避策略

成功规避采购风险是企业降低采购成本以及保证正常生产经营的需要，对采购方而言，应当以"主动积极"的态度来对待采购风险，但采取怎样的风险规避策略，则需要根据采购方对供应链合作联盟的理解和与供应商的关系来确定。在大多数情况下，采购方不得不面对这样的尴尬局面：是将风险完全转嫁给供应商，还是与供应商形成共担风险的机制？对拟进行国际采购的厂商而言，由于还没有完全适应变幻莫测的国际采购环境，对供应商的情况还不够了解，因而更需要谨慎地处理国际采购过程中可能发生的风险。

1. 冒险策略

冒险策略是指采购方采取的风险规避策略成功与否仅以某一假设条件的发生为基础，如果该假设条件在现实中难以实现，则所采取的风险规避策略将彻底失败。反之，不仅能够成功地规避风险，甚至能够获得额外的收益。

2. 抵消策略

抵消策略又称为保守策略，即在进行采购风险规避时做到任意一部分的损失能够被其他部分的盈余所弥补。在这种策略下，采购方能够有效地避免风险所带来的损失，但不能获得

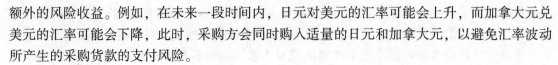

额外的风险收益。例如，在未来一段时间内，日元对美元的汇率可能会上升，而加拿大元兑美元的汇率可能会下降，此时，采购方会同时购入适量的日元和加拿大元，以避免汇率波动所产生的采购货款的支付风险。

3. 柔性策略

柔性策略是指采购方采取一种能够适用于未来可能发生的各种情况的策略，并能够充分利用不同情况下的有利因素，规避采购风险，同时为己方获得更多的收益。一般而言，采购方采取柔性策略必须具备灵活的供应链体系、雄厚的财力和快速准确的信息获取能力。

三、中国企业发展国际采购的策略

（一）加快本土化进程

本土化经营是跨国公司在中国经营的原则。跨国公司的本土化，是把先进的理念、管理思想与当地实际结合起来，在全球战略和当地市场战略中找到平衡点。目前，我国有些企业还存在着生产率低、研发能力低、管理滞后等弱点，采取合资或合作的方式加快与跨国公司的全方位合作，从某种意义上来说可以弥补这些弱点，发挥国内企业的长处。例如，劳动力成本低、具有较强的制造业整体能力尤其是上游相关产业能力（进口设备优势）等是国内企业的优势。合资或合作后的本土企业，市场竞争力明显增强，市场拓宽，可以向国内外供货。不断实现规模经济对采购方而言成本会大大降低，选择何种策略主要根据自身的特点和偏好来决定。

（二）提高自主开发能力

利用跨国公司本土化经营来加快与跨国公司的合作并不意味着国内企业完全依赖外国企业，国内企业仍然要培育具有自主开发能力的核心竞争力。这样就要加大研发投入，建立自己的品牌，提高创新能力，积极采用新技术，加速技术进步。

（三）提高电子商务水平

经济全球化时代是信息时代、效率时代，电子商务正是在这种时代背景下应运而生的。企业要以电子技术为手段，改善经营模式，提高企业运营效率，进而增加企业利润，并与客户以及合作伙伴建立更为密切的合作关系。

（四）实现双赢采购

双赢采购是企业与供应商建立长期战略合作伙伴关系的基础。例如，本田汽车美国公司即是双赢采购策略很好的例证：与供应商共获成功是本田供应商发展计划的目标，也是最终降低采购成本的手段。因此，企业应以战略和发展的眼光，处理与供应商的关系，以达到企业和供应商共同的可持续发展，获得更长远的利益。

本 章 小 结

国际采购是在全球背景下，资源配置进行优化组合的趋势下整合配置出来的，全球企业进行资源配置，它们的销售体系、采购体系、供应体系都形成了全球化供应的格局，特别是很多国际企业、国际学术界都在倡导在供应链概念下全球的运作体系、采购体系和这种合作的关系。这是国际采购在全世界发展的一个基本趋势。

习题与思考

一、简答题

1. 简述国际采购的发展历程。

2. 简述中国企业发展国际采购的策略。

3. 简述国际采购风险的类型。

4. 简述国际采购风险的规避策略。

5. 简述国际采购和供应链的发展。

6. 简述企业进行国际采购的原因。

7. 国际采购环境有什么特点?

8. 简述国际采购流程。

9. 外包市场的新趋势包括哪些?

10. 讨论国际采购的总体未来趋势。

二、填空题

1. 当企业进行国际原材料采购时,先要根据企业的具体_____,定义需要进行国际采购的原材料项目,并拟定采购所需的各项支持与协调事宜。

2. 采购工作规划分为三部分:寻求_____的支持、国际采购人才的培养以及_____采购与制造规划。

3. 不论企业进行的是偶然性的国际采购活动还是长期性的国际采购,都需要建立一个专门处理_____事务的组织。

4. 国际采购流程包括_____、市场调研、拟订方案、交易协商、成本分析、评价决策、_____以及持续改进和评估。

5. 国内采购和国际采购都要发生的成本就是_____。它包括供应商的单位购买报价、加工费、供应商的运输费用等。

6. _____成本包括长距离运输、装运、国际交易中发生的关税和经纪人费用、国际装运保险费、港口停泊费和装卸费。

7. _____的要素包括基本价格、加工费、包装、运输、关税、保险费、支付条款、附加费和佣金、港口停泊费和装卸费、报关行费用、税款、沟通费用(电话费、旅费、邮费、传真、网费)、支付和流通费用、存货成本。

8. 一笔交易,有时要经过多次的_____,才能敲定。

9. 发盘是指交易的一方向另一方提出购买或出售某种货物的各项交易条件,并愿按这些条件达成交易、签订合同的一种_____的表示。

10. 买(卖)方询价,在法律上没有约束力,它是询盘一方愿意进行交易的一种表示,在实际采购中,常常由_____(填:买或卖)方发出询盘。

11. 国际采购的交易协商的形式包括:询盘(询价)、_____和还盘(还价)。

12. 国际采购方案包括:采购数量和时间安排,采购交易对象的选择和安排,对采购成交价格的掌握,以及对_____和采购条件的掌握。

13. 采购面临较长的提前期(一般为 3~4 个月),因而准确的市场预测是进行_____的前提。

14. 采购提前期相对较长,一般为_____个月。在这段较长的提前期内,会产生诸多不确定的因素,导致采购提前期风险的发生。

15. _____策略是指采购方采取一种能够适用于未来可能发生的各种情况的策略,并能够充分利用

不同情况下的有利因素，规避采购风险，同时让己方获得更多的收益。

三、案例分析

沃尔玛公司的采购管理

1. 公司背景

沃尔玛公司由美国零售业的传奇人物山姆·沃尔顿先生于1962年在阿肯色州成立。经过40多年的发展，沃尔玛公司已经成为美国最大的私人雇主和世界上最大的连锁零售商。目前，沃尔玛在全球开设了超过7 000家商场，员工总数190多万人，分布在全球14个国家和地区。每周光临沃尔玛的顾客达1.76亿人次。沃尔玛1996年进入中国，在深圳开设了第一家沃尔玛购物广场和山姆会员商店。沃尔玛全球采购中心总部于2002年在深圳设立，经过十几年的发展，沃尔玛已经在我国63个城市开设了115家商场，并创造了超过50 000个就业机会。

2. 行业背景

沃尔玛专注于零售业，提供比较低廉的日常用品、食品，凭借自身的零售系统，逐步控制实业生产，以便降低经营风险。2005年，沃尔玛全球的销售额达到3124亿美元，曾连续多年荣登《财富》杂志全球500强企业榜首，并登上该杂志"最受尊敬企业"的排行榜。同时，沃尔玛还在多个国家被评为"最受赞赏的企业"和"最适合工作的企业"之一。2005年11月，沃尔玛再次被《财富》杂志中文版评为"2005年度卓越雇主—中国最适宜工作的公司"。

3. 公司采购流程

沃尔玛有一个专门的采办会负责采购。为完成采购任务，采办会一般会成立一个6~10人的小组，他们最先做的是产品信息采集，主要是收集各地供应商提供的新产品及报价，这是日常性的工作。在经过简单的分类后，该小组会用电子邮件的方式和沃尔玛全球主要店面的买手们沟通，买手们确定需要大致的产品这个过程比较长。在世界各大区买手来到中国前（一般一年2~3次），采办人员会准备好样品，样品上清楚标明价格和规定厂家。在采办会的办公室里，买手们开始选择产品，他们将最后决定采购谁家的产品，而采办人员不能过多地推荐。随后，买手们会和采办人员对被看上的产品进行价格方面的内部讨论，定下大致的采购数量和价格，由采办人员通知厂家就细节和价格进行谈判。在这个过程中，买手们也基本不和厂商直接碰面。在正式下单后，采办人员将继续负责跟单，整个流程就基本结束了。

4. 采购管理组织

（1）首先明确采购部门的主要职责及采购总监负责几个部门的采购，然后明确部门采购经理的工作职责、采购员的工作职责以及采购部门的工作内容。

（2）沃尔玛公司总部实行管理分权化。

（3）沃尔玛公司采用事业部组织结构，特点是"集中决策，分散经营"。

（4）沃尔玛巨资建立的卫星通信网络系统使其供货系统更趋完美，使配送中心、供应商及每一分店的每一销售点都能形成连线作业，大大提高了营业的效性和准确性。

（5）推行全球采购、"一站式购物"、本土化采购。全球采购是指某个国家的沃尔玛店铺通过全球采购网络从其他国家的供应商进口商品，而从该国供应商进货则由该国沃尔玛公司的采购部门负责采购。社区店是沃尔玛开创的全新经营模式，提供"一站式购物"，"一站式购物"更加方便快捷。沃尔玛与当地供应商建立战略伙伴关系，从供应商处大量进货，集中采购、配送，既减少了中间环节又降低了进货成本。

5. 存在的问题

（1）物流系统，难降成本。高度自动化的物流系统在高效的信息系统的协同作用下产生的效应使沃尔玛最大限度地缩短了商品的库存和在途时间，有效压缩了营运成本，其配送中心从收到店铺的订单到向生产厂家进货和送货，只需要2天时间。其中，对这一体系起到关键作用的是美国四通八达的高速公路以及沃尔玛在美国3000多家门店和布局合理的配运中心，但是，沃尔玛（中国）正在这里遭遇瓶颈。对于高速公路，中国的发展水平还比较低，这使得沃尔玛的配送链大打折扣。在配送中心上，沃尔玛的配送中心也只有深圳和天津两家，这使得围绕一个配送中心建店的做法无法在中国实施。业内人士认为，到目前为止，沃尔玛在中国设立了 50 多家分店，利用配送中心的规模效应来降低成本优势仍然无法发挥出来，反而增加了沃尔玛的物流成本。

（2）信息系统，难显优势。沃尔玛领先高效的信息系统备受业界推崇。借助自己的商用卫星，沃尔玛便捷地实现了信息系统的全球联网。通过这个网络，全球 4000 多家门店可在 1 小时之内对每种商品的库存、上架销售量全部盘点一遍。内外部信息系统的紧密联系使沃尔玛能与供应商每日交换商品销售、运输和订货信息，实现商店的销售、订货与配送保持同步。而现阶段，国内大多数供应商信息化水平较低，只能和沃尔玛进行简单的数据交换。

（3）本土化，屡遭忽视。沃尔玛曾经幻想在中国复制它在世界各地的每家分店都采用的经营模式和文化理念，但却屡屡遭到失败。这里的问题在于：制度可以重新建立，文化却不可能被简单地复制。

6. 解决方案

首先，从供应商角度而言，国内供应商应开始转变思维，不能仅满足于做一个低廉的制造加工工厂，而是要开始致力于做卖产品的二流企业，甚至是卖专利的一流企业。若仅仅做一个卖苦力的三流企业，那么在终端为王的市场时代，也只能被人压榨。做自己的产品，走创名牌之路，才是国内供应商的最终出路。其次，从政府角度而言，一方面，政府应完善和健全相应的法律法规，为国内厂商的发展创造有利的市场环境，引导他们走向正确的发展之道；另一方面，政府应加强监管，对侵犯员工权益的工厂严惩不贷，同时加强工会建设，使工会的作用正直地发挥出来，从而防范与制约乃至制止侵权事件的发生。

总之，从国内零售商的角度而言，一是要认识沃尔玛廉价的本质，及其高额利润的真正来源，防止断章取义式地模仿沃尔玛；二是要认真学习沃尔玛先进的经验，如其高效的供应链系统，对顾客的极度关注，重视细节管理等先进的管理理念；三是尽量走与沃尔玛不相冲突的路，即走自己的路。客观实际上，国内零售商无法与沃尔玛的廉价相抗衡，因此，应采取与其差异化的道路，如顾客定位差异化、供应链差异化、服务差异化、销售产品差异化等。

问题：

1. 根据沃尔玛公司的采购流程叙述，画出采购流程图。

2. 沃尔玛公司的采购管理有哪些特点？

3. 沃尔玛公司的采购管理中存在哪些弊端？

参 考 文 献

[1] 王为人. 采购案例精选 [M]. 北京：电子工业出版社，2007.

[2] 赵道致，王振强. 采购与供应管理 [M]. 北京：清华大学出版社，2009.

[3] 李荷华. 现代采购与供应管理 [M]. 上海：上海财经大学出版社，2017.

[4] 李恒兴，鲍钰. 采购管理 [M]. 北京：北京理工大学出版社，2007.

[5] 北京中交协物流人力资源培训中心. 采购与供应关系管理 [M]. 北京：机械工业出版社，2008.

[6] 刘海霞. 基于战略目标驱动下的企业并购战略选择 [J]. 商丘职业技术学院学报，2007，6（33）：37-38.

[7] 周跃进. 采购管理 [M]. 北京：机械工业出版社，2018.

[8] 张俊锋，骆金鸿. 采购管理 [M]. 武汉：武汉大学出版社，2015.

[9] 宫迅伟. 如何专业做采购 [M]. 北京：机械工业出版社，2015.

[10] 刘宝红. 采购与供应链管理 [M]. 北京：机械工业出版社，2015.

[11] 梁军，王金云. 采购管理 [M]. 北京：电子工业出版社，2006.

[12] 鞠颂东，徐杰. 采购管理 [M]. 北京：机械工业出版社，2005.

[13] 张芮，伍蓓. 采购运作管理 [M]. 北京：中国物资出版社，2008.

[14] 李荷华. 采购管理实务 [M]. 上海：上海财经大学出版社，2009.

[15] 黄中鼎. 现代物流管理 [M]. 上海：上海财经大学出版社，2005.

[16] 段延梅，王旭. 物流管理 [M]. 北京：北京理工大学出版社，2017.

[17] 杨茅甄. 现代物流理论与实务 [M]. 上海：上海人民出版社，2003.

[18] 查先进，严亚兰. 物流与供应链管理 [M]. 武汉：武汉大学出版社，2013.

[19] 吴汪友. 采购管理实务 [M]. 北京：电子工业出版社，2017.

[20] 贝利. 采购管理与原理 [M]. 王增东，王碧琼，译. 北京：电子工业出版社，2016.

[21] 姜晨光. 政府采购项目招投标书编制方法与范例 [M]. 北京：化学工业出版社，2011.

[22] 周云. 采购成本控制与供应商管理 [M]. 北京：机械工业出版社，2014.

[23] 王槐林，刘昌华. 采购管理与库存控制实务 [M]. 4版. 北京：中国财富出版社，2013.

[24] 宋玉卿，沈小静，杨丽. 采购管理 [M]. 2版. 北京：中国财富出版社，2018.

[25] 傅莉萍. 采购管理实务 [M]. 北京：科学出版社，2010.

[26] 蔡中焕，鲁杰. 连锁企业商品采购管理 [M]. 北京：科学出版社，2008.

[27] 吴承健，胡军. 绿色采购管理 [M]. 北京：中国财富出版社，2011.

[28] 梁雪贤. 现代采购管理实务 [M]. 北京：科学出版社，2010.

[29] 钱芝网，姜丹. 采购管理实务 [M]. 北京：中国时代经济出版社，2008.

[30] 杨军，赵继新，李钊. 采购管理实务 [M]. 北京：北京师范大学出版社，2011.